GUANLIXUE
ANLI YU SHIXUN

# 管理学
# 案例与实训

主　编　杨淑萍

西南财经大学出版社

# 山东省

## 基于四位一体理念的创业教育创新实验区系列教材

# 编 委 会

# 总 序

　　人才培养的质量是大学的生命线，人才培养模式的改革是大学发展永恒的主题。作为一所地方性、应用型本科院校，人才培养的优势和特色，决定着学校的发展方向和前途。自 2007 年 3 月起，德州学院组织全体教师认真学习并研究了《教育部、财政部实施高等学校本科教学质量与教学改革工程的意见》和《教育部关于进一步深化本科教学改革，全面提高教学质量的若干意见》两个重要文件，并先后出台了《德州学院关于深化教学改革，全面提高教学质量的意见》、《德州学院关于人才培养模式改革的实施意见》和《德州学院人才培养模式创新实验区建设与管理办法（试行）》三个执行文件。2009 年年初，德州学院决定集全校之力，开展经管类创业型人才培养模式创新实验区建设工作。

　　德州学院于 2011 年 3 月 17 日制定了《关于培养创新性应用型人才的实施意见》，提出了创新性应用型人才的教育改革思路。2011 年 10 月，德州学院决定以经管类创业型人才培养模式创新实验区的建设为试点，集全校之力，开展创新创业型人才培养模式创新实验区建设工作。同时明确经管类创业型人才培养模式创新实验区的任务：扎实开展经管类创业型人才培养模式的理论研究和实践探索，总结培养创新性应用型人才的经验和教训，为创建山东省应用型人才培养特色名校提供理论支撑和工作经验。2012 年 8 月，该实验区（基于四位一体理念的创业教育创新实验区）被山东省教育厅评为"省级人才培养模式创新实验区"。

　　从国家与山东省经济发展战略来看，当前的社会、经济等现实情况急需培养经管类创新性应用型人才。目前，我国经济正处在从工业化初期向工业化中后期转变的过程中，以培养基础扎实的专业型人才为主要目标的人才培养模式暴露出了不能满足社会多元化需求的缺陷，从而造成了大量经管类学生就业困难的局面。经管类人才培养模式的改革要注意以下几个方面：

　　首先，需要转变教育理念。教育不能局限于知识的传授，教师的作用应该是培养学生的自学能力，注重发掘学生的特长，形成良好的个性品质，要树立培养学生创新与创业精神的教育理念。其次，要调整培养目标。应该以适应地方经济和社会发展变化的岗位工作需要为导向，把培养目标转向为培养知识面宽、能力强、素质高、适应能力强的复合型创业人才上来；同时，把质量标准从单纯的学术专业水平标准转变为社会适应性标准。最后，要改变培养方式。要从封闭式走向开放式，要与社会对接和交流；同时，应该加快素质教育和能力培养的内容与方法的改革，以全面提升学生的社会适应能力和应变能力。经管类人才培养模式的改革，旨在把学生培养成为具有较高的创新意识、善于行动、敢担风险、勇担责任、百折不挠的创新创业型人才。

人才培养方案的改革是人才培养模式改革的首要工作。创新实验区课题工作小组对德州学院经管类创业型人才培养目标从政治方向、知识结构、应用能力、综合素质、就业岗位、办学定位、办学特色七个方面进行了综合描述，从经管类人才培养的知识结构、能力结构和综合素质三个方面进行了规格设计，针对每一项规格制定了相应的课程、实验、实习实训、专业创新设计、科技文化竞赛等教学培养方案，形成了以能力为主干，创新为核心，知识、能力和素质和谐统一的理论教学体系、实践教学体系和创新创业教学体系。

人才培养内容与方法的改革是人才培养模式改革的核心内容。创新实验区课题工作小组提出，要以经管类创业型人才培养模式创新系列教材的编写与使用为突破口，利用3~5年时间初步实现课堂教学从知识传授向能力培养的转型：这标志着德州学院人才培养模式改革进入核心和攻坚阶段。既是良好的机遇，更面临巨大的挑战。

这套经管类创业型人才培养模式创新系列教材的编写基于以下逻辑过程：德州学院经济管理系率先完成了创新性应用型人才培养理论教学体系、实践教学体系和创新创业教学体系的框架构建，其中，理论课程内容的创新在理论教学体系改革中居于核心和统领地位。该人才培养内容与方法的创新之处在于把专业课程划分为核心课程、主干课程、特色课程和一般课程四类，并采取不同的建设方案与建设措施；其中，核心课程建设按照每个专业遴选3~5门课程作为专业核心课程进行团队建设。例如，会计学专业确定了管理学、初级会计、中级财务会计、财务管理和审计学五门专业核心课程。每一门核心课程按照强化专业知识、培养实践能力和提高教学素质的标准，划分为经典课程教材选用、案例与实训教程设计和教师教学指导设计三个环节。而特色课程也是在培养知识、能力、素质和创新精神四位一体的创业型人才培养中专门开设的课程，其目的是增强创业型人才培养的针对性和可操作性。

这套经管类创业型人才培养模式创新系列教材是在许许多多的人，包括部分学生以及家长的共同努力下完成的，凝聚了大家的心血和智慧。希望这套教材能为德州学院的人才培养模式创新工作探索出一条成功的道路。

季桂起<br>2012 年 10 月

# 前　言

"管理学"是一门带有较强实践性的学科基础课程。该课程在教学中需要紧跟社会发展步伐，改变以往重理论、轻实践的做法，加强案例与实训性教学环节，以适应市场经济对管理人才的要求。基于这样的思考，我们组织编写了本书。

本书作者长期从事管理学教学和研究工作，对案例教学和管理实训有一定的思考和积淀。作者希望通过本书的出版，将案例及实训教研成果奉献给读者，以达到共享和交流的目的，为管理学的案例及实训教学和研究尽微薄之力。

本书内容分为三部分。第一部分是案例与作业思考题。其中的教学案例旨在通过案例问题引出教学内容，激发学生进一步学习的兴趣。第一部分案例与作业思考题供学生课后巩固学习，其中大量的案例分析题可以用于辅助教师教学或学生分组讨论。第二部分是实训部分。这部分内容用于课后实际操作，帮助学生将感性认识与实务操作有机结合。第三部分是综合自测题。

本书内容丰富、实用性强，可以作为管理类专业教师授课和学生自学用教程。本书主要特点表现在以下几个方面：

第一，结构清晰，内容充实。案例体系的结构设计与管理学的原理体系结构保持一致。同时书中的实训内容经过精心选择，能够满足学生开展管理实训、提高管理技能的基本要求，旨在激发学生的兴趣，提高学生的应用能力。

第二，案例经典新颖，具体生动，针对性强，具有前瞻性和启发性，且涉及行业面广。实训内容规范而灵活，贴近读者现状，有较强的实践操作性。

本书由杨淑萍副教授负责全书写作框架的拟定和审核工作，并负责对全书总纂。具体分工如下：第一部分案例与作业思考题由杨淑萍副教授撰写；第二部分实训由任天晓讲师撰写；第三部分综合自测题由肖风华讲师撰写。

由于水平有限，加之时间仓促，本书错误之处在所难免，欢迎读者、同行给予指导、批评和帮助。

编写组

2013 年 1 月 20 日

# 目 录

## 第一部分 案例与作业思考题

## 第二部分 实训

# 第三部分　综合自测题

# 第一部分
# 案例与作业思考题

# 第一章　管理与管理者

## 一、教学案例

**【案例一】**　　　　　　　百龙矿泉壶"壶主"的思考

当年曾经在国内叱咤风云的百龙矿泉壶"壶主"孙寅贵有一次这样批评下属："真正的管理者，他的职责应该是研究政策，建立制度。然而你们却把大量的精力用在谈客户和酒席桌上，你们应该降职。这不是说你们偷懒，是因为你们享受着高层的待遇，却干着基层的工作，而没有抓管理者应该做的事。我现在之所以有时间写书，是因为我已经把很多制度制定得自己认为差不多了，同时我能够以一个清醒的头脑来审视你们，好告诉你们什么地方做得不对。设想一下如果我也整天谈客户、累得四脚朝天，我又如何才能监督、评价你们的工作呢？一个劳动模范式的管理者绝不是一个成功的管理者。"

其实，"事必躬亲"和"以身作则"是两回事，"管理者"并不应该成为"拼命三郎"，《三国演义》中的诸葛亮就是一个典型的例子。诸葛亮聪明绝顶，却六出祁山一无所获，反命丧五丈原，而屡战屡败的司马懿笑到了最后。关键是司马懿抓住了管理的真谛：管理者需要的不是自己去拼杀，而是建立起井然有序、行之有效的制度。连如何挖军士的灶坑都要过问的诸葛亮则在"事必躬亲"中拖垮了自己，耽误了事业。他死之后，流尽了泪水的蜀军上下忽然发现自己连最基本的工作都不会，因为自己以前从没有机会去做。没有制度，光靠聪明与激情，是害己，更害人的。所以，孙寅贵认为："越是上层，就越应该弄明白自己到底该干什么。我觉得如果一个热爱自己企业的老板能使自己轻松起来，乃至有些无事可做，那这个企业倒会很有希望。"矿泉壶项目失败后，孙寅贵现在掌管着十几个下属企业，并且在青岛投资建立了亚洲最大的塑钢企业，在国内塑钢产业遥遥领先。他现在又是如何管理这么多企业的？"管理企业，第一靠领导人，第二靠领导人，第三还是靠领导人。这个领导人应该有理想、有道德。在我认真地检讨自己如何做人后，我觉得总经理除了要懂专业、有经验、会管理之外，还得加上很重要的一条——人品好。"

资料来源：侯彦明，艾纯志. 管理与营销［M］. 哈尔滨：哈尔滨地图出版社，2006.

问题思考：

1. 什么是管理？管理者该干什么？
2. 请对诸葛亮的管理能力加以评价。

**【案例二】**　　　　　　　贾厂长的无奈

江南某机械厂是一家拥有职工 2 000 多人、年产值约 5 000 万元的中型企业。厂长贾明虽然年过半百，但办事仍然风风火火。可不，贾厂长每天都要处理厂里几十件大大小小的事情，从厂里的高层决策、人事安排，到职工的生活起居，可以说无事不管。人们每天都可以见到贾厂长骑着他那辆破旧的自行车穿梭于厂里厂外。正是因为这样，贾厂长在厂里的威信很高，大家有事都找他，他也有求必应。不过，贾厂长的确过得很累，有人劝他少管些职工鸡毛蒜皮的事。可他却说："我作为一厂之长，职工的事就是我自己的事，我怎能坐视不管呢？"贾厂长是这么说的，也是这么做的。为了把这个厂办好，提高厂里的经营效益，改善职工的生活，贾厂长一心扑在事业上。

贾厂长每天忙到熄灯，根本没有节假日。妻子患病，他没有时间照顾，孩子的家长会他也没时间出席，他把全部的时间和心血都花在了厂里。正因为贾厂长勤勤恳恳、兢兢业业的奉献精神，他多次被市委、市政府评为先进工作者，市晚报还专门对他的事迹进行过报道。

在厂里，贾厂长事必躬亲，大事小事都要过问，能亲自办的事决不交给他人办；可办可不办的事也一定是自己去办；交给下属的一些工作，总担心下面办不好，常要插手过问，有时弄得下面的领导不知如何是好，心里憋气。但大家都了解贾厂长的性格，并为他的好意所感动，不便直说。有一次，厂里小王夫妇闹别扭，闹到了贾厂长那里，当时贾厂长正忙着开会，让工会领导去处理一下，工会主席在了解情况后，做双方的思想工作，事情很快就解决了。可贾厂长开完会后又跑来重新了解情况，结果本来平息了的风波又闹起来了。像这样的例子在厂里时有发生。

虽然贾厂长的事业心令人钦佩，可贾厂长的苦劳并没有得到应得的回报。随着市场环境的变化，厂里的生产经营状况每况愈下，成本费用急剧上升，效益不断下滑，急得贾厂长常常难以入眠。不久，贾厂长决定在全厂推行成本管理，厉行节约，他自己以身作则，率先垂范。但职工并不认真执行，浪费的照样浪费，考核成了一种毫无实际意义的表面工夫。贾厂长常感叹职工没有长远眼光，却也拿不出有力的监管措施。就这样，厂里的日子一天比一天难过。最后，在有关部门的撮合下，厂里决定与一家外国公司合作，由外方提供一流的先进设备，厂里负责生产。当时这种设备在国际上处于先进水平，国内一流，如果合作成功，厂里不仅能摆脱困境，而且可能使厂里的生产、技术和管理都上一个新台阶，大家都对此充满信心。经多方努力，合作的各项准备工作基本就绪，就等双方领导举行签字仪式。

举行仪式的前一天，厂里的一个单身职工生病住院，贾厂长很可怜他，亲自到医院陪他。第二天，几乎一夜未合眼的贾厂长又到工厂查看生产进度，秘书几次提醒他晚上有重要会议，劝他休息一下，但他执意不肯。下午，贾厂长在车间听取职工反映情况时病倒了。晚上，贾厂长带病出席签字仪式，厂里的其他许多领导也参加了，但贾厂长最终没能支撑下去，中途不得不被送进医院。外方领导在了解了事情的经过后，一方面为贾厂长的敬业精神所感动，同时也对贾厂长的能力表示怀疑，决定推迟合作事宜。

贾厂长出院后，职工们都对他有所怨言，他从此在厂里的威信也大不如前。对此，贾厂长有苦难言，满脸的无奈。

资料来源：余敬，刁凤琴. 管理学案例精析. 武汉：中国地质大学出版社，2006.

问题思考：

1. 贾厂长是一个好人，但你认为贾厂长是一名优秀的管理者吗？

2. 内陆银行总裁大卫·拜伦一直坚守这样一句格言："一是决不让自己超量工作，二是授权他人然后就完全忘掉这回事。"你认为这句格言对贾厂长有何启示？

3. 你认为一名高层管理者的主要工作是什么？

## 二、作业与思考题

（一）名词解释题

1. 管理　　　　　　　　　　　　　2. 概念技能

3. 归纳法　　　　　　　　　　　　4. 试验法

5. 演绎法　　　　　　　　　　　　6. 管理的有效性

（二）单项选择题

1. 管理的核心是（　　）。

    A. 管理者　　　　　　　　　　　B. 被管理者

    C. 管理的任务、职能与层次　　　D. 处理好人际关系

2. 管理的基本特征有（　　）。

    A. 管理是一种文化现象和社会现象

    B. 管理的主体是被管理者

    C. 管理的核心是处理好人际关系

    D. 管理的任务是让工作的人们尽可能少地支出，实现既定的目标

    E. 各层次管理者的基本职能是不同的

3. 关于管理的应用范围，人们的认识不同，你认为下列哪个说法最好（　　）？

    A. 只适用于营利性工业企业　　　B. 普遍适用于各类组织

    C. 只适用于非营利性组织　　　　D. 只适用于营利性组织

4. 管理人员与一般工作人员的根本区别在于（　　）。

    A. 需要与他人配合完成组织目标

    B. 需要从事具体的文件签发审阅工作

    C. 需要对自己的工作成果负责

    D. 需要协调他人的努力以实现组织目标

5. 从发生的时间顺序看，下列四种管理职能的排列方式，哪一种更符合逻辑（　　）？

    A. 计划、控制、组织、领导　　　B. 计划、领导、组织、控制

    C. 计划、组织、控制、领导　　　D. 计划、组织、领导、控制

6. 管理工作中居于主导地位的是（　　）。

    A. 计划　　　　B. 组织　　　　C. 领导　　　　D. 控制

7. 管理者在处理与组织成员和其他利益相关者的关系时，他们就在扮演（　　）。

    A. 人际角色　　B. 信息角色　　C. 决策角色

8. 在（　　）中，管理者处理信息并得出结论。

    A. 人际角色　　B. 信息角色　　C. 决策角色

9. 在同不合作的供应商进行谈判的时候，管理者扮演的是（　　）。

    A. 企业家角色　　　　　　　　　　B. 干扰应对者角色

    C. 资源分配者

10. 对于基层管理而言，最重要的是（　　）。

    A. 技术技能　　　　B. 人际技能　　　　C. 概念技能

11. （　　）对于高层管理最重要，对于中层管理较重要，对于基层管理不重要。

    A. 技术技能　　　　B. 人际技能　　　　C. 概念技能

12. （　　）对于所有层次管理的重要性大体相同。

    A. 技术技能　　　　B. 人际技能　　　　C. 概念技能

13. 越是高层管理者，其对概念技能、人际技能、技术技能的需要，就越是按以下顺序排列（　　）。

    A. 概念技能，技术技能，人际技能

    B. 技术技能，概念技能，人际技能

    C. 概念技能，人际技能，技术技能

    D. 人际技能，技术技能，概念技能

14. 运用数学模型方法进行的预测是（　　）。

    A. 定量预测　　　　　　　　　　　B. 定性预测

    C. 类比性预测　　　　　　　　　　D. 归纳性预测

15. 管理具有自然属性和社会属性，即管理的二重性，是由谁提出来的（　　）？

    A. 弗雷德里克·温斯洛·泰罗　泰约尔　C. 马克斯·韦伯　　D. 马克思

16. First－line Manager 是（　　）。

    A. 业务人员　　　　　　　　　　　B. 高层管理者

    C. 中层管理者　　　　　　　　　　D. 基层管理者

17. 一个管理者所处的层次越高，面临的问题越复杂，越无先例可循，就越需要具备（　　）。

    A. 领导技能　　　B. 组织技能　　　C. 概念技能　　　D. 人事技能

18. 作为（　　），管理者把重要的信息传递给工作小组成员，作为（　　），管理者把信息传递给单位或者组织以外的个人。

    A. 监督者　　　　B. 传播者　　　　C. 发言人

19. 在作出是否收购其他企业的决策中，管理者必须从多个角度出发全面分析拟购企业的目前状况及可能的发展余地等情况，这时管理人员需要的技能主要是（　　）。

    A. 诊断技能　　　　　　　　　　　B. 人际关系技能

    C. 概念性技能　　　　　　　　　　D. 技术技能

20. 小组织管理者最重要的角色是（　　），这是因为小组织的管理者需要花费大量时间让他人认识本组织，需要花费大量时间筹措资源，寻找新的机会促进发展。

    A. 发言人　　　　B. 挂名首脑　　　C. 传播者　　　　D. 谈判者

21. 某企业生产的产品质量合格，并能按时完成生产任务，但市场供过于求，这反映出（　　）。

  A. 厂家市场有效率，但无效果和效益

  B. 厂家生产既无效率也无效果和效益

  C. 厂家生产有效率，也有效果和效益

  D. 厂家生产有效率也有效果，但无效益

22. 管理必须有两个必要的、缺一不可的条件，第一是有两个以上人的集体活动，第二是（　　）。

  A. 有一致认可的组织　　　　　　　B. 有一致认可的目标

  C. 有一致认可的领导　　　　　　　D. 有一致认可的职能

23. 管理的载体是（　　）。

  A. 组织　　　　　B. 目标　　　　　C. 领导　　　　　D. 管理职能

24. 对管理人员来说，一般需要具备多种技能，如概念技能、人际技能、技术技能等。当一名管理人员在组织中的职位趋升时，这三种技能相对重要性的变化情况是（　　）。

  A. 同时等幅增加

  B. 概念技能重要性增加最明显，其次是人际技能，最后是技术技能

  C. 概念技能的相对重要性增加，技术技能的相对重要性降低，人际技能相对不变

  D. 人际技能重要性增加最明显，其次是概念技能，最后是技术技能

25. 山川旅行公司刘总经理在市场不景气的情况下，以独特的眼光发现了惊险性旅游项目与 40～45 岁男性消费者之间的相关性，在此基础上设计了具有针对性的旅游路线与项目，并进行了前期宣传。因为涉及与交通管理、保险、环保等部门的协调，新项目得到正式批准的时间比预期晚了整整一年，由此丧失了大量的市场机会。你认为下列哪种说法最能概括刘总的管理技能（　　）？

  A. 技术技能、人际技能、概念技能都弱

  B. 技术技能、人际技能、概念技能都强

  C. 技术技能和人际技能强但概念技能弱

  D. 技术技能和概念技能强但人际技能弱

26. 1955 年美国管理学家彼得·德鲁克提出了（　　）的概念，这对人们理解管理的含义具有重要价值。

  A. 管理者组织　　　　　　　　　　B. 管理者角色

  C. 领导者组织　　　　　　　　　　D. 领导者角色

27. 管理具有两重性，分别是管理的自然属性和管理的（　　）。

  A. 政治属性　　　B. 文化属性　　　C. 社会属性　　　D. 历史属性

28. 管理工作的核心是（　　）。

  A. 计划　　　　　B. 组织　　　　　C. 协调　　　　　D. 控制

29. 有人说，在管理中经常是"外行领导内行"，这在一定程度上说明了（　　）。

  A. 对于管理者来说，人际技能比技术技能更重要

  B. 对于管理者来说，技术技能比人际技能更重要

  C. 对于管理者来说，概念技能比技术技能更重要

  D. 对于管理者来说，概念技能比人际技能更重要

30. 下述关于管理性质的论断哪一个比较正确（  ）？

  A. 管理活动与作业活动密不可分，但管理目标与作业活动目标是完全不一样的

  B. 管理科学的日臻完善使其科学性远远大于艺术性

  C. 管理工作主要是致力于内部的生产运作，精诚合作，与外界环境没有太多的关联，管理工作是独立运行，有别于作业又为作业提供服务的活动

  D. 外贸公司

31. 企业的基层领导要成为一个内行的领导，必须具备下列哪类知识和能力（  ）？

  A. 管理知识和能力     B. 技术知识和能力

  C. 战略知识和能力     D. 管理与技术的知识和能力

32. 一个主管可能会对办公费用比预算高出 5% 给予关注，但对即使比预算高出 20% 的邮资费用却觉得无所谓，这是因为这位主管根据控制原理中（  ）。

  A. 注意抓关键问题上的例外情况

  B. 注意例外事情的处理

  C. 注意关键问题的解决

  D. 以上都只是一个方面

（三）简答题

1. 简述管理及其性质。

2. 什么是管理的二重性？理解管理的二重性对研究企业管理有什么意义？

3. 为什么说管理是科学与艺术的统一？

4. 何谓管理？管理的基本特征是什么？

5. 管理活动具有哪些基本职能？它们之间的关系是什么？

6. 一个有效的管理者需要扮演哪些角色？需要具备哪些技能？

7. 简述管理者的概念技能并说明处于不同层次的管理人员在管理技能要求上有何区别？

8. 概念技能在组织高层管理人员制定战略决策中的作用体现在哪些方面？

9. 表 1-1 是对不同层次的管理者每种职能的时间分布统计，试根据表中数据作出你的分析并得出结论。

表 1-1        不同层次管理者在各职能上的时间分布

| | 计划 | 组织 | 领导 | 控制 |
|---|---|---|---|---|
| 基层管理者 | 15% | 24% | 51% | 10% |
| 中层管理者 | 18% | 33% | 36% | 13% |
| 高层管理者 | 28% | 36% | 22% | 14% |

10. 管理者作用的类型及其影响因素。

（四）论述题

1. 什么是企业家？企业家与传统管理者有什么不同？

2. 现代管理的基本原理有哪些？为什么必须突出人本原理？结合知识经济时代特征阐述你对人才吸引和激励的看法。

3. 管理就是决策的说法对不对？如何理解决策不是瞬间行为？什么是"满意决策"？试举例说明"满意决策"准则的普遍意义及可能存在的缺陷。

（五）案例分析题

【案例一】　　　　　　　　　**管理者的角色**

张玲是一家造纸厂的厂长，这家企业正面临着一项指控：厂里排泄出来的污水污染了邻近的河流，张玲必须到当地的污水管理局处理此事。王军是该厂的技术工程部经理，他负责协调本部门工作和销售部门的计划。李刚负责厂里的生产管理，他刚接到通知：为本厂提供包装纸板箱的供货企业昨天发生火灾，至少在一个月内无法供货，而本厂的包装车间想知道，他们现在该干什么。李刚说，他会解决这个问题。最后一个是罗兰，她负责文字处理办公室工作，办公室其他职工为争一张办公桌发生纠纷，因为这张桌子离打印机最远，环境最安静。

资料来源：http://wenku. baidu. com/view/acb8f719c281e53a5802ffe8. html。

问题：

在这家造纸厂里，张玲、王军、李刚、罗兰分别扮演了哪些管理角色？

【案例二】　　　　　　　　　**仓促上任的车间主任**

张东升是平山矿业公司露天矿机修车间的一位维修钳工，正式技工学校毕业，今年38岁，正值壮年。他干劲大，手艺强，肯负责，人缘好，还带了三名学徒工，同事和上级都挺喜欢他。车间主任李继明更把他看作骨干，常让他代表自己去矿上或公司开干部会，大家都说李主任的接班人非他莫属。

周一上班李主任心脏病犯了，住进了职工医院。李主任德高望重，深受大家敬爱，就是身体状况不佳。这回住院，人人都盼望他早日康复，以为又像往常那样，过几天就出院上班。不料傍晚传来噩耗，李主任病重，经抢救无效病逝。大家都很悲痛，纷纷去向李师母表示悼念和慰问。

次日一早，分管人事的周副矿长来电话，要张东升暂时代理车间主任，行使权力，以免工作受损；还特别关注车间正在抢修的一台装载机，问几时能修好，这可是矿上等着要用的急活。张师傅答应周四中午前一定修好交付使用。

星期三上午，周副矿长把张师傅喊去，正式通知他公司已任命他继任车间主任，并表示了祝贺和期望，然后张师傅就匆匆赶回车间，参加突击抢修那台装载机去了。任务很重，他不放心，又跟着夜班工人继续干到晚上9点多，再三叮嘱夜班班长抓紧工作，才回家休息。

周四早上，张师傅特地早到单位，发现昨晚矿上又有四辆自卸式载重卡车送来待修，而那台装载机还未修好。张师傅赶忙把全车间白班职工召集到一起，说明面临的修车任务的重要性、紧迫性和艰巨性，号召大家化悲痛为力量，群策群力，尽快完成任务。工人们纷纷表示要努力干活，如期修好这批车辆。

张师傅稍稍松了一口气，就上备品库去检查库存是否足以应付这批抢修任务。这时，露天采掘队来电话，说他们一台主力设备，32 吨自卸卡车抛锚在现场，要求派人去抢修。张师傅知道当前每个人手头的活都很多，而且任务紧，于是背起工具箱，亲自去现场抢修。

待他修好那台自卸卡车，回到车间，已经快中午了。他发现车间里乱糟糟一片，四辆待修自卸车中有三辆在停工待料。张师傅忙问这是咋回事，工人们说这是已故李主任以前定下的规矩，备件需要主任签字后才能领取。这时，矿上又有两台故障车送到待修。张师傅刚办完接车手续，周副矿长又打来电话要装载机。听说还没修好，周副矿长老大不快，埋怨工作抓得不紧，并强调这会给矿上带来很大损失。刚放下电话，公司常务副总经理又来电话，让张师傅马上去总部出席紧急干部会议。

张师傅本来为自己被正式提升为车间主任而高兴，也颇有信心当好这个车间主任。如今想法好像有些变化，他开始怀疑这次提升对自己究竟是不是一件好事，对能否胜任这个职务也变得没有信心。

资料来源：王凤彬，李东．管理学．北京：中国人民大学出版社，2008.

问题：

1. 被提升为主任后，造成张东升头几天混乱的最主要原因是（　　）。

    A. 他还不具备担任基层管理干部所需的素质

    B. 他还没有认清干部与工人所应担当角色的不同

    C. 这一期间车间的任务恰好太多太重

    D. 上级交给他的任务恰好太多太重

2. 优秀基层干部的主要特征是（　　）。

    A. 听从上级指示，坚决执行，任劳任怨

    B. 跟群众打成一片，吃苦在前

    C. 发挥好计划、组织、领导、监控等管理功能

    D. 努力学习政治，有很强的进取心

3. 基层和高层的管理工作在性质上的主要差别在于（　　）。

    A. 基层管理干部被授予的权力较小，因而责任和风险也较小；高层管理工作则相反

    B. 基层管理涉及工作较偏局部、短期和操作性；高层管理则偏全局、长期和决策性

    C. 以上两点都属于基层和高层管理的主要差别

    D. 以上两点都不属于基层和高层管理的主要差别

4. 事已至此，张东升师傅的当务之急是（　　）。

    A. 毫不犹豫地向领导提出辞去车间主任的申请，仍回第一线去当工人

    B. 从手下挑选一两个能干而负责的工人来充当自己的助手

    C. 先认真思考一下车间主任的工作要求，明确新岗位的责任与权力

D. 立刻向领导要求给予岗位指导和培训

5. 事到如今，张东升的直接上级应采取的首要措施应是（　　）。

A. 减少机修车间的工作量，适当放宽完工期限

B. 对张东升进行上岗培训，并对他的工作给予适当的指导和帮助

C. 马上打电话去鼓励他，增加其信心与责任感

D. 不必做什么特别的事，让他自行发展，摸索摔打，逐渐成熟起来

# 第二章 管理思想的演进

## 一、教学案例

### 【案例一】 回到管理学的第一个原则

纽曼公司的利润在过去的一年来一直在下降,尽管在同一时期,同行们的利润在不断上升。公司总裁杰克先生非常关注这一问题,为了找出造成利润下降的原因,他花了几周的时间考察公司的各个方面。接着,他决定召开各部门经理人员会议,把他的调查结果和他得出的结论连同一些可能的解决方案告诉他们。

杰克说:"我们的利润一直在下降,我们正在进行的工作大多数看来也都是正确的。比方说,推销策略帮助公司保持住了在同行中应有的份额。我们的产品和竞争对手的一样好,我们的价格也不高,公司的推销工作看来是有成效的,我认为还没必要改进什么。"他继续评论道:"公司有健全的组织结构、良好的产品研究发展规划,公司的生产工艺在同行中也居于领先地位。可以说,我们的处境良好。然而,我们的公司却面临这样严重的问题。"

会上的每个人都有所期待地倾听着。杰克开始讲到了劳工关系:"像你们所知道的那样,几年前,在全国劳工关系局选举中工会没有取得谈判的权利。一个重要的原因是,我们支付的工资一直至少和工会提出的工资一样高。从那以后,我们继续给员工提高工资。问题在于,没有维持相应的生产率。车间工人一直没有能生产足够的产量可以把利润维持在原有的水平上。"杰克喝了点水,继续说道:"我的意见是要回到第一个原则。我们的公司是为股东创造财富的,不是工人的俱乐部。公司要生存下去,就必须要创造利润。我在上大学时,管理学教授们十分注意科学管理先驱们为获得更高的生产率所使用的方法:为了提高生产率,广泛地采用了刺激性工资制度。在我看来,我们可以回到管理学的第一原则去,如果我们的工人的工资取决于他们的生产率,那么工人就会生产得更多。管理学先辈们的理论今天一样对我们有指导意义。"

资料来源:黄雁芳,宋克勤.管理学教程案例集.上海:上海财经大学出版社,2001。

问题思考:

1. 你认为杰克的解决方案怎么样?

2. 纽曼公司的技术和管理条件改善了,但为什么利润却下降?

3. 为什么要回到管理的第一个原则,对此有何启示?

### 【案例二】 康洁利公司的"洋"经理

康洁利公司是一家中外合资的高科技专业涂料生产企业。总投资594万美元,其中固定资产324万美元,中方占有60%的股份,外方占有40%的股份。公司生产玛博伦多彩花纹涂料等11大系列高档涂料产品。这些高档产品不含苯、铅和硝基等有害物质，无毒无味，在中国有广阔的潜在市场。

开业在即，谁出任公司总经理呢？外方认为，康洁利公司引进的20世纪90年代先进的技术、设备和原材料均来自美国，中国人没有能力进行管理，要使公司迅速发展壮大，必须由美国人来管理这个高新技术企业。中方也认为，由美国人来管理，可以学习借鉴国外企业管理方法和经验，有利于消化吸收引进技术和提高工作效率。因此，董事会形成决议：从美国聘请米勒先生任总经理，中方推荐两名副总经理参与管理。

米勒先生年近花甲，但身心爽健，充满自信，有18年管理涂料生产企业的经验，自称"血管里流淌的都是涂料"，对振兴康洁利公司胸有成竹。公司员工也都为有这样一位洋经理而庆幸，想憋足劲大干一场。

谁料事与愿违。公司开业9个月不但没有赚到一分钱，反而亏损70多万。当一年的签证到期时，米勒先生被总公司的董事会正式辞退了。1994年3月26日，米勒先生失望地返回美国。

来自太平洋彼岸的洋经理被"炒鱿鱼"的消息在康洁利公司内外引起了强烈的反响，这位曾经在日本、荷兰主持建立并成功地管理过涂料工厂的洋经理何以在中国"败走麦城"呢？这自然成了议论的焦点。

多数人认为：米勒先生是个好人，工作认真，技术管理上是内行，对搞好康洁利公司抱有良好的愿望；同时，在吸收和消化先进技术方面做了许多工作。他失败的主要原因是不了解中国的实际情况，完全照搬他惯用的企业管理模式，对中国的许多东西不能接受，在经营管理方面缺乏应有的弹性和适应性。中方管理人员曾建议根据中国国情，参照我国有关三资企业现成的成功管理模式，结合国外先进的管理经验，制定一套切实可行的管理制度，并严格监督执行。对此，米勒先生不以为然。他的想法是"要让康洁利公司变成一个纯美国式的企业"。他对计划不信任，甚至忧虑，以致对正常的工作计划都持抵触态度，害怕别人会用计划经济的一套做法干预他的管理工作。米勒先生煞费苦心地完全按照美国的模式设置了公司的组织结构并建立了一整套规章制度，但最终还是使一个生产高新技术产品且有相当实力的企业缺乏活力。这样造成公司在起跑线上就停滞不前，陷入十分被动的局面。

也有人认为，米勒先生到任后学会的第一个中文词就是"关系"，而他最终还是因搞不好关系而离华返美。

对于中国的市场，特别是中国"别具一格"的市场情况和推销方式，米勒先生也不甚了解。他将所有有关市场营销的事情都交给一位中方副总经理，但他和那位副总经理的关系并没有"铁"到使副总经理为他玩命去干的程度。

在管理体制上，米勒先生试图建立一套分层管理制度：总经理只管两个副总经理，下面再一层管一层。但他不知道，这套制度在中国，如果没有上下级间的心灵沟通与相互间的了解和信任，会出现什么样的状况和局面。最后的结果是，造成管理混乱，人心涣散，员工普遍缺乏主动性，工作效率尤为低下。

米勒先生还强调，我是总经理，我和你们不一样，你们要听我的。他甚至要求，工作进入正轨后，除副总经理外，其他员工不得进入总经理的办公室。米勒先生不知道，聪明的中国企业负责人在职工面前总是强调和大家一样，以求得职工的认同。

米勒先生临走时扔下一句话:"如果这个企业出现奇迹的话,肯定是上帝帮忙的结果。"

然而,上帝并未伸出援助之手,奇迹却出现了。

康洁利公司在米勒先生走后,中方合资厂家选派了一位懂经营管理,富有开拓精神的年轻副厂长刘思才任总经理,并随之组成了平均年龄只有 33 岁的领导班子。新班子迅速制定了新的规章制度,调整了机构,调动了全体员工的积极性。在销售方面,基于这样一个现实,自己的产品虽好但尚未被人认识,因而采取了多种促销手段,在 1994 年零利润的状态下,主动向消费者让利销售,使企业走上了良性循环。1994 年 5 月,康洁利公司营利 3 万元,宣告扭亏为盈。

资料来源:王凤彬,朱克强. 管理学教学案例精选. 上海:复旦大学出版社,1998.

问题思考:

1. 试运用管理学的有关原理分析康洁利公司起落的原因。
2. 总结米勒先生的管理思想及管理哲学。
3. 从本案例中你得到了什么启示?

## 二、作业与思考题

### (一)名词解释题

1. 差别计件工资制
2. 业务流程
3. 学习型组织
4. 例外管理
5. 人际关系学说
6. 管理科学
7. 管理理论丛林
8. 霍桑试验
9. 决策理论学派
10. 亨利·法约尔
11. 管理科学

### (二)单项选择题

1. 早期管理思想的萌芽阶段是指( )。
   A. 从 18 世纪到 19 世纪末
   B. 从 18 世纪到 19 世纪初
   C. 从 18 世纪到 19 世纪中叶
   D. 从 18 世纪到 20 世纪末

2. 管理理论形成于( )。
   A. 18 世纪末 19 世纪初
   B. 19 世纪末 20 世纪初
   C. 19 世纪中叶
   D. 20 世纪中叶

3. 人类进行有效的管理实践大约已超过( )的历史。
   A. 6 000 年
   B. 5 000 年
   C. 4 000 年
   D. 3 000 年

4. 亨利·法约尔在管理的十四项原则中指出:组织内每一个人只能服从一个上级并接受他的命令。这一原则是( )。
   A. 统一领导原则
   B. 等级链原则
   C. 统一指挥原则
   D. 个人利益服从整体利益原则

5. 被称为"科学管理之父"的是( )。

    A. 弗雷德里克·温斯洛·泰罗         B. 亨利·法约尔

    C. 马克斯·韦伯              D. 乔治·埃尔顿·梅奥

6. 被称为"组织理论之父"的管理学家是（     ）。

    A. 弗雷德里克·温斯洛·泰罗         B. 亨利·法约尔

    C. 马克斯·韦伯              D. 乔治·埃尔顿·梅奥

7. "科学管理理论"的创始人是（     ）。

    A. 弗雷德里克·温斯洛·泰罗         B. 查尔斯·巴贝奇

    C. 亨利·甘特               D. 亨利·福特

8. 弗雷德里克·温斯洛·泰罗认为，科学管理的中心问题是（     ）。

    A. 提高劳动生产率           B. 增加工资

    C. 时间动作分析            D. 增加利润

9. 弗雷德里克·温斯洛·泰罗对管理理论的最大贡献是（     ）。

    A. 创建了管理理论

    B. 使美国的工厂生产效率大幅度上升

    C. 进行了动作研究

    D. 提出了科学管理是管理双方的一次思想革命

10. 在历史上第一次使管理从经验上升为科学的是（     ）。

    A. 科学管理理论            B. 管理学科理论

    C. 一般管理理论            D. 行为科学理论

11. 一般认为管理过程学派的创始人是（     ）。

    A. 弗雷德里克·温斯洛·泰罗         B. 马克斯·韦伯

    C. 切斯特·巴纳德            D. 亨利·法约尔

12. 乔治·埃尔顿·梅奥通过霍桑试验得出，人是（     ）。

    A. 经纪人      B. 社会人      C. 理性人         D. 复杂人

13. 下面哪些是人群关系学派的主要观点（     ）。

    A. 企业的职工是社会人

    B. 满足工人的社会欲望是提高生产效率的关键

    C. 企业中实际存在着一种"非正式组织"

    D. 人的行为都是由一定的动机引起的

    E. 企业应采用新型的管理方法

14. 把管理理论的各个流派称之为"管理理论丛林"的管理学家是（     ）。

    A. 弗雷德里克·温斯洛·泰罗         B. 马克斯·韦伯

    C. 哈罗德·孔茨            D. 亚伯拉罕·马斯洛

15. 某地新建一个日用化工厂，当人们问及该厂厂长如何经营时，该厂长毫不犹豫地说："努力提高产品质量，降低成本，只要价廉物美，还怕卖不出去？"对该厂长的讲话应作何评价（     ）？

    A. "酒香不怕巷子深"，该厂长的话很有道理

    B. 该厂长的话反映了他的生产导向性，最终会害了这个厂

C. 该厂长的话反映了他的营销导向性，最终会造福这个厂

D. 该厂长的话反映了他抓住了问题的要害

16. 20 世纪 80 年代，面对日本所取得的经济成就，日本企业管理模式一时间引起了世界各国企业的关注和借鉴。但最近几年，特别是东南亚金融风暴出现之后，一方面显示了美国经济的强大活力，另一方面也反映出了日本经济脆弱的一面。此时，许多人又下结论，日本企业管理模式已经过时，美国企业管理模式更加有效。对于这种情况，你赞同以下哪种说法（ ）？

A. 对管理模式的评价必须随世界经济的发展而变化

B. 每种管理模式都有其自身的环境适应性与局限性

C. 美国的管理模式长期以来都比日本的更优秀

D. 日本的管理模式不适应知识经济时代的需要

17. 行为科学是（ ）。

A. 以监督管理为基础的　　　　　　　B. 以对事的管理为基础的

C. 对事及对人的监督的综合　　　　　D. 以对人的人性激发管理为核心的

18. 弗雷德里克·温斯洛·泰罗倡导的科学管理特征之一就是工作的制度化与程序化，其中有一个重要的原则称为"例外原则"。可以理解为（ ）。

A. 管理者具有一定的特殊权力，有些问题的处理可以例外，不受制度约束

B. 将程序化的工作按制度的规定授权下属去完成，管理者主要集中精力处理非程序化事务

C. 制度的制定要留有一定的余地，以便特殊情况的处理

D. 给管理者留有不按制度办事的权力，以便照顾某些特殊关系

（三）简答题

1. 弗雷德里克·温斯洛·泰罗所创立的管理理论的主要观点是什么？

2. 如何客观评价弗雷德里克·温斯洛·泰罗制？

3. 科学管理原理对现代社会还有意义吗？具体表现在哪些方面？

4. 简述亨利·法约尔所提出的管理原则。

5. 理解管理科学学派、决策理论学派的主要观点。

6. 简述并分析马克斯·韦伯合理（理想）的行政组织体系的特点。

7. 简述行为科学学派代表人物的主要观点，并对他们理论的相关性进行分析，对行为科学学派在管理学中的地位进行评价。

8. 简述早期行为科学的主要内容。

9. 简述人际关系学说的主要观点。

10. 简述管理系统理论的主要内容。

（四）论述题

1. 亨利·法约尔与弗雷德里克·温斯洛·泰罗的管理思想有何差异？

2. 乔治·埃尔顿·梅奥人际关系学说的主要内容是什么？对我国企业管理有什么启发？

3. 查尔斯·巴贝奇"利润分配制度"的主要内容。国有企业报酬制度的根本缺陷在哪里？如何进行改革？

4. 王中是一个冷冻食品厂厂长，该厂专门生产一种奶油特别多的冰淇淋。在过去的4年中，该厂每年的销售量都稳步递增。但是，2012年的情况发生了较大变化，到8月份，累计销量比2011年同期下降17%，产量比计划减少15%，缺勤率比去年高20%，迟到早退现象也有所增加。王中认为这种情况的发生很可能与管理有关，但他不能确定发生这些问题的原因，也不知道应该怎样去改变这种情况。他决定去请教管理专家。具有不同管理思想（科学管理思想、行为管理思想、权变管理思想）的管理专家，会认为该厂的问题出在哪里，并提出怎样的解决方法？

5. 运用管理的权变原理，说明为什么马克思主义的中国化是中国革命取得最后胜利的法宝？

6. 试述现代管理理论的新突破。

7. 霍桑试验在管理学的发展中具有重要的意义。请简述霍桑实验的过程，总结其主要结论，评价其对管理学发展的影响。

（五）案例分析题

【案例一】　　　　　"霍桑效应"与划分学生优劣

"霍桑效应"是管理学中的一个名词，它是指由于受到额外的关注而引起努力或绩效上升的情况。究其来历，则源于一次失败的管理研究。

1924年，以哈佛大学心理专家乔治·埃尔顿·梅奥为首的研究小组在西屋电气公司的霍桑工厂搞了一项试验。他们试图通过改善工作条件与环境等外在因素，找到提高劳动生产率的途径。研究小组选定了继电器车间的6名女工作为观察对象。然而，令他们遗憾的是，不管外在因素怎么改变，试验组的生产效率一直在上升。之所以会出现这样的结果，是因为当这6个女工被抽出来时，她们就意识到了自己是特殊的群体，是这些专家一直关注的对象，这种受注意的感觉使得她们加倍努力工作，以证明自己是优秀的，是值得关注的。

"霍桑效应"对教育领域同样不乏借鉴意义。比如说，教育分化问题。现在，示范小学与非示范小学、重点中学与普通中学、名牌大学与一般大学，形同两极；即使在同一所学校中，也往往存在有优秀班与普通班之别。殊不知，如此人为分割教育资源，划分学生优劣，固然可以激励一部分学生的进取意识，但同时也可能导致另一部分学生垂头丧气，自卑松懈。

国外有一所学校曾经发生过这样一件事情：这所学校在入学之时，依惯例要按智力测试成绩划分优秀班和普通班。后来，该学校在一次例行检查时发现，一年前入学的一批学生的测试结果由于失误被颠倒了，也就是说现在的优秀班是由入学时智力测试成绩较差的学生组成的，而智力测试成绩较好的孩子却在普通班。但是，一年下来两个班的课程成绩依旧符合以往的规律，即优秀班的成绩明显高于普通班。这可以看作教育中的"霍桑效应"。

资料来源：光明网，http：//www.gmw.cn/content/2005-03/20/content_200630.htm。

问题：

1. 在对员工进行激励时如何运用"霍桑效应"？

2. 教育领域"霍桑效应"的存在是否说明当前普遍存在的将学生分类施教的方法是错误的呢？

**【案例二】　　　　　　联合邮包服务公司（UPS）的科学管理**

联合邮包服务公司（UPS）拥有 15 万名员工，平均每天将 900 万个包裹发送到美国各地和世界 180 多个国家和地区。他们的宗旨是：在邮运业中办理最快捷的运送。UPS 的管理者系统地培训他们的员工，使他们以尽可能高的效率从事工作。

让我们看一下他们的工作情况。UPS 的工业工程师们对每一位司机的行驶路线进行了时间研究，对每种送货、取货和暂停活动设立了工作标准。这些工程师们记录了红灯、通行、按门铃、穿过院子、上楼梯、中间休息喝咖啡的时间，甚至上厕所的时间，将这些数据输入计算机，给出每一位司机每天工作中的详细时间标准。

为了完成每天取送 130 件包裹的目标，司机们必须严格遵守工程师们设定的程序。当他们接近发送站时，他们松开安全带，按喇叭，关发动机，拉起紧急制动，把变速器推到一挡上，为送货完毕后的启动离开做好准备，这一系列动作极为严格。

司机从驾驶室出溜到地面上，右臂夹着文件夹，左手拿着包裹，右手拿着车钥匙。他们看一眼包裹上的地址，把它记在脑子里，然后以每秒钟 0.9 米的速度快步走到顾客的门前，先敲一下门以免浪费时间找门铃。送货完毕，他们在回到卡车的路途中完成登录工作。

UPS 是世界上效率最高的公司之一。联邦捷运公司每人每天取运 80 件包裹，而 UPS 公司却是 130 件。高的效率为 UPS 公司带来了丰厚的利润。

资料来源：谢希钢. 管理学原理. 长沙：湖南科学技术出版社，2006。

问题：

1. 你如何认识 UPS 公司的工作程序？

2. 科学管理距今已百余年，你认为在今天的企业中仍然有效吗？

3. UPS 公司这种刻板的工作时间表为什么能带来效率呢？

**【案例三】　　　　　　　　如何进行有效的管理**

在一个管理经验交流会上，有两个厂的厂长分别论述了他们各自对如何进行有效管理的看法。A 厂长认为，企业首要的资产是员工，只有员工都把企业当成自己的家，都把个人的命运与企业的命运紧密联系在一起，才能充分发挥他们的智慧和力量为企业服务。因此，管理者有什么问题，都应该与员工们商量解决；平时要十分注重对员工需求的分析，有针对性地给员工提供学习、娱乐的机会和条件；每月的黑板报上应公布出当月过生日的员工的姓名，并祝他们生日快乐，如果哪位员工生儿育女了，厂里应派车接送，厂长应亲自送上贺礼。在 A 厂长所在的厂里，员工普遍把企业当作自己的家，全心全意为企业服务，工厂日益兴旺发达。

B 厂长则认为，只有实行严格的管理才能保证实现企业目标所必须开展的各项活动的顺利进行。因此，企业要制定严格的规章制度和岗位责任制，建立严密的控制体系；注重上岗培训；实行计件工资制等。在 B 厂长所在的厂里，员工们都非常注意遵守规章制度，努力工作以完成任务，工厂发展迅速。

　　资料来源：道客巴巴网，http://www.doc88.com/p-40495327450.html。

　　问题：

　　哪位厂长的观点更有道理，为什么？

# 第三章  决策原理与方法

## 一、教学案例

### 欧洲迪斯尼的错误决策

东京迪斯尼的成功大大增强了迪斯尼集团对于跨国经营的信心，决定继续向国外市场努力，再在欧洲开设一个迪斯尼乐园。

1992 年，在巴黎开设的迪斯尼乐园与东京的不同，采取的是直接投资方式。迪斯尼公司投资了 18 亿美元，在巴黎郊外开办了占地 4 800 公顷（1 公顷＝0.01 平方千米，全书同）的大型游乐场。

但奇怪的是，虽然有东京的经验以及经营管理上的控制力（占有49%的股权），欧洲迪斯尼乐园的经营却不理想。该乐园第一年的经营亏损为 9 亿美元，这迫使其关闭了一家旅馆，并解雇 950 名雇员，全面推迟了第二线工程项目的开发。欧洲迪斯尼乐园的股票也从 164 法郎跌到 84 法郎。欧洲迪斯尼开张 10 年，到 2003 年已经亏损到无法偿还贷款。

法国人是一个民族自豪感极强又容易感情激动的民族。当他们得知迪斯尼要设法以低于市场的价格买下 1 590 公顷最好的农田时，法国人怒斥美国佬是文化帝国主义，法国政府滥用职权仅仅是为了使米老鼠和它的朋友们在法国有个家，使祖祖辈辈在这片农田上耕作的农民们失去自己的家园。法国的报界一致责骂美国侵略者，公开表示他们的愤怒。这一事件使得迪斯尼公司在地基未打、砖未铺之前，就已经与法国当地的人民疏远了。

接着，迪斯尼公司在与法国人的谈判过程中又触及了法国人的敏感区。迪斯尼公司在与法国方面谈判时不是由公司的执行官出面商谈主题公园的建设和有关合同事宜，而是由公司聘用的律师出面。这也是引发法方敌意的根源之一。按照法国人的习惯，聘用律师是在一切商谈手段均告失败之后的最后选择。法国人认为在所有程序未进行之前就雇用律师，是不信任和没有诚意的表示。另外，迪斯尼公司坚持在建造饭店时要安装喷水灭火系统，因为根据美国法律，安装这一系统是必不可少的。然而根据法国法律无需安装这一系统，只要备有足够的安全出口、报警器以及通向水源的紧急通道就可以了。因此迪斯尼坚持安装喷水灭火系统的做法被看成对法国安全标准的否定。这场争议使得迪斯尼与它在法国的伙伴和管理者陷入敌对态势，并且随着媒体的大量报道，这种敌意有增无减。

欧洲迪斯尼的经营者在经营初期认为，欧洲的竞争对手无法和迪斯尼的声望和规模相比拟，所以把门票价格定得比竞争对手高了两倍左右，并且很少进行价格优惠和季节性调整。当时欧洲正值严重的经济衰退，人们都在节约开支。迪斯尼乐园以明显高于在美国的价格，即每张按 42.25 美元收费。其宾馆也按每晚 340 美元的价格收费，已高于巴黎当时最高档宾馆的价格。它们还假设游客在欧洲迪斯尼的二次消费水平会和美国迪斯尼相当。但是和大多数美国人开车到乐园游玩的情况不同，欧洲旅游市场上长途客车和旅游经营商担任着重要角色，欧洲迪斯尼没有认识到这一点，因而很少在定价、订票系统上作出让步。事实上，法郎对其他欧洲货币汇率的变化以及全欧洲范围内的经济衰退，使得欧洲迪斯尼的门票价格显得异常昂贵。人们发现，去欧洲迪斯尼并不比到佛罗里达（Florida）游览迪斯尼的包价旅游便宜多少，而欧洲迪斯尼还无法和佛罗里达迷人的气候相比拟。另外，昂贵的门票使得游客往往不太乐意再花太多的钱在食物、纪念品和其他商品上，人们宁愿步行很长一段距离到停车场野餐，也不愿在公园里的餐厅就餐，人们害怕餐厅的食物会像门票一样昂贵。这样，游客二次消费的比率比预估的低了 25%，加之游客数量较少，导致欧洲迪斯尼乐园经营初期遇到严重困难。

在运作方面，迪斯尼由于对欧洲文化和工作规范了解甚少，出现了更多的问题。迪斯尼公司对自己雇员完全美国式的整洁穿着引以为豪，因此对当地的法国雇员也作出了严格的穿着规定，如不许有头发遮盖面部，不许将指甲留得很长，不许戴耳环等。法国人认为这是对法国时尚的攻击，于是公司的法国雇员及工会开始造反，使美国管理者的士气遭到很大打击。

迪斯尼在其他一些细节管理上也出现了问题。例如，该公司认为欧洲人不会坐下来吃早饭。相对于上班族来说，这是对的，但是假期里就不一样了。在这种错误概念指导下，迪斯尼饭店只提供了容量很小的餐厅，到了周末，只能容纳 400 人的迪斯尼餐厅无法解决 2 500 人坐下吃早饭的问题，过分拥挤难免会造成堵塞并影响客人情绪。午饭时情况也相同，这简直成了欧洲迪斯尼的灾难。美国人游览迪斯尼乐园时，走走停停，不定时休息，随时用餐；而欧洲人则不同，他们习惯中午时按正点吃饭。结果，因为所有人都在同一时间用餐，造成公园的餐馆中午时间格外拥挤。这一时段的工作人员抱怨午饭时间工作强度太大，而其他时段的工作人员则抱怨无事可做。此外，迪斯尼公司为了迎合"家庭友好"的主题，禁止提供含酒精的饮料，这一不留神又侮辱了这个国家的人民，因为每顿饭喝酒是他们生来就有的权利。

迪斯尼公司在营销方面也犯了一些小错误。虽然在头一年里公园的游客人数高达 10 万，达到了最初预期的目标，但距离预期收入相去甚远。原因是美国人在游览主题公园时习惯于疯狂购物和尽情享乐，而欧洲游客游览迪斯尼乐园则不会乱花钱买礼品。迪斯尼公司还发现由于消费方式不同，在饭店里，付费场景简直像一场噩梦。因为欧洲人不像美国人那样在迪斯尼饭店逗留三到四夜，他们一般只在饭店停留一夜。由于大量的游客只住一夜就走，他们都想在同一时间结账，这给计算机数量有限的饭店结账系统造成了困难，游客的恼怒就在所难免了。

迪斯尼公司美国总部的一位安全分析家说："迪斯尼不该在细节上出这么多的错，也许世界并非如此之小。公司在文化差异上的不敏感所付出的代价既浪费了许多钱也损坏了公司的信誉。我认为这对其他从事国际商务的公司和个人是一个很好的警示。"

同迪斯尼公司开发佛罗里达州迪斯尼乐园时的规划思想类似，欧洲迪斯尼乐园的兴建实际上是迪斯尼公司在该地实施的一项大规模房地产开发项目的一部分。根据迪斯尼公司的最初规划，一期除了主题公园外，还包括兴建若干座饭店，客房总计 5 200 间。这甚至超过当地原有的住宅总量。后续各期的工程计划还包括修建大型商用写字楼、购物中心、高尔夫球场、公寓、度假别墅等。从获利前景上看，后续的房地产开发项目显然比单纯观光性质的迪斯尼乐园更具优势。

来自美国的项目经理们在欧洲迪斯尼乐园的建设和运营中，过于迷信他们在美国和日本取得的管理经验，不顾法国当地的实际情况，也不重视法国员工的合理意见。在输出美方管理制度、管理经验和价值观念的过程中，美方管理人员态度傲慢，常以"老大"自居，行事专横跋扈。结果招致法国员工的怨恨，造成员工队伍士气低落，服务品质下降。法国建设与工业部的一位官员说，"因为他们是迪斯尼，所以他们什么都懂"。欧洲迪斯尼的管理者感到他们不过是在充当总公司管理的副手而已。

迪斯尼的管理者夸口他们能预测巴黎未来的生活模式：他们认为人们会转移到离欧洲迪斯尼很近的东部来；他们相信能够改变欧洲人的习惯。例如欧洲人不像美国人那样对孩子逃学认可，他们宁可在吃饭上少花时间也要更多的休闲时间。迪斯尼认为它能改变这些习惯。迪斯尼的一位前任管理者说，"有一种倾向相信人们所接触的都是最完美的"。迪斯尼认为在佛罗里达能做到的，在法国一样能做到。

动画电影《大力神》对原著的粗暴歪曲激怒了人们。一家欧洲的主要报纸评述说，"卡通（指大力神）歪曲和滥用了欧洲文化的一个基本传说"，并进一步说，"在美国虽然对政治上是否正确非常敏感，在素材来源的地方也是一样。只顾赚钱，他们真的这样做了并赚了上亿的钱"。还有人评论到"好莱坞为了自己的顾客比迪斯尼更加歪曲欧洲文化"。

迪斯尼的开办者本以为在法国开设的迪斯尼乐园一定会大获成功，可结果却令人大失所望。欧洲迪斯尼乐园投入建设时正赶上当地利率上升，投资者假设乐园会像日本迪斯尼乐园一样火爆，然后可以卖掉一些股份用于偿还债务。于是 44 亿美元的投资中发行债券 29 亿美元（占投资总额的 66%），股权投资约 15 亿美元（占投资总额的 34%）。迪斯尼的主席米歇尔·艾思纳曾经鼓励过欧洲迪斯尼要在计划中大方一些，他执著地要保证迪斯尼的质量，忽视了先期预算从而造成成本超支。

问题思考：

1. 在这个案例中你能找出多少次决策？对于这样一个巨大计划哪些应该做而没有做？公司在投资欧洲迪斯尼过程中存在哪些财务决策问题？

2. 你认为迪斯尼高层有什么错误？

3. 影响欧洲迪斯尼乐园经营的外部环境因素有哪些，其中经济环境中有哪些不利因素？

4. 为了长期利益，迪斯尼可以做哪些工作？

## 二、作业与思考题

（一）名词解释题

1. 决策　　　　　　　　　　　　　2. 确定型决策

3. 风险型决策　　　　　　　　4. 不确定型决策

5. 德尔菲法　　　　　　　　　6. 战略决策

7. 战术决策　　　　　　　　　8. 程序化决策

9. 有限理性

（二）单项选择题

1. 决策方法中的"硬技术"是指（　　　）。

　　A. 定量决策法　　　　　　　　B. 专家意见法

　　C. 定性决策法　　　　　　　　D. 决策树法

2. 决策方法中的"软技术"是指（　　　）。

　　A. 定量决策法　　　　　　　　B. 盈亏分析法

　　C. 定性决策法　　　　　　　　D. 决策树法

3. 头脑风暴法又称为（　　　）。

　　A. 征询法　　　　　　　　　　B. 畅谈会法

　　C. 哥顿法　　　　　　　　　　D. 方案前提分析法

4. "管理就是决策"，是由谁提出来的（　　　）?

　　A. 弗雷德里克·温斯洛·泰罗　　B. 亨利·法约尔

　　C. 赫伯特·西蒙　　　　　　　D. 马克斯·韦伯

5. 人们为了达到一定的目标，在掌握充分信息和对在有关情况进行深刻分析的基础上，用科学方法拟定和评价各种方案，从中选择合理方案的过程就是（　　　）。

　　A. 控制　　　　　B. 预测　　　　　C. 指挥　　　　　D. 决策

6. 所谓风险决策，就是在（　　　）下的决策。

　　A. 确定情况　　　　　　　　　B. 不确定情况

　　C. 存在一定风险情况　　　　　D. 因素可控情况

7. 下列选项中不属于企业的短期决策的是（　　　）。

　　A. 投资方向的选择　　　　　　B. 人力资源的开发

　　C. 组织规模的确定　　　　　　D. 企业日常营销

8. （　　　）是日常工作中为提高生产效率、工作效率而作出的决策，牵涉范围较窄，只对组织产生局部影响。

　　A. 战略决策　　　B. 战术决策　　　C. 管理决策　　　D. 业务决策

9. 集体决策的缺点包括（　　　）。

　　A. 花费较多的时间　　　　　　B. 产生群体思维

　　C. 产生的备选方案较少　　　　D. 责任不明

10. 下列选项属于例外问题的是（　　　）。

　　A. 组织结构变化　　　　　　　B. 重大投资

　　C. 重要的人事任免　　　　　　D. 重大政策的制定

11. 决策者只寻求满意结果的原因有（　　　）。

　　A. 只能满足于在现有方案中寻找

    B. 决策者能力的缺乏

    C. 选择最佳方案需要花大量的时间和金钱

    D. 决策者只需要有满意的结果

12. 通过（　　）等方法可以提出富有创造性的方案。

    A. 独自思考　　　　　　　　　　　B. 头脑风暴

    C. 名义小组技术　　　　　　　　　D. 德尔菲技术

13. 过去的决策会影响现在的决策是因为（　　）。

    A. 过去的决策是正确的

    B. 过去的决策是目前决策的起点

    C. 过去的决策都是现在的管理者制定的

    D. 过去的决策给组织内外部的环境带来了某种程度的变化

14. 喜好风险的人往往会选取风险程度（　　）而收益（　　）的行动方案（　　）。

    A. 较高，较高　　　　　　　　　　B. 较高，较低

    C. 较低，较低　　　　　　　　　　D. 不确定

15. 知识敏感型决策是指那些对时间要求（　　），而对质量要求（　　）的决策。

    A. 不高，较高　　　　　　　　　　B. 较高，也较高

    C. 较高，不高　　　　　　　　　　D. 不高，也不高

16. 头脑风暴法实施的原则有（　　）。

    A. 对别人的建议不作任何评价

    B. 建议越多越好，想到什么就说什么

    C. 鼓励每个人独立思考

    D. 可以补充和完善已有建议使它更具说服力

17. 在经营单位组合分析法中，具有较高业务增长率和较低市场占有率的经营单位是（　　）。

    A. 金牛　　　　　B. 明星　　　　　C. 幼童　　　　　D. 瘦狗

18. 常用的不确定型决策方法有（　　）。

    A. 小中取大法　　　　　　　　　　B. 大中取大法

    C. 大中取小法　　　　　　　　　　D. 最小最大后悔值法

19. 保本产量是（　　）和（　　）交点所对应的产量（　　）。

    A. 总固定成本曲线，总成本曲线

    B. 总收入曲线，总成本曲线

    C. 总固定成本曲线，总收入曲线

    D. 总变动成本，总收入曲线

20. 某企业打算开发一种新产品，预计该产品未来市场销路可能有三种自然状态：销路好，销路一般，销路较差。各种自然状态的概率不知道。现有两个方案可供选择，自行开发方案在上述三种自然状态下的损益值为分别为 500、300 和 100，购买专利方

案的损益值分别为 800、500 和－300。用最大最小后悔值法判断选择的结果应是（　　）。

  A. 自行开发        B. 购买专利

  C. 两个方案都可行      D. 两个方案都不可行

21. 行为决策理论的基础是（　　）。

  A. 经济人假设        B. 社会人假设

  C. 复杂人假设        D. 自我实现人假设

22. 决策是企业管理的核心内容，企业中的各层管理者都要承担决策的职责，关于决策的解释，哪个更正确？（　　）

  A. 越是企业的高层管理者，所做出的决策越倾向于战略性、非程序性的决策

  B. 越是企业的高层管理者，所做出的决策越倾向于常规的、个体的决策

  C. 越是企业的基层管理者，所做出的决策越倾向于战术的、非程序性的决策

  D. 越是企业的基层管理者，所做出的决策越倾向于非程序性的、经验性的决策

23. 管理中重复出现的、日常的管理问题称为（　　）。

  A. 例外问题    B. 结构问题    C. 例行问题    D. 普通问题

24. 受决策者个性影响最大的决策类型是（　　）。

  A. 确定型决策        B. 不确定型决策

  C. 多目标决策        D. 程序型决策

25. 决策是工作和日常生活中经常要进行的活动，但人们对其含义的理解不尽相同，你认为以下哪种理解较完整（　　）？

  A. 出主意         B. 拿主意

  C. 既出主意又拿主意      D. 评价各种主意

26. 某产品年产量为 5 万件，总固定成本为 15 万元，生产单位产品的变动成本为 2 元，若要求利润率为总成本的 20%，则该产品的售价应为（　　）。

  A.6 元      B.6.3 元      C.7.3 元      D.7 元

27. 企业经营决策最终选出的方案一般是（　　）。

  A. 成本最低的方案      B. 较为满意的方案

  C. 各个目标都最佳的方案    D. 实现利润最大的方案

28. 越是组织的上层主管人员，所做出的决策越倾向于（　　）。

  A. 战略的、常规的、肯定的    B. 战术的、非常规的、风险的

  C. 战略的、非常规的、风险的   D. 战略的、非常规的、肯定的

29. 1944 年 6 月 4 日，盟军集中兵力，即将开始规模宏大的诺曼底登陆作战。登陆战役决定在 D 日发动，为了保证登陆的成功，要求气象、天文、潮汐这三种自然因素都具备非常良好的条件。联合气象组对 D 日天气作了一次较为详细的预报：上午晴，夜间转阴。这种天气并不是登陆的理想天气，但能满足登陆的起码条件。盟军司令德怀特·戴维·艾森豪威尔沉思片刻，果断作出最后决定："好，我们行动吧！"艾森豪威尔的决定说明（　　）。

  A. 决策是一个渐进的过程，不能一蹴而就

    B. 决策要考虑现实情况, 不可刻意地追求理想化

    C. 艾森豪威尔应耐心地等待好天气的出现, 保证盟军既能登陆成功, 又能将损失降到最低的程度

    D. 艾森豪威尔应听取大家的意见

30. 某县为解决三个镇通往 W 市的交通困难, 决定接通县第一条断头公路。由此产生了两套方案: 一是直通镇区, 走两点一线, 全程 4 公里, 投资仅需 80 万元; 二是绕道镇区, 全程 15 公里, 投资 208 万元。第一套方案省钱又省时, 也没有任何风险, 后患是将造成交通拥挤, 污染严重; 第二套方案可为日后乡镇发展打下良好的基础, 还可避免交通瓶颈和环境污染, 但工程浩大, 投资巨大。最终, 该县领导一反常规采取了第二套方案。该案例说明 (　　)。

    A. 决策应着眼于长远利益, 而不要因为暂时的困难和一时的利益做出短视的决策

    B. 决策者的风险意识在决策时将发挥主导作用

    C. 保守型决策往往是人们的第一选择

    D. 利益是决策的最终目标, 人们都愿意选择眼前利益

31. 某企业 2001 年生产能力为 1 万件, 固定成本为 300 万元, 现已接到订货 7 000 件, 单价为 2 000 元/件, 若按 7 000 件的任务生产、销售, 将亏损 20 万元。现有一日商欲以 1 800 元/件订货 3 000 件, 试问接受订货否 (　　)?

    A. 生产能力有余, 边际利润小于0, 不订货

    B. 生产能力有余, 边际利润大于0, 订货

    C. 生产能力不足, 边际利润小于0, 不订货

    D. 生产能力不足, 边际利润大于0, 订货

32. 某公司财务部门经常运用数量分析技术评价资本投资方案, 但并非每次都选择最佳方案。事实上, 有时财务部门更倾向于排在第三或第四的次佳方案。财务总监说财务部门最终是根据主观判断而非数量分析来确定最佳投资意向。下列说法最准确的是 (　　)。

    A. 在资本投资的经济效益极不确定的情况下, 这种决策方式是合理的

    B. 这种决策方式是非理性的、直觉型的决策方式

    C. 这种决策方式无法使组织利润最大化

    D. 这种决策方式是有限理性决策模式的一个实例

(三) 简答题

1. 决策的特点及基本类型?

2. 决策过程的主要步骤有哪些? 你认为哪一个步骤最重要? 为什么?

3. 决策的实际效果往往要经过相当长时间才能得到检验, 那么, 怎样才能评价决策工作本身的有效性?

4. 简述经营单位组合分析法。

5. 现代决策的软方法。

6. 科学决策的原则有哪些?

7. 简要说明德尔非技术的步骤有哪些？

8. 简述企业管理的外部环境主要包括哪几方面因素？

9. 预测和决策的关系。

10. 简述决策的要素。

11. 决策的地位和作用。

12. 试叙述管理决策的基本过程。

13. 简述影响决策的基本因素。

（四）论述题

1. 试述如何使企业决策更加有效？（正确决策的基本要求）

2. 在过去 20 年中，企业越来越多地采用群体决策，你认为这是为什么？

3. 我国有句古话：失败乃成功之母。但现在有管理学家指出，对于现代社会的企业来说，情况可能正相反，企业运行中很可能会出现"成功是失败之母"的情况。试解释这句话的管理学含义与积极意义、存在的前提条件以及这句话对现代企业管理所产生的影响。

4. 根据赫伯特·西蒙的观点，人们在决策中应该运用满意的标准代替最优的标准，你是否同意这个观点？为什么？

（五）计算题

1. 某企业经营一种产品，单位变动成本 12 元，年固定成本 300 000 元，销售单价 20 元，本年实际销售 40 000 件。试计算：

（1）盈亏平衡点的销售量。

（2）分析该企业的经营状况。

2. 某公司生产一种产品，固定成本 100 万元，单位变动成本 1 000 元，销售单价 1 200 元。求盈亏平衡时的产量。

3. 某厂生产一种产品，市场价格为人民币 12 万元，生产该产品的总固定费用为 1 000 万元，单位产品的平均变动费用为 10 万元。要想不盈不亏，该产品的销售量等于多少件？（税率暂不考虑）

4. 甲公司生产某种产品的固定成本是 30 万元，除去固定成本外，该产品每单位成本为 4 元，市场售价为 10 元。若要达到 6 万元销售毛利的目标，该产品产销量应为多少？

5. 某厂正在与用户洽谈一笔产品的订货问题，经财务部门分析，这笔订货需要动用固定费用 10 000 元，每件产品的变动成本为 10 元，该产品的出厂价格定位每件 15 元。现在厂长提出四个问题，请有关人员进行计算：①至少应该接受多少订货才能保本；②该厂计划从这笔订货中获取 20 000 元利润，问应该接受多少数量的订货？③该厂受各种条件限制只能生产 5 000 件，产品能获取多少利润？④在只能生产 5 000 件的情况下，怎样才能达到 20 000 元利润？

6. A 公司打算在某城市采取 $S_1$、$S_2$、$S_3$、和 $S_4$ 中的一种市场营销策略，其收益取决于 B 公司采取 $CA_1$、$CA_2$、$CA_3$ 中的何种反应。如果 A 公司希望按最大后悔值最小值来决策，根据表3-1计算，A公司会采取何种市场营销策略？

表3-1　　　　　　　　　　B公司决策表

| A的策略　　A公司的收益　　B的反应 | CA$_1$ | CA$_2$ | CA$_3$ |
|---|---|---|---|
| S$_1$ | 11 | 14 | 20 |
| S$_2$ | 19 | 21 | 13 |
| S$_3$ | 16 | 9 | 18 |
| S$_4$ | 12 | 24 | 28 |

7. 某旅游服务公司拟向旅游者推出花式冰淇淋。每箱冰淇淋售价180元，成本为130元，利润为50元；若每天积压一箱，则因电费、场租、人工等因素要损失30元。根据以往资料，每天销售量在100～130箱之间。现需决策：今年每日冰淇淋产量为多少箱时，才使利润最大化？

对往年同期销售资料进行统计分析，确定不同状态下概率值，如表3-2所示。

表3-2　　　　　　　　旅游服务公司花式冰淇淋决策表

| 冰淇淋日销售量（箱） | 达到此销售量的天数（天） | 概率值 |
|---|---|---|
| 100 | 18 | P（100）=0.2 |
| 110 | 36 | P（110）=0.4 |
| 120 | 27 | P（120）=0.3 |
| 130 | 9 | P（130）=0.1 |
| 合计 | 90 | |

8. 某厂准备生产一种新产品，对未来三年市场预测的资料如下：需求量高的概率是0.3，需求量中等的概率是0.5，需求量低的概率是0.2。企业有两个方案可供选择，一是新建一个新产品生产车间，投资需140万元；二是扩建原有车间，需投资60万元。如果新建，在高需求情况下，年可获收益170万元，在中需求情况下，年可获收益90万元，在低需求情况下没有收益；如果扩建，高需求情况下年可获收益100万元，中需求情况下，年可获收益50万元，低需求情况下，年可获收益20万元。

要求用决策树法选择最优方案。

9. 某厂已决定生产一批新产品，有下列三个方案选择：

甲：建新车间，大量生产；

乙：改造原有车间达到产量；

丙：利用原有设备小批量生产。

市场对该产品的需求情况有如下四种可能：

（1）需求量很大，即畅销；

（2）需求较好；

（3）需求较差；

（4）需求量很小，即滞销。

各个方案在这四种可能需求情况下的损益值如表 3 - 3 所示。

表 3 - 3　　　　　　　　　各自然状态损益表　　　　　　　　单位：万元

| 方案 | 畅销 | 较好 | 较差 | 滞销 |
|---|---|---|---|---|
| 甲 | 80 | 40 | -30 | -70 |
| 乙 | 55 | 37 | -15 | -40 |
| 丙 | 31 | 21 | 9 | -1 |

请运用非确定型决策方法进行方案选择。（假设现实估计值法中乐观系数 $\alpha = 0.7$）

10. 某企业在下年度有甲、乙两种产品方案可供选择。每种方案都面临滞销、一般和畅销三种市场状态。各种状态的概率和损益值如表 3 - 4 所示。

表 3 - 4　　　　　　　　　甲、乙两种产品投资决策表

| 市场状态<br>概率<br>损益值　　方案 | 滞销 | 一般 | 畅销 |
|---|---|---|---|
|  | 0.2 | 0.3 | 0.5 |
| 甲方案 | 30 | 80 | 150 |
| 乙方案 | 0 | 90 | 180 |

用决策树法选择最佳方案。

11. 某企业生产一种产品，市场预测结果表明有三种可能：销路好，销路一般，销路差。备选方案三个，一是扩建，二是技术改造，三是维持现状。扩建需投资 25 万，技术改造需投资 15 万。各方案在不同自然状态下的损益值如表 3 - 5 所示。

（1）试用乐观决策法、悲观决策法、最小后悔值法进行决策。

（2）若知销路好的概率为 0.5，销路一般为 0.3，销路差为 0.2，试用决策树法进行决策。

表 3 - 5　　　　　　　　　产品投资决策表

| 方案 | 损益值 | | |
|---|---|---|---|
|  | 销路好 | 销路一般 | 销路差 |
| A. 扩建 | 210 | 100 | -60 |
| B. 技术改造 | 160 | 80 | -40 |
| C. 维持现状 | 90 | 40 | -20 |

（六）案例分析题

**【案例一】**　　　　　　　　　　李经理的烦恼

李经理是某公司计划供应科主管，主要负责生产订单的计划排产和原材料及相关产品配件的采购工作。让李经理感到头疼的是采购工作，几个采购员的工作效率不高，一件事情经常需要拖延很长时间才能处理，并且经常互相扯皮，久而久之成了习惯。

虽然李经理为每位采购员分派和划定了明确的业务范围，并告诉他们需要做什么，应该怎么做，但由于属下的工作绩效不高，责任心不强，爱偷懒，经常需要李经理过问催促才能完成，对于一些本该采购员拿主意的小事情也要李经理亲自过问。每次的工作会议都搞得李经理十分恼火，问题一大堆，因为窝了一肚子的火就经常批评训斥下属，每次开会几乎变成了训斥会。结果采购员非但没有积极改进业务，反而消极怠工，采取抵抗情绪，经常私底下抱怨工作时间长、薪资报酬低、电话费不够用、经常遭罚款、领导爱训斥人等。没办法，许多采购业务都要李经理亲历亲为，久而久之李经理变成了大半个采购员，整天忙得焦头烂额。再加上有时候供货商供货周期不稳定，以及公司各部门之间信息不顺畅、不及时，相互之间不配合，推脱责任，生产旺季采购部门经常出现订购原材料不及时，业务开展困难，断货经常发生，自己再怎么高效率工作，还是于事无补，问题越来越多，搞得自己心力交瘁。

更严重的是，由于生产用原材料不能及时到位，直接造成车间停工停产；因不能按计划生产，又打乱了生产主计划员的工作；进而导致营销系统不能按客户订单要求及时出货，招致客户的连续投诉。车间、生产主计划的催料，营销系统的催货，客户的投诉，整个乱成了一锅粥。

资料来源：育龙网，http://www.china-b.com/jyzy/tdzz/20090312/804712_1.html。

问题：

李经理所在的供应科为什么会出现上述问题，解决问题的方法有哪些？

**【案例二】**　　　　　　　　上海印染工业公司的产品决策

上海印染工业公司（以下简称"上染"）是我国钒制品生产和出口的重要基地。20世纪80年代初，上染遇到了危机，产品滞销，市场份额下降，国际市场不景气。为了应对危机，公司的决策层讨论并制订了从1982年起的五年规划，提出了开发仿真纯棉印花布等10个新产品、改造涤棉纬长丝提花织物等10个老产品的初步方案。

上染认为本公司的设想可能有局限性，为了保证产品方案的正确，决定向社会广泛征求各类专家的意见。

上染根据征询内容提出了一些具体问题："您认为在所限定的产品中，为了满足国内市场需求，应开发哪些新产品？""哪些老产品可能有发展前途？""为了适应国际市场的需要，应开发何种新产品，改造哪些老产品？""您是否能谈出具体理由？"等。公司向15个省市的国家机关、科研部门、高校和企业的近200名专家寄送意见征询表，3周后收到91封反馈信。于是，公司将这91名专家作为进一步征询的对象。

第一轮反馈已经完成，即向200位专家寄送意见征询表，回收率为45%。公司从中归纳出意见比较集中的适合外销的新、老产品共17种，适于内销的新、老产品共

16 种。

第二轮反馈：召集在沪的专家座谈，与会专家 42 位（其中包括 24 位第一轮征询的专家）。专家们充分论证，提出的产品品种竟达 800 多种，并且都出示了足够的论据。最后进行无记名投票表决。得票率超过 50% 的产品，外销的有 11 种，内销的有 12 种。

第三轮反馈：公司将以上信息汇总后，以第一轮反馈中的 91 名专家和公司内部 18 名专家为第三轮咨询对象，向专家们同时发出问卷。问题一，对外销的 11 种产品和内销的 12 种产品进行论证。问题二，对第二轮提出的 800 多种产品进行表决。

三周后，公司陆续收到回信。评价结果是：对问题一，意见一致的，外销产品有 9 种，内销产品有 10 种，其中外销和内销的有 8 种产品相同。这表明，公司原先设想的 20 种产品，只有 10 种与专家意见一致。对问题二，意见较集中的，外销产品有 108 种，内销产品有 94 种，这为公司今后发展产品开阔了视野，提供了信息。

公司在获得上述资料后，组织了专门班子，在进行了更深层次的调查后，制订了 1982—1987 年的五年规划。

1987 年，上染的总产值在国内纺织品行业位居前茅；在国外市场上，上染的产品销往美国、英国等几十个国家和地区，企业效益大幅度提高。

资料来源：谢平楼. 管理能力基础. 北京：北京邮电学院出版社，2008。

问题：

1. 上海印染工业公司所运用的预测、决策方法是什么方法？这种方法的特点有哪些？

2. 上海印染工业公司对这种方法的应用有哪些成功和不足之处？

【案例三】　　　　　　　　失控的营销

A 厂是我国北方一家生产电工产品的大型企业，也是"一五"期间我国 156 个重点工程项目之一，名列全国 500 家最大工业企业和 500 家利税大户。20 世纪 90 年代初，企业主要经济指标居同行业之首，生产的产品是名牌产品，产品主要用在电力、铁路、矿山系统和大型基础建设项目中。但就是这样一个企业，目前经营却陷入困境，明亏暗亏达 7 亿元，到了资不抵债的边缘。

**一、病急乱投医**

20 世纪 90 年代以前，A 厂产品国家计划订货量每年就有 3 亿～4 亿元。国家物资部根据订货量以计划价格向其供料，这在当时中小企业和乡镇企业是无法与之匹敌的。20 世纪 90 年代以后，随着我国经济体制的转变，市场全面开放使 A 厂面临着严峻的形势。

为了适应新的形势，厂领导采取了很多措施。其中之一就是专门成立了销售总公司，统一销售 A 厂产品。但由于受旧的思想和观念的影响，销售公司的工作远不能适应市场竞争的需要。这时，厂领导受其他厂家成功经验的启发，也搞起了"全员销售"，除销售总公司的直属门店外，又陆续增设了大批销售门店。这些销售门店有四种类型：

一是厂里投资在各中心城市开设的销售处或公司；

二是各分厂、车间开设的集体性质的销售门店，由于这些销售门店能解决部分富余人员的就业问题，厂里提供了一些优惠条件；

三是本厂职工个人或合伙开设的销售门店，其形式是职工停薪留职或业余时间销售；

四是其他单位或个人挂 A 厂的牌子开设的门店，每年向 A 厂交纳一定的管理费。

以上销售公司或销售门店开展业务的形式各异，有的是厂里下达任务，有的是承包，有的是代销，还有的做中间人牵线。一般是先交一部分定金，由厂里按出厂价供货，货物售完后将货款返回厂里，高出出厂价部分（费用加利润）归个人或单位。

### 二、彻底失去控制

经过几年的运营，A 厂对销售门店几乎失去控制。总厂、分厂、各部门、三产、个人和其他单位在各地开设的大大小小的门店近 1 000 个，具体多少谁也说不清。这些销售环节出现了严重的问题：

1. 销售门店普遍拖欠货款，每年有上亿元货款无法回收。到 1998 年年底，账面反映其中 162 户门店欠 A 厂货款达 1.5 亿元。

2. 厂里投资的销售公司存在挪用货款现象。例如，南方一家销售公司 1992—1998 年的销售额达 4 亿元，其中 1.6 亿元货款被其无偿占用与他人共同投资兴办了一个股份公司。新公司还利用打时间差的手段多次利用 A 厂货款做流动资金，该股份公司的净资产很快就发展到 3 亿多元。

3. 由于 A 厂没有对销售组织进行统一规划，销售门店重复设置和分散管理导致各销售门店相互争夺市场，破坏了统一的价格体系，使客户有机可乘，不断压低产品价格。

4. 本厂职工或三厂开设的销售门店公开赖账，有钱不还。

5. 外单位和个人以 A 厂名义开设的门店经常出现卷款撤离、逃避还款的现象。有的甚至挂着 A 厂的牌子卖其他厂家的货。

厂领导针对这些情况，曾绞尽脑汁想了一些对策。比如，要求客户先交款后提货，但这样做又赶走了一些大客户；再有，让中间商带客户直接到厂里签合同，给予中间商一定的返利，结果有些有推销手段和固定客户的门店觉得获利太少而不愿做。两种方法都影响了产品的销售。更致命的是，有些门店已控制了 A 厂的部分销售渠道，使 A 厂处于两难的境地。

### 三、难咽的苦果

由于 A 厂的销售管理问题，A 厂的整个营销活动陷入了极度的困难。

1. 滞留在销售中间环节的货款不能及时回收，使 A 厂流动资金不足的困难局面进一步加剧，不得不继续增加贷款。20 世纪 90 年代中期是银行贷款利率较高的时期，贷款额度的增加使 A 厂财务费用激增，加剧了营销活动的困难。

2. 由于财务费用和原材料价格上升等原因，A 厂的产品成本在同行业中处于较高水平，失去了市场竞争优势，又使困境中的 A 厂雪上加霜。

3. 由于许多销售门店是以 A 厂名义注册或挂靠 A 厂，当这些门店发生经济纠纷时 A 厂承担连带责任，又造成一部分损失。

资料来源：连漪．市场营销管理：理论、方法与实务．北京：国防工业出版社，2004.

问题：

1. 请描述一下 A 厂的销售环节的流程。

2. A 厂的营销决策是属于什么类型的决策？又是怎样制定出来的？

3. 根据相关决策理论分析 A 厂营销失败的主要原因是什么。

【案例四】　　　　　　　　　　公司的战略决策

宏光印刷厂主要从事报纸广告插页印刷，广告的宣传对象主要是超级市场、杂货连锁店及廉价商店。这项业务占该厂年销售额的 70%。此外，宏光印刷厂还从事专业印刷，主要是优质的彩色广告、商品目录和百货公司的推销宣传单。插页业务对价格极为敏感，利润率低。专业印刷需要较高的技巧，且用户对价格不过分看重，因而利润率较高。

该厂厂长过去一贯追求销售额的增长，着重发展业务量大、利润低的插页业务。现在他想设法提高销售利润率，以增加营利。厂顾问向他介绍了"波特曲线"。这个概念描述了市场占有率与资金利润率之间的假定关系。根据这一曲线，有两类企业的资金利润率较好：①"讲求有效性"的市场经营者，他们通过产品、广告和服务，去开拓一个不大的但利润率较高的市场；②"高效率"的市场经营者，他们以价格作为竞争的基础，用最低廉的成本和价格去争取尽量大的市场占有率。印刷厂实际上面临着两个不同的市场，插页业务无疑是效率型的市场，而专业印刷则更多地属于有效性的市场。由于工厂现有机器设备能力有限，要去贷款以扩大能力不容易且不一定合算，所以需要在插页业务和专业印刷之间作出选择。单搞插页业务或专业印刷，都将在未来一段时期内产生不同的后果，丢掉的业务是难以恢复的，要在二者之间作选择，就是工厂的一个战略决策。再者，如果决定单搞专业印刷，那就意味着销售额及其增长率将显著下降，因为可能承接的专业印刷业务肯定不会有插页业务那么多。一贯注重增长的厂长对于有碍销售额增长的任何有意识的决策都是十分怀疑的。

资料来源：邸彦彪. 现代企业管理理论与应用. 北京：北京大学出版社，2008.

问题：

1. 这个厂要在插页业务和专业印刷之间作出选择，需要在外部环境和内部条件的哪些方面进行调查研究、分析和预测？

2. 如果你是厂长，你将如何做决策？

3. 这个厂有无其他途径去提高销售利润率，增加营利？

（七）材料分析题

### 阿斯旺水坝的灾难

规模在世界上数得着的埃及阿斯旺水坝竣工于 20 世纪 70 年代初。表面上看，这座水坝给埃及人民带来了廉价的电力，控制了水旱灾害，灌溉了农田。然而，该水坝实际上破坏了尼罗河流域的生态平衡，造成了一系列灾难；由于尼罗河的泥沙和有机质沉淀到水库底部，尼罗河两岸的绿洲失去肥源——几亿吨淤泥，土壤日益盐渍化；由于尼罗河河口供沙不足，河口三角洲平原向内陆收缩，使工厂、港口、国防工事有跌入地中海的危险；由于缺乏来自陆地的盐分和有机物，沙丁鱼的年捕获量减少 1.8 万吨；由于大坝阻隔，尼罗河下游的活水变成相对静止的"湖泊"，为血吸虫和疟蚊的繁殖提供了条件，致使水库区一带血吸虫病流行。

资料来源：龚卫星. 现代企业管理. 北京：中国科学技术出版社，2007.

问题：

埃及建造阿斯旺水坝的决策给我们什么启示？

# 第四章　计划与计划工作

## 一、教学案例

### 拟订可考核的目标

中兴集团是一家拥有 20 家子公司和分公司的大型企业集团，其经营内容涉及六个行业。集团公司对分公司的管理方式是独立经营、集中核算。

一位分公司的总经理最近听了关于目标管理的讲座，当时就被激发了热情，更加坚定了他对目标管理的有效性的认识。这位总经理最后决定，在下一次职能部门会议上介绍这个概念并且看看能做些什么。在会议上，他详细介绍了这种方法的理论发展情况，列举了本公司使用这种方法的好处，并且要求他的下属人员考虑他的建议。

情况并不像想象的那样简单，在下一次会议上，中层经理们就总经理的提议提出了好几个问题。财务主任要求知道："你是否有集团公司总裁分配给你的分公司明年的目标？"

分公司总经理回答说："我没有，但我一直在等待总裁办公室告诉我他们期望我们做什么，可他们好像与此事无关一样。"

"那么分公司要做什么呢？"生产经理其实什么都不想做。

"我打算列出我对分公司的期望"，这位分公司的总经理说。"关于目标没有什么神秘的，我打算明年的销售额达到 5 000 万，税后利润率达到 8%，投资收益率为 15%，一项正在进行的项目 6 月 30 日能投产。我以后还会列出一些明确的指标，如选拔我们公司未来的主管人员，今年年底前完成新产品开发工作，以及保持员工流动率在 15% 以下等。"总经理越说越兴奋。

中层经理们对上级领导经过考虑提出的这些可考核的目标，以及如此明确和自信地陈述这些目标感到惊讶，一时不知说什么好。

"下个月，我要求你们把这些目标转换成自己所在部门可考核的目标。显然，这些目标对财务、营销、生产、工程和人事都是不同的。但是，我希望你们都能用数字来表达，同时希望把你们的数字加起来就实现了公司的目标。"

资料来源：徐泓. 管理学概论. 湘潭：湘潭大学出版社，2009.

问题思考：

1. 当他们没有得到集团公司总裁的目标时，分公司总经理能够制定可考核的目标吗？怎样制定？这些目标会得到下属的认可吗？

2. 对于分公司来说，要制定可行的目标，需要集团公司提供什么信息和帮助？

3. 这位分公司总经理设置目标的方法是否是最佳方法？你会怎么做？

## 二、作业与思考题

### (一) 名词解释题

1. 计划工作
2. 计划的灵活性原理
3. 滚动计划法
4. 目标管理
5. 网络计划技术

### (二) 单项选择题

1. 为了明确企业计划的外部条件,其关键是 ( )。
   A. 定量预测　　　B. 定性预测　　　C. 环境预测　　　D. 销售预测

2. 狭义的计划指的是 ( )。
   A. 计划准备　　　B. 制订计划　　　C. 执行计划　　　D. 检查计划

3. 下列对计划的表述错误的是 ( )。
   A. 计划工作居首要地位　　　　　　B. 计划工作的核心是决策
   C. 计划工作要讲究效率　　　　　　D. 计划工作是一种无意识形态

4. 基本建设计划、新产品开发计划等属于 ( ) 计划。
   A. 专项　　　B. 综合　　　C. 财务　　　D. 生产

5. 计划的精髓是 ( ) 原理。
   A. 限定因素　　　B. 许诺　　　C. 灵活性　　　D. 改变航道

6. 预算也被称为 ( )。
   A. 数字化的计划　　　　　　　　　B. 数字化的目标
   C. 实物化的计划　　　　　　　　　D. 货币化的计划

7. 长期计划往往是 ( )。
   A. 战略性计划　　　　　　　　　　B. 战术性计划
   C. 年度计划　　　　　　　　　　　D. 综合计划

8. 任何组织都要经历一个从形成、成长、成熟到衰退的生命周期。在组织生命周期的各个阶段上,计划工作的重点也不一样,组织处于形成期时,重点是 ( )。
   A. 方向性、指导性　　　　　　　　B. 长期性、具体的可操作性
   C. 操作性　　　　　　　　　　　　D. 短期的、指导性

9. 以下哪一个不仅是计划工作的终点,而且也是组织工作、人事工作、领导工作和控制活动所要达到的结果? ( )
   A. 宗旨　　　B. 目标　　　C. 政策　　　D. 预算

10. 工业上常用的投资回报率是 ( ) 原理的具体应用。
    A. 限定因素　　　B. 许诺　　　C. 灵活性　　　D. 改变航道

11. 预算是指用数字说明企业经济活动的 ( )。
    A. 综合计划　　　B. 业务计划　　　C. 管理计划　　　D. 财务计划

12. 计划制订过程通常包括:①预算数字化,②评估备选方案,③拟订辅助计划,④确定前提条件,⑤确定目标等。( ) 是正确的计划步骤。

A. ⑤③①④②　　　　　　　　　　B. ⑤④②③①

C. ④③②①⑤　　　　　　　　　　D. ②③⑤①④

13. 一家食品公司通过市场调查和分析，发现儿童营养食品具有非常广阔的市场，该食品公司又有能力研究开发和生产此类产品，进而进军该市场。这个案例体现了计划工作程序的哪一步？（　　）

    A. 估量机会　　　　　　　　　　B. 确定目标

    C. 选择方案　　　　　　　　　　D. 确定前提条件

14. 目标管理的提出者是（　　）。

    A. 弗雷德里克·温斯洛·泰罗　　　B. 亨利·法约尔

    C. 马克斯·韦伯　　　　　　　　D. 彼得·德鲁克

15. 目标管理制度产生于（　　）。

    A. 法国　　　　　B. 德国　　　　　C. 美国　　　　　D. 日本

16. 目标必须在对象、要求和时限上是明确的和单义的，是指（　　）。

    A. 统一性　　　　B. 系统性　　　　C. 科学性　　　　D. 预见性

17. 企业计划工作的前提条件可分为企业可控制的和企业不可控制的。下列哪个（些）条件是企业可控制的？（　　）

    A. 未来市场价格水平　　　　　　B. 税收和财政政策

    C. A 和 B　　　　　　　　　　D. 产品投放市场的时机

18. 企业计划从上到下可分成多个层次，通常越低层次的目标就越具有（　　）特点。

    A. 定性和定量结合　　　　　　　B. 趋向于定性

    C. 模糊而不可控　　　　　　　　D. 具体而可控

19. 计划工作的核心是（　　）。

    A. 把握机会　　　B. 确立目标　　　C. 制定决策　　　D. 编制预算

20. 下列对计划工作的认识中，哪种观点是正确的？（　　）

    A. 从事计划工作要求有丰富的学识和经验，它是高层主管所必须承担的使命

    B. 计划职能是参谋部门的使命

    C. 计划职能是直线部门特有的工作内容

    D. 计划职能是各级、各部门管理人员的一个共同职能

21. "它是主管人员决策的指南，它使各级主管人员在决策时有一个明确的思考范围，它允许主管人员有斟酌裁夺的自由，它是一种鼓励自由处置问题和进取精神的手段。"在下列几种计划的具体形式中，最符合上述描述的是哪一种？（　　）

    A. 目标　　　　　B. 政策　　　　　C. 规则　　　　　D. 策略

22. 某化工企业为了在竞争中处于有利地位，开发了某种投资很大的新产品，投产后非常畅销，企业领导也倍感欣慰。但不久便得知，由于该产品对环境有害，国家正在立法，准备逐步取缔该产品。从计划过程来看，该企业最有可能在哪个环节上做得不够周到？（　　）

    A. 估量机会、确立目标

B. 明确计划的前提条件

C. 提出备选方案，经过比较分析，确定最佳或满意方案

D. 拟订派生计划，并通过预算使计划数字化

23. 某企业在推行目标管理中，提出了如下的目标：质量上台阶，管理上水平，效益创一流，人人争上游。该企业所确定的目标存在哪方面的欠缺？（　　　）

    A. 目标缺乏鼓励性　　　　　　　　　B. 目标表述不够清楚

    C. 目标无法考核　　　　　　　　　　D. 目标设定得太高

24. 在确定计划的前提条件时，下列哪条要求是不必要的？（　　　）

    A. 合理选择前提条件

    B. 准备多套备选前提条件

    C. 保证前提条件的可考核性

    D. 保证前提条件协调一致并有效沟通前提条件

25. 计划职能的主要任务就是要确定（　　　）。

    A. 组织结构的蓝图　　　　　　　　　B. 组织的领导方式

    C. 组织的目标及实现目标的途径　　　D. 组织中的工作设计

26. 在当前飞速变化的市场环境中，人常常会感到"计划赶不上变化"，有人甚至怀疑制订计划是否还有必要。对此，应当采取的正确措施是（　　　）。

    A. 坚持计划工作的必要性，批判怀疑论者

    B. "计划赶不上变化"不以人的意志为转移，应当经常修改计划

    C. 如果形势变化快，可仅仅制订短期计划

    D. 在变化频繁的环境中，更倾向于制订指导性计划和短期计划

27. 关于管理的职能中计划与决策的关系，以下几种说法哪一种是不正确的？（　　　）

    A. 从编制和执行过程看，计划与决策没有区别

    B. 决策是计划编制的前提，计划是决策的延伸和具体化

    C. 计划是管理的一项职能，决策则贯穿于组织的各项职能之中

    D. B + C

28. 计划是一动态过程，其正确的步骤是（　　　）。

    A. 预测、决策、制订方案

    B. 确定目标、预测、决策、预算并拟订派生计划

    C. 预测、决策、制订方案、预算

    D. 确定目标、拟订可能方案、决策、执行可行方案

29. 在制订计划时，为了有效地确定前提条件，应当（　　　）。

    A. 找出并着重研究那些关键性的、战略性的前提条件

    B. 要准备不止一套的备选前提条件

    C. 所选择的各项前提条件相互间必须协调一致

    D. 对以上三条作综合考虑

30. 管理的计划工作具有目的性、（　　　）、普遍性、效率性和创新性。

A. 预见性　　　　B. 有效性　　　　C. 平等性　　　　D. 首位性

31. 滚动计划是一种（　　）。

    A. 短期计划　　　　　　　　　　B. 中期计划

    C. 长期计划　　　　　　　　　　D. 无固定期限的计划

32. 在计划管理工作中，在其他因素不变的情况下，仅仅改变某些因素就可以影响组织目标实现的程度。这些因素属于（　　）。

    A. 领导因素　　　　B. 控制因素　　　　C. 限定因素　　　　D. 导向因素

33. 计划制订出来之后就应当促进实施，但不能被计划所框住，必要时可以根据当时的实际情况作出必要的检查和修订，这是计划工作的（　　）原理。

    A. 木桶　　　　　　　　　　　　B. 灵活性

    C. 许诺　　　　　　　　　　　　D. 改变航道

34. 目标管理制度强调组织成员参与目标制定，通过（　　）实现目标。

    A. 外部领导　　　　B. 自我控制　　　　C. 内部协调　　　　D. 利益约束

35. 目标可以分成突破性目标和（　　）。

    A. 直接性目标　　　　　　　　　B. 控制性目标

    C. 间接性目标　　　　　　　　　D. 辅助性目标

36. 计划工作的前提就是计划在实施过程中的（　　）。

    A. 预期目标　　　　B. 预期成果　　　　C. 预期标准　　　　D. 预期环境

37. 某企业管理部门在制定劳动定额时，出现了以下四种分歧意见。您认为哪一种意见比较正确？（　　）

    A. 劳动定额主要是为了考核用的，所以，应该选择最先进的标准

    B. 定额标准的确定应该结合企业实际，并考虑有助于员工积极性的调动

    C. 为使绝大多数员工都能超额完成任务，应该选择最低的定额标准

    D. 考虑到员工操作水平的差异，定额标准宜取最先进与最低标准的平均值

38. 美国管理学家德鲁克说：“真正的困难不是确定我们需要什么具体目标，而是如何确立这些目标。”那么，目标的特征可归纳为（　　）。

    A. 层次性、相关性、可检验性和时序性

    B. 层次性、相关性、可计量性和多元性

    C. 层次性、可操作性、可检验性和时序性

    D. 层次性、可操作性、可计量性和多元性

39. 两个经理正在讨论如何为提高工作绩效给员工设置目标的问题。一个经理认为应该设置总体目标，这样可以保持管理的灵活性。另一个经理则认为，只有确定具体目标才能取得良好的效果。他们还讨论了其他一些确立目标的方法。在以下四种方法中最好的方法是（　　）。

    A. 由经理给员工设置总体目标

    B. 由经理给员工设置具体目标

    C. 由员工提出总体目标，并获得管理部门的同意

    D. 由员工提出具体目标，并获得管理部门的同意

40. 在某企业所在的行业中，少数几家大厂商之间为争夺不断增长的产品潜在市场，竞争十分激烈。最近，该企业领导发现，尽管目前企业产品的市场销售增长率较高，但市场占有率却几乎没有什么提高。为此，企业领导决定采取各种有效措施大幅度提高产品的市场占有率。以下关于该企业这一决策可能后果的表述中，哪一条最为恰当？（　　）

    A. 企业产品的销售增长率及市场占有率均有进一步提高

    B. 企业产品的市场占有率上升而销售增长率下降

    C. 企业产品的销售增长率上升而市场占有率变化不确定

    D. 企业产品的销售增长率上升而市场占有率下降

41. 一个组织的政策是组织在决策或解决问题时的指导方针及一般规定。以下四条中，哪一条所列的特征组合对政策而言最为重要？（　　）

    A. 一贯性、针对性、可操作性与完整性

    B. 一贯性、协调性、适应性与完整性

    C. 适应性、针对性、协调性与完整性

    D. 一贯性、适应性、可操作性与针对性

（三）简答题

1. 影响计划的因素是什么？

2. 简述计划工作的方法。

3. 指令性计划与指导性计划有什么区别？

4. 计划的编制包括哪几个阶段的工作？

5. 简述计划工作的基本原理。

6. 简述计划与决策的关系。

7. 简述目标的基本特性及其在管理中的作用。

8. 目标管理是职工"参与管理"的一种形式，职工"参与管理"体现在哪些方面？

9. 简述滚动计划法的基本思想及优点。

10. 简述企业目标管理的主要类型。

（四）论述题

1. 如何正确认识计划工作中的弹性原则？试举例说明。

2. 计划在管理中的作用。

3. 目标管理的特点、基本思想、实施步骤及局限性。

4. 目前许多企业的管理者都认为：计划赶不上变化，所以制订计划根本没用。这样的说法对不对？为什么？

（五）案例分析题

【案例一】　心急吃热豆腐酿苦果　国美要被对手骑在头上做广告

事情的起因与国美现在落脚的地盘的前主人——金太阳家电连锁有关。2002 年金太阳进入新街口开店后不久，就把店门的外立面的十块广告牌，以不菲的价格包给了溧阳的一家广告公司，合同有效期是从2002—2009年，其间这块墙面的广告处置权全由该广告公司所有。

不知什么原因，国美却没有完全掌握这个情况。国美在与金太阳家电连锁谈判的时候，没有提出把外立面广告连同卖场一起拿下来。金太阳方面透露说，可能是国美太急于杀进南京城了吧，也可能是永乐等其他电器连锁商的报价竞争太激烈了，所以在谈判中急于求成。国美的一位高层曾经说过："拿下店址来就行，其他都可以慢慢来。"这种心急又要吃热豆腐的行为，为今天的尴尬局面酿下苦果。

五星电器昨天证实说，正在和那家广告公司谈判，该广告公司已经答应很快会把地方腾出来给五星。而广告公司称，他们会为客户做有超大字体的形象广告牌。这就会出现一个很搞笑的局面：在新街口的繁华路口，国美电器连锁店的店招挤在中间，两边是比它大几倍的死对头的店招。记者另获证实：苏宁电器、永乐电器等也在与那家广告公司接触，目前该广告牌的年租报价已经上升到1 000万元。看来，很多人都想借国美的失误给它点颜色看看。

国美华东二区总经理赵飞对此事的第一反应是：我可以保证，无论怎样，国美不会让别人把广告做到我们家门上，这是不可能的事。昨天上午国美正式和该广告公司接触，一开始国美考虑和该广告公司合作做户外广告，但是该广告公司不同意，双方在出让价格上有较大分歧，但是双方还在谈，国美并没有放弃。

外立面形象落入它手最坏的结果是什么？业界称，不外乎两种：一种是张冠李戴，形象不统一，甚至是为他人作嫁衣裳；另一种是如鲠在喉，成为经营零售企业最为短视的行为。相关人士透露，本来新街口户外广告资源就很稀缺，而且金太阳本身的地理位置又十分优越，再加上同类企业一山不容二虎，国美可能不得不付出巨大代价来解决这个"面子问题"。

业界称，企业的外立面主要用于展示企业和合作伙伴的形象，一般不具有赚钱目的。成熟的企业在与物业谈判时，都是整体拿下，以满足企业宣传和拥有完整的形象。如果被对手拿下，其宣传的品牌肯定与国美所售商品有较大出入。此外，记者获悉，当初签订的协议，关键语句模棱两可，涉及电器类生产和服务的内容都可以上外立面，而家电连锁业苏宁、五星又均涉足家电服务业。这意味着可以在国美的墙上高挂苏宁、五星的巨幅宣传牌，对于刚进南京的国美来说，这是最为忌讳的。

资料来源：道客巴巴网，http://www.doc88.com/p-736455479938.html。

问题：

什么原因导致国美电器陷入目前的被动局面？如果你是国美的负责人，你会怎么办？有什么办法可以扭转目前的局面吗？

【案例二】 澳兰公司的发展

澳兰股份有限公司是S省一家大型企业，主要从事电力自动设备与计算机外围设备等产品的研制、生产、安装等业务，属于资金和技术密集型企业。澳兰公司自20世纪90年代以来，陆续吸引了大批自动化、计算机、电力系统等方面的高级技术人才。目前公司拥有理工科博士20人、硕士50多人。

电力自动化设备是特殊产品。一方面，设备售价昂贵，利润丰厚；另一方面，用户对产品质量和售后服务要求高。澳兰公司每年都要花费大量的资金，用于与用户沟通及介绍本企业的技术实力和产品特征。面对我国电力事业持续发展的有利环境，澳兰公司的主业业绩一直比较理想。更重要的是，澳兰公司与全国各地区的电力有关部门建立了密切的联系，成为公司重要的无形资产。

随着我国经济体制改革和对外开放的深入，澳兰公司面临一定的潜在竞争者，主要是一些科研机构经过企业化改制后，充分发挥其技术优势与研发优势。这些机构经营规模虽然不大，但服务的市场及产品功能与澳兰公司相似或基本相同，澳兰公司不得不提高警惕。公司决策层经过反复讨论后决定：

第一，成立市场策划部，任命总经理助理张冬梅为市场策划部经理，直接对总经理负责，开展市场策划工作。

第二，压缩计算机键盘生产，抽调一部分资源支持电力保护器的生产经营。键盘逐渐被鼠标取代后使用寿命延长，市场销售呈萎缩趋势。另外，与其他公司相比，澳兰公司生产的键盘也不具有明显的市场优势。

第三，组建若干事业部，撤消公司的采购中心，将零配件、协作件的采购业务并入相关的事业部，并将购买决策权赋予各事业部负责人。

被任命为市场策划部经理的张冬梅，是一名年富力强的管理人员，计算机专用本科毕业，接受过高级管理培训。澳兰公司八年的工作经历使她对所在行业和公司内部运作有了较全面的了解。同时，她思路开阔，沟通能力强。正因为如此，公司把市场策划部的管理工作交给了她。经过一段时间紧张的思考、讨论以后，张冬梅向公司总经理递交了一份关于市场策划部的总体工作规划，主要内容如下：

（1）策划部的核心职能

策划部的工作重心是促销，其核心职能是通过创意策划和实施，把本公司的品牌（包括产品品牌和服务品牌）最大限度地传递给目标客户。规划中的其他工作设想和安排都建立在以上部门职能认识的基础上。

（2）策划部的主要任务

根据我们对市场策划部核心职能的定位，落实职能需要完成的主要任务包括：第一，设计和改进本公司产品（服务）的品牌形象；第二，及时分析、整理公司产品（服务）领域的顾客群，掌握不同顾客群的主要特征，使促销活动更有针对性；第三，以公司的市场竞争战略为依据，确定或调整公司的市场形象定位，在公司主导产业或重点发展的产业领域内，从市场领导者、市场挑战者、市场追随者和市场补缺者等几种基本市场形象或形象组合中，选择符合公司战略的角色定位。

（3）近期重要工作安排

市场策划部近期的重要工作包括：第一，对本公司的主要产品和服务项目进行有步骤的品牌开发和品牌管理；第二，媒体渠道的选择、论证；第三，销售队伍的组织优化；第四，筹建"澳兰经济与技术发展论坛"，举办高层次研讨会，其基本目的是提升公司在国内甚至在亚洲和海外地区的形象；第五，筹办2000年"世纪庆典"活动，利用世纪之交这一重大商机开展促销、公关活动，以实现特定的战略意图。

资料来源：全国工商管理硕士入学考试研究中心．2003年MBA联考管理考试辅导教材．北京：机械工业出版社，2002.

问题：

1. 总的来说，澳兰公司主业的行业进入壁垒情况是（　　）。

    A. 不十分高　　　　　　　　　　B. 比较高

    C. 过去比较高　　　　　　　　　D. 无法判断

2. 根据案例提供的情况，澳兰公司给潜在竞争者制造的进入障碍有一部分来自于（　　）。

    A. 规模经济因素　　　　　　　　B. 产品差别因素

    C. 在位优势因素　　　　　　　　D. 无法确定

3. 在我国改革开放步伐不断加快的情况下，澳兰公司若能审时度势、不失时机地进行技术创新和管理创新，该公司与其用户的讨价还价能力将（　　）。

    A. 趋升　　　　B. 趋降　　　　C. 保持不变　　　　D. 难以确定

4. 澳兰公司决策层在新的环境条件下出台的策略措施中，第一项措施是（　　）。

    A. 营销措施　　　B. 组织措施　　　C. 战略措施　　　D. 计划措施

5. 按事业部制的一般运行要求看，公司决定采用事业部制以后，撤消原来的采购中心这一做法（　　）。

    A. 不合适　　　　　　　　　　　B. 合适且必要

    C. 虽然合适但不做也可以　　　　D. 无法判断

6. 张冬梅在向公司总经理汇报她的工作设想时，将对市场策划部的核心职能阐述放在第一位，这种做法（　　）。

    A. 只是写报告的一种自然顺序，不足以说明她的工作思想和策略是否适当

    B. 不必要，她应该把精力主要放在如何协调、领导和激励其他人的工作上

    C. 十分必要

    D. 其合理性和必要性无法判断

7. 张冬梅提出的工作规划书要成为可操作的任务指导文件，下列哪一类信息或文件是必备前提？（　　）

    A. 公司的竞争战略　　　　　　　B. 公司的理财战略

    C. 公司的人事策略　　　　　　　D. 公司的技术战略

8. 张冬梅认为公司近期的重要任务之一是有步骤地进行品牌开发和管理，如果这一做法确定能取得成效，则可能会有何种影响？（　　）

    A. 提高澳兰公司产品的差别化优势

    B. 提高澳兰公司资产的价值

    C. 改进澳兰公司促销工作的效果

    D. 以上三方面都有可能

9. 在张冬梅的工作规划中，拟筹建"澳兰经济与技术发展论坛"，这一做法突出体现了张冬梅的（　　）。

    A. 处事的灵活性　　　　　　　　B. 环境协调意识

    C. 会议组织才能                D. 对经济问题的敏锐性

10. 作为市场策划部的决策者，张冬梅的规划报告突出体现了她在公司中的（　　）。

    A. 直线人员职能                B. 决策人员职能

    C. 参谋人员职能                D. 营销人员职能

## 【案例三】　　　　　　　　机床厂的目标管理

某机床厂自 1981 年开始推行目标管理。为了充分发挥各职能部门的作用，充分调动一千多名职能部门人员的积极性，该厂首先对厂部和科室实施了目标管理。经过一段时间的试点后，逐步推广到全厂各车间、工段和班组。多年的实践表明，目标管理改善了企业经营管理，挖掘了企业内部潜力，增强了企业的应变能力，提高了企业素质，取得了较好的经济效益。

按照目标管理的原则，该厂把目标管理分为三个阶段进行：

第一阶段：目标制定阶段

1. 总目标的制定

该厂通过对国内外市场进行需求调查，结合长远发展规划，并根据企业的实际生产能力，提出了 19××年"三提高"、"三突破"的总方针。所谓"三提高"，就是提高经济效益，提高管理水平和提高竞争能力；"三突破"是指在新产品数目、创汇和增收节支方面要有较大的突破。在此基础上，该厂把总方针具体化、数量化，初步制定出总目标，并发动全厂员工反复讨论、不断补充，送职工代表大会研究通过，正式制定出全厂 19××年的总目标。

2. 部门目标的制定

企业总目标由厂长向全厂宣布后，全厂就对总目标进行层层分解，层层落实。各部门的分目标由各部门和厂企业管理委员会共同商定，先确定项目，再制定各项目的指标标准：其制定依据是厂总目标和有关部门负责拟订、经厂部批准下达的各项计划任务，原则是各部门的工作目标值只能高于总目标中的定量目标值；同时，为了集中精力抓好目标的完成，目标的数量不可太多。为此，各部门的目标分为必考目标和参考目标两种。必考目标包括厂部明确下达的目标和部门主要的经济技术指标；参考目标包括部门的日常工作目标或主要协作项目。其中，必考目标一般控制在 2~4 项，参考目标项目可以多一些。目标完成标准由各部门以目标卡片的形式填报厂部，通过协调和讨论最后由厂部批准。

3. 目标的进一步分解和落实

部门目标确定以后，接下来的工作就是目标的进一步分解和层层落实到每个人。

（1）部门内部小组（个人）目标管理，其形式和要求与部门目标制定相似，拟定目标也采用目标卡片，由部门自行负责实施和考核。要求各小组（个人）努力完成各自目标值，保证部门目标能够如期完成。

（2）部门目标的分解采用流程图方式。具体方法是：先把部门目标分解落实到职能组，再分解落实到工段，工段再下达给个人。通过层层分解，全厂的总目标就落实到了每一个人身上。

第二阶段：目标实施阶段

该厂在目标实施过程中，主要抓了以下三项工作：

1. 自我检查、自我控制和自我管理

目标卡片经主管副厂长批准后、一份存企业管理委员会，一份由目标制定单位自存。由于每个部门、每个人都有了具体的、定量的明确目标，所以在目标实施过程中，人们会自觉地、努力地实现这些目标，并对照目标进行自我检查、自我控制和自我管理。这种"自我管理"，能充分调动各部门及每一个人的主观能动性和工作热情，充分挖掘自己的潜力。因此，完全改变了过去那种上级只管下达任务、下级只管汇报完成情况，并由上级不断检查、监督的传统管理办法。

2. 加强经济考核

虽然该厂目标管理的循环周期为一年。但为了进一步落实经济责任制，及时纠正目标实施与原目标之间的偏差，该厂打破了目标管理一个循环周期只能考核一次、评定一次的束缚，坚持每一季度考核一次及年终总评定。这种加强经济考核的做法进一步调动了广大职工的积极性，有力地促进了经济责任制的落实。

3. 重视信息反馈工作

为了及时了解目标实施过程中的动态情况，以便采取措施及时协调，使目标能顺利实现，该厂十分重视目标实施过程中的信息反馈工作，并采用了两种信息反馈方法：

（1）建立"工作质量联系单"，及时反映工作质量和服务协作方面的情况。尤其当两个部门发生工作纠纷时，厂管理部门就能从"工作质量联系单"中及时了解情况，经过深入调查，尽快加以解决。这样就大大提高了工作效率，减少了部门之间的不协调现象。

（2）通过"修正目标方案"来调整目标。内容包括目标项目、原定目标、修正目标以及修正原因等，并规定在工作条件发生重大变化需修改目标时，责任部门必须填写"修正目标方案"提交企业管理委员会，由该委员会提出意见交主管副厂长批准后方能修正目标。

该厂在实施过程中由于狠抓以上三项工作，不仅大大加强了对目标实施动态的了解，更重要的是加强了各部门的责任心和主动性，从而使全厂各部门从过去等待问题找上门的被动局面，转变为积极寻找和解决问题的主动局面。

第三阶段：目标成果评定阶段

目标管理实际上就是根据成果进行的管理，因此成果评定阶段十分重要。该厂采用了"自我评价"和上级主管部门评价相结合的做法，即在下一个季度第一个月的 10 日之前，每个部门必须把上季度工作目标完成情况汇总表报送企业管理委员会（汇总表要求每个部门对本部门上一阶段的工作进行客观评价）。企业管理委员会核实后，也给予恰当的评分。如必考目标为 30 分，一般目标为 15 分。每一项目标超过指标 3%，加 1 分，以后每增加 3%，再加 1 分。一般目标有一项未完成而不影响其他部门目标完成的，扣一般项目中的 3 分，影响其他部门目标完成的则扣分增加到 5 分。加 1 分相当于增加该部门基本奖金的 1%，减 1 分则扣该部门奖金的 1% 。如果有一项必考目标未完成则至少扣 10% 的奖金。

该厂在目标成果评定工作中深深体会到：目标管理的基础是经济责任制，目标管理只有和明确的责任划分结合起来，才能深入持久，才具有生命力，达到最终的成功。

资料来源：MBA 考试网，http：//www. 233. com/MBA/guanli/。

问题：

1. 在目标管理实施过程中，应注意什么问题？

2. 增加和减少奖金发放额是实行奖惩的最佳方法吗？除此之外，你认为还有什么激励和约束措施？

3. 你认为实行目标管理时创造完整严肃的管理环境和制定自我管理的组织机制，哪个更重要？

# 第五章　战略性计划

## 一、教学案例

### 【案例一】　　　　　　　　春都的教训

春都曾经有过奇迹。说起火腿肠，有谁能不想到春都呢？自 1986 年生产出我国第一根西式火腿肠开始，春都就以"会跳舞的火腿肠"红遍大半个中国，市场占有率最高达 70% 以上，资产达 29 亿元。然而，经历短暂的几年辉煌，这家明星企业便悠然跌入低谷，濒临破产的边缘。而双汇集团 2002 年实现利税 5.02 亿元，比上年增长 69.5%，步入快速发展轨道；春都集团连续 2 年出现巨额亏损，企业陷入困境。同是国务院确定的全国 520 家重点企业，同是中国名牌，同是地处中原的肉类加工企业，双汇的迅速崛起和春都的严重滑坡引起社会各界的广泛关注。

春都集团的前身是始建于 1958 年的洛阳肉联厂，在计划经济体制下，平淡经营了几十年。1986 年，春都当家人高凤来经过对国内外肉制品市场进行分析后，果断决定改变过去从事单一的生猪屠宰储藏业务的经营现状，对猪肉进行深加工，发展高温肉制品生产加工业务。春都在国内首次引进西式火腿肠生产线，生产出中国第一根火腿肠，并迅速走俏市场，销售收入、利润连年翻番，获得了巨大的经济效益。企业规模也随之变大，并获得持续发展。

到 20 世纪 90 年代初，春都成为收入超过 10 亿元、利润过亿元的国内著名大型肉制品生产加工企业。春都火腿肠也多次被评为"全国名牌产品"和"著名商标"，几乎成为中国火腿肠的代名词。这个时期春都的成功，无疑要归功于高层正确的战略决策——前向一体化发展战略。

也许成功来得太容易，春都的经营者头脑开始膨胀发热，当地领导也要求春都尽快"做大做强"。他们在较短的时间内投巨资增加了医药、茶饮料、房地产等多个经营项目，跨地区、跨行业收购、兼并了洛阳市旋宫大厦、平顶山肉联厂、重庆万州食品公司等 17 家扭亏无望的企业，使其经营范围涉及生猪屠宰加工、熟肉制品、茶饮料、医药、旅馆酒店、房地产、木材加工、商业等多个产业，走上了一条多元化道路。企业经营项目繁杂、关联度低，新业务与主业均无关联，且投资时间集中，一时"发展"神速。

以资产计，春都的资产平均每年以近 6 倍的速度递增，由 1987 年的 3 950 万元迅速膨胀到 29.69 亿元。可怕的是，这个神速扩张不但没有为春都带来收益，反而使企业背上了沉重的包袱。在春都兼并和收购的 17 家企业中，半数以上亏损，近半数关门停产。

1993 年 8 月，春都在原洛阳肉联厂的基础上进行股份制改造，组建春都集团股份有限公司，向社会 432 家股东定向募集法人股 1 亿股，募集资金 2 亿元。资金充足，用对了是好事，用错了，可能就是一场灾难。此时，春都恰恰把这笔钱用来盲目多元化发展，先是投资 1 000 多万元参股经营 8 家企业，后又投资 1.5 亿元控股经营 16 家企业。结果这些企业都成了春都的大累赘。

1994 年 9 月，春都与美国宝星投资公司等 5 家外商合资，吸引外资折合人民币 2.9 亿元。但合资后外方发现了春都的问题，于 1997 年寻找理由提出撤资。按照协议，本息加上红利，春都一次损失 1 亿多元。

1998 年 12 月，已是负债累累的春都集团决定选择集团公司部分资产重组上市，募集资金 4.24 亿元。大股东春都集团和上市公司春都食品股份公司实际上是一套人马、两块牌子，人员、资产、财务根本没有分开。上市后的第 3 个月，春都集团就从上市公司抽走募集资金 1.9 亿元用于偿还其他债务。此后，春都集团又陆续"有偿占用"上市公司数笔资金，合计高达 3.3 亿元，占上市公司募集资金总数的 80%，从而造成上市公司对公众承诺的 10 大投资项目成为一纸空文，使春都主业失去了发展的大好时机，也让春都走上了不归路。

资料来源：曹成喜．市场营销．上海市：立信会计出版社，2004.

问题思考：

1. 春都集团陷入困境的主要原因是什么？

2. 春都集团走出困境的对策是什么？

**【案例二】　　　　　　　　　　康佳的 SWOT 分析**

康佳的经营领域是竞争十分激烈的彩电行业。进入 20 世纪 90 年代，随着彩电市场竞争日趋激烈，部分彩电品牌被淘汰出局。这一时期，彩电行业开始出现联合并购现象。上海三大彩电品牌金星、飞跃、凯歌组成上海广电信息产业股份有限公司。牡丹江康佳、南通长虹、深圳 TCL、云南海信等跨地域企业横空出世。

中国彩电工业经过近 20 年的发展，由于市场的开放和竞争，企业的自强不息，已经成为发展最为成熟、国产化程度最高、最经得起"入世"考验的行业之一。彩电市场也由昔日的卖方市场演变为现今的买方市场。价格杠杆驱动市场变化，市场变化又灵敏地反应为价格信号，价格竞争于是成为市场竞争最直接、最有效的"杀伤性武器"。几乎所有的价格竞争都源于市场的供求矛盾，彩电市场亦不例外。于是价格竞争成为彩电市场的主旋律，价格战的结果促使彩电行业已由垄断竞争走向寡头竞争。

1. 康佳的优势—劣势—机会—威胁（SWOT）分析

SWOT 分析法是企业战略管理中比较流行的一种系统分析工具，它通过对企业的优势（Strengths）、劣势（Weaknesses）、机会（Opportunities）、威胁（Threats）进行综合客观分析，掌握企业的竞争态势，做出合理决策。这里，不妨对康佳进行一下 SWOT 分析。

（1）优势（S）

——品牌优势。持续的名牌战略，使康佳品牌具有极高的知名度和美誉度。据有关机构评估，康佳的品牌价值为 78.87 亿元，在国内彩电行业居第六位，并被国家工商局认定为"中国驰名商标"。品牌这一巨额的无形资产成为康佳对外扩张的有力武器。

——融资渠道。康佳 A、B 股同时上市，资信优良，是各大商业银行的黄金客户和银企合作对象。1997 年、1998 年和 1999 年中国银行分别向康佳提供 38 亿元、42 亿元和 50 亿元人民币的融资额度。1999 年，康佳新增发行 8 000 万 A 股，筹资 12 亿元人民币。加上母公司和各级政府鼎力扶持，公司实力雄厚，融资渠道广阔。

——营销网络。康佳在全国各大中心城市设立了 60 多家销售分公司，与全国 95%以上的地市级大商场开展工商合作，终端销售商达到乡镇一级，建立了 300 多个特约维修站、3 000 多个外联维修点，形成了覆盖全国的市场销售网络和售后服务体系。

——成熟管理。康佳作为中国首家中外合资电子企业和第一批公众股份制公司，很早就按现代企业制度和市场竞争机制运作，形成了规范、高效的管理体系和运行机制。特别是在质量管理和生产组织方面，康佳是我国彩电行业首家通过 ISO9001 质量管理体系、ISO14001 环境管理体系国际国内双重认证的企业。

（2）劣势（W）

彩电业属于劳动密集型行业，康佳地处深圳特区，相对于长虹等内地竞争对手而言，生产成本、管理成本、运输费用等较高。另外，如果仅立足深圳，康佳的市场辐射半径难以覆盖全国，特别是一些地方彩电品牌所在的区域市场，康佳难以进入。

（3）机会（O）

内地一些国有彩电生产企业，虽然拥有优良的厂房、设备，素质较高的管理者和员工，低廉的生产成本，一定区位的市场，但是由于机制、市场等方面的原因，在愈来愈烈的竞争中不可避免地败下阵来，面临着债务积压、工人下岗、设备闲置、人心思变等问题，急于寻找出路。当地政府欢迎康佳这样的优势企业来收购、兼并，搞活困难企业，国家也鼓励东部沿海企业到中西部投资、交流，并出台了相关优惠政策。

（4）威胁（T）

竞争对手长虹等依靠其规模和成本优势，不断挑起价格战；高路华、彩星等"新面孔"以超低价挤进竞争激烈的彩电市场；东芝、索尼、三星、飞利浦等跨国公司一改单纯进口的方式，纷纷以合资的形式进入中国彩电市场，实现本土生产，本土销售；中国即将加入世界贸易组织。

通过上面的分析，康佳根据市场布局，利用品牌、融资、管理、营销等方面的优势，与内地彩电企业展开合作，利用其现有的厂房、设备，以达到降低成本费用、扩大经营规模、缩短运输距离、抢占区域市场的战略目的。

2. 康佳低成本扩张战略的实施

很多媒体把康佳与内地经营困难的国有彩电企业之间的合作，称作兼并收购，其实并不准确。作为民事法律行为的企业并购，一般意义上讲，兼并收购是指一个企业通过参股或者直接出资等形式，取得其他企业的部分或全部产权，并使之失去法人资格或改变法人实体的一种企业经营投资策略。兼并和收购往往同时进行，所以又常常简称为"并购"。兼并的结果是被兼并企业失去法人资格，收购则是股权买卖行为，被收购企业并不失去法人资格，但也不产生新的企业法人。

而康佳的低成本扩张模式不同（见表 5 - 1）。以重庆康佳（以下简称"重康"）为例，重康注册资金 4 500 万元。从股权结构看，深圳康佳以 2 700 万元现金投入，占 60% 股份；重庆无线电三厂以实物作价 1 800 万元投入，占 40% 股份。"重康"作为新成立的有限责任公司，既是深圳康佳的控股子公司，又是重庆无限电厂的参股子公司。深圳康佳、重庆无限电三厂"重康"的股东，双方按股权比例推选董事会，依法享有投资收益，参与重大决策。其他三家康佳分公司亦是这种模式，牡丹江康佳、陕西康佳、安徽康佳分别是深圳康佳与牡丹江电视机厂、陕西如意电器总公司、安徽滁州电视机厂的合资企业。四家企业均由深圳康佳控股，但并不存在谁控制谁的现象。

在组织结构上，四家康佳分公司的总经理、财务负责人等均由深圳康佳派出。董事长由当地合作方担任，以便于协调新公司与老厂及当地政府之间的关系。在企业冠名上，均为"地名＋康佳＋电子（或实业）＋有限公司"。深圳康佳在各康佳分公司推行自己的 CIS（企业形象识别系统）、管理模式和价值观念，康佳分公司在计划、生产、销售等方面接受深圳康佳的指导和服务。

事实上，如果康佳选择整体兼并的方式，不仅救活不了当地电视机厂，反而容易被其巨额债务和沉重的社会负担拖垮。选择合资方式可以避免债务负担，而且产权清晰、责权明确，有利于轻装上阵，快速带活老厂。

表 5 - 1　　　　　　　　　　　　　　康佳低成本扩张情况　　　　　　　　　　　　　单位：万元

| 公司 | 成立时间 | 康佳投资（股权） | 目标市场 | 员工人数 | 1999 年收入 | 累计收入 | 累计利税 |
|------|----------|------------------|----------|----------|-------------|----------|----------|
| 牡康 | 1993.02 | 3 600（60%） | 东北 | 1 479 | 49 551.8 | 330 563.70 | 20 927.21 |
| 陕康 | 1995.05 | 4 170（60%） | 西北 | 1 221 | 32 544.21 | 316 204.00 | 12 402.30 |
| 安康 | 1997.05 | 6 500（65%） | 华东 | 2 056 | 58 074.73 | 139 012.88 | 8 061.11 |
| 重康 | 1999.05 | 2 700（60%） | 西南 | 834 | 15 756.18 | 15 756.00 | 909.44 |
| 总计 |  | 16 970 |  | 5 590 | 155 926.92 | 801 536.58 | 42 300.06 |

资料来源：刘秋华. 现代企业管理. 北京市：中国社会科学出版社，2003.

问题思考：

1. 根据当前彩电行业的情况，你认为康佳做的 SWOT 分析是否准确？

2. 康佳低成本战略属于哪一层次的战略？你的依据是什么？

3. 康佳是如何实施低成本战略的？分析其成功的可能性？

## 二、作业与思考题

（一）名词解释题

1. 战略联盟　　　　　　　　　　　　2. 市场渗透

3. 一体化成长战略　　　　　　　　　4. 产品差别化

5. 集中化战略　　　　　　　　　　　6. 共同愿景

7. 垄断竞争市场　　　　　　　　　　8. 企业经营战略

9. 总成本领先战略

（二）单项选择题

1. 通过目前的产品与目前市场的份额增长来表示的一种增长方式是（　　）。

    A. 市场开发　　　　B. 市场渗透　　　　C. 产品开发　　　　D. 多种经营

2. 战略管理一词最初是由谁提出的（　　）。

    A. 肯尼思·安德鲁斯　　　　　　　　B. 安绍夫

    C. 亨利·明茨伯格　　　　　　　　　D. 詹姆斯·布赖恩·奎因

3. 战略联盟至少需要的企业个数（　　）。

    A. 2　　　　　　　　B. 3　　　　　　　　C. 4　　　　　　　　D. 5

4. 进行战略管理的起点是（　　）。

    A. 确定企业的使命　　　　　　　　　B. 制订和选择战略方案

    C. 战略事业单位的划分　　　　　　　D. 战略管理职责的落实

5. 影响行业竞争的五种力量模型是一种非常好用的分析工具，在进行竞争分析和制订竞争战略时，大多数人都会借鉴使用这一模型。现在，假设我们对某大城市一家经营手机业务的企业所面临的竞争状况进行分析。结合现实，你认为以下哪一序号所对应的分析结论最合理？（　　）

行业内竞争者　潜在竞争者　替代品　供方议价能力　买方议价能力　手机业务竞争地位

    A. 增加不多　很少　几乎没有　减弱　有所增强　巩固并略有提升

    B. 快速增加　很多　威胁不大　变化不大　明显增强　有明显下降

    C. 明显增加　较多　威胁很大　快速减弱　明显增强　略有下降

    D. 竞争十分激烈　存在　威胁不大　减弱　明显增强　快速提升

6. 迈克尔·波特提出的三种一般竞争战略是指（　　）。

    A. 市场渗透、市场开发、产品开发

    B. 前向一体化、后向一体化、水平一体化

    C. 总成本领先、差别化、集中化（专一化）

    D. 收缩、剥离、清算

7. 当企业资金雄厚、技术先进、管理规范、人员素质整齐，而同时外部有良好机会时，可以采取下面哪种战略？（　　）

    A. 增长型战略　　　　　　　　　　　B. 扭转型战略

    C. 防御型战略　　　　　　　　　　　D. 多种经营战略

8. 企业发展多角化经营，最主要的目的是（　　）。

    A. 降低成本　　　　B. 分散风险　　　　C. 扩大市场　　　　D. 增加利润

9. 某公司以前主要生产塑料制品，经营状况不理想。后来注意到，影视作品及电视广告中出现的家庭居室多使用各色塑料百叶窗，这种现象渐成时尚，于是公司推出了各种款式、各种尺寸、颜色的百叶窗，取得了不错的经营业绩。该公司的这一调整是对下列哪种环境要素所作的何种反应？（　　）

    A. 对技术环境的利用与引导　　　　　B. 对经济环境的利用与引导

  C. 对社会文化环境的适应    D. 对经济环境的适应

  10. 一般管理环境主要是指影响组织的广泛的经济环境、政治和法律环境、社会文化环境、科技环境和全球环境等。这些领域的变化对组织的影响具有（  ）。

  A. 相对直接性       B. 相对间接性

  C. 既是直接的，又是间接的   D. 以直接性为主、间接性为辅

  11. 环境的不确定程度随着所面临环境要素的增加而升高，如学校、医院等，这种环境状态是（  ）。

  A. 简单和稳定的环境     B. 简单和动态的环境

  C. 复杂和稳定的环境     D. 复杂和动态的环境

  12. 对企业来说，为了实现其使命和目标，对所采取行动方针和资源使用方向的总体规划是（  ）。

  A. 战略    B. 计划    C. 规划    D. 评价

  13. 考核并回答企业是干什么和应该干什么的问题，这就是企业（  ）。

  A. 计划    B. 使命    C. 目标    D. 战略

  14. 在企业战略中，获得分销商或零售商的所有权或对其加强控制的战略是（  ）。

  A. 前向一体化战略     B. 后向一体化战略

  C. 横向一体化战略     D. 集中多元化战略

  15. 一家生产照相机的企业的总经理说："我们生产的是照相机，销售的是人们美好的回忆和永久的纪念。"总经理的话体现了（  ）。

  A. 企业对利润的追求    B. 企业的社会责任

  C. 企业的使命      D. 企业的经营手段

  16. 下列因素中，哪个不属于企业的外部环境因素？（  ）

  A. 人口         B. 营销组合

  C. 人均国民收入      D. 都不属于

  17. 在下述组织中，哪一种处于相对简单而稳定的组织环境中？（  ）

  A. 牙科诊所  B. 果树农场  C. 唱片公司   D. 外贸公司

  18. 新加入者是行业的重要竞争力量，它会对本行业带来很大的威胁，这种威胁称为进入威胁。进入威胁的状况取决于进入障碍和原有企业的反击强度。如果进入障碍高，原有企业激烈反击，进入者难以进入本行业，进入威胁就小。下述关于企业新进入行业的障碍，即进入障碍决定因素中，正确的是（  ）。

  （1）规模经济      （2）产品差异优势

  （3）资金需求      （4）转换成本

  A.（1）（2）      B.（1）（2）（3）

  C.（1）（2）（4）     D.（1）（2）（3）（4）

（三）简答题

  1. 企业微观环境分析的主要内容是什么？

2. 简述宏观环境分析法（PEST）。

3. 简述迈克尔·波特教授提出的行业内五种竞争力量的分析。

4. 根据价值链分析法，企业的价值活动可以分为哪两类，各有哪些具体活动？

5. 运用 SWOT 分析，如何进行优势和劣势分析？

6. 简述战略管理的两个演变过程。

7. 制定企业成长战略的依据是什么？

8. 战略制定是战略实施的基础性环节，试述战略制定的基本原则。

9. 组织目标的三个层次的相互关系。

10. 组织目标的性质。

11. 简述战略制定中竞争对手分析的内容。

（四）论述题

1. 成熟产业中竞争战略选择应注意什么问题？

2. 如何理解组织环境与战略之间的关系？

3. 什么是柔性制造优势？什么是速度制造优势？企业竞争优势应当从哪些方面获得？

4. 有学者认为企业多元化经营会降低公司价值，为何许多中国企业热衷于多元化经营？

（五）案例分析题

【案例一】　　　　格兰仕：把所有"鸡蛋"放在微波炉里

关于企业多元化经营的动机，有一种说法就是分散风险，通俗地讲就是"不要把所有的鸡蛋都装在一个篮子里"。这虽有一定道理，但过于原则化，难以指导经营实践，甚至会产生误导。

著名作家马克·吐温说："把所有的鸡蛋都装进一个篮子里，然后看好这个篮子。"借用到企业经营领域就是：选择一个有前景的行业，集中全部资源去发展，即专业化经营。英特尔公司总裁安迪·葛洛夫对此深表赞同，他领导的英特尔一直坚守在微处理器行业，全球市场占有率高达 90%。中国格兰仕董事长梁庆德也持有这种观点，他领导的格兰仕成功地从服装行业转移到微波炉行业，把所有的"鸡蛋"都装在微波炉里，现成为中国第一品牌，市场占有率高达 50% 以上。格兰仕是如何做到这一点的呢？

1. 以战略眼光选择微波炉行业

1991 年，格兰仕选择微波炉作为发展的唯一行业，是具有战略眼光的，原因是：①20 世纪 60 年代微波炉行业在美国等发达国家兴起，至 20 世纪 90 年代进入普及期（1990 年世界微波炉产量为 2 254 万台），产品生产技术成熟；②微波炉在中国是曙光初现的行业，随着大家电的普及和市民生活水平的提高及对便利生活的需求增长，微波炉市场将是一个基数小、增长速度快、潜力巨大的市场；③1990 年全国微波炉产量为 100 万台，进口量为几万台，虽有竞争，但程度远未达到激烈。

2. 大胆且成功的战略转移

尽管宏观环境有利，格兰仕决定进入与原服装业毫无关联的微波炉行业还是大胆和有魄力的决策。与多元化经营大不相同，格兰仕走的是一条战略转移之路。1991—1993 年，格兰仕一方面逐步关闭收入可观的羽绒服生产线，从服装行业撤出，另一方面从日本、美国、意大利引进全套具有 20 世纪 90 年代先进水平的微波炉生产设备和技术，进入微波炉行业。1993 年，格兰仕生产的 1 万台微波炉正式投放市场，当时国内最大的微波炉生产企业是现华，进口品牌中最大的是日本松下。

3. 集中全部资源，夺得全国第一

格兰仕奉行专业化战略，没有采取"两面作战"的多元化，而是集中全部资源，朝认定的方向以规模化为重点，发展单一的微波炉行业。对此，格兰仕副总经理俞尧昌先生说："就格兰仕的实力而言，什么都干，就什么都完了，所以我们集中优势兵力于一点。"

这是中小型企业经营战略的一条路线：在企业实力不大、剩余资源不足的情况下，企业应优先选择单一行业，甚至单一产品为重点，集中优势夺取市场地位，从而成长为大企业，如中富、万向、维维等。

1994 年格兰仕微波炉产量为 10 万台，1995 年达 20 万台，市场占有率为 25.1%；1996 年产量为 65 万台，市场占有率为 34.85%；1997 年产量接近 200 万台，市场占有率为 47.6%，高居国内外品牌第一位。

4. 高处足以胜寒

1997 年 10 月 18 日，格兰仕宣布其 13 个产品品种全面降价，降价幅度在 29% ~ 40% 之间。其结果是格兰仕市场占有率已接近 50%，占有半壁江山，外国品牌占有 40% 左右，国内其他品牌不到 10% 的地盘，国内同行业"元老"——上海的"飞跃"、"亚美"已跌至 1% 以下。格兰仕雄居微波炉行业的"高处"。

在市场占有率超过国际通用的垄断点 41% 的基础上，格兰仕并没有满足，而是继续扩大规模，1998 年设计生产能力达 450 万台。该目标实现后，格兰仕将成为全世界最大规模的微波炉生产企业。

1997 年 1 月 3 日《经济参考报》发表了一篇"格兰仕还能撑多久"的文章，作者从跨国公司大举进入中国微波炉市场，尤其是日本、韩国大型跨国公司的"打倒格兰仕"宣言出发，再分析国内同行的竞争状况，提出了"格兰仕，这汪洋大海中的一叶小舟，究竟还能撑多久"的疑问。

我们认为，格兰仕成为全球最大规模的微波炉生产企业，将会立于不败之地，虽身在高处，但足以胜寒。跨国公司大举进军是事实，但微波炉产品在这些企业的总销售额中比重都很小，它们还有其他更重要的产品，那些产品是它们的资源集中点。格兰仕只要专攻微波炉，有能力与这些跨国公司一争高低，专业企业在某个区隔市场上超过跨国公司的案例，在世界企业发展中屡见不鲜。再看日本、韩国的大企业，亚洲金融危机使其集中资源整顿国内总部，纷纷从海外撤资，在其销售总额比重较小的微波炉领域更是如此，所以格兰仕完全有机会建立自己的不败地位。

关于未来发展，格兰仕在稳居全球老大地位之后，应利用技术和市场优势在国内发展小家电产品；利用规模和成本优势，大举进入海外市场。

资料来源：陈文龙．败局　点击中国 14 个失败企业．沈阳：沈阳出版社，2002.

问题：

1. 格兰仕进行战略转移的依据是什么？

2. "把所有鸡蛋都装进一个篮子里，然后看好这个篮子"，包含了怎样的管理思想？

【案例二】　　　　　　　　　　健力宝的盛衰

"健力宝"是一个家喻户晓的品牌，它曾在1984年第23届洛杉矶奥运会上一鸣惊人，被日本的《东京新闻》称为"中国魔水"，堪称当时中国饮料业第一品牌。特别是在可口可乐、百事可乐的重压下，它仍能高速成长，不能不让人们把它与"乐凯"、"燕京啤酒"等联系在一起，看作民族品牌的一面旗帜。

2001年11月23日，广东一家地方媒体的一篇题为《健力宝降旗》的文章披露了健力宝的困境与尴尬：因资金紧张、决策失误，健力宝将被外资收购！接下来的日子里，沉寂了几年的健力宝一下子成了媒体的焦点。先是创始人李经纬"实话实说"：健力宝没有企业竞争力。后来的收购结果大出所料：收购方由预料的外资方突变为浙江省国际信托投资公司，其代理人大谈健力宝振兴之道。接下来，再起波澜：浙江省国际信托投资公司总裁公开称是受托收购。再往后，就是难解的谜团和无尽的猜测。但拨开媒体的炒作和当事人的掩饰，我们不得不面对一个事实：此时的健力宝已非彼时的健力宝，耀眼的光环已不复存在，健力宝衰落了！

在我国刚刚踏入世贸组织的大门，还在谈论"狼"的凶残的时候，一个民族企业的神话破灭了。人们不禁要问：健力宝怎么了？

任何一个企业都是在一定的社会经济环境、市场状况、行业背景下生存和发展起来的。

要想分析健力宝这棵企业之树，必先观察中国饮料行业之林。饮料行业的发展、消费量的变化是与人民生活水平的提高休戚相关的。据统计，1980年以前，全国软饮料产量不足30万吨，而随着改革开放、经济繁荣，1996年已达到890万吨。特别是1991—1995年，平均增长率高达66%，软饮料行业成为当时我国食品工业中发展最快的行业之一。

进入20世纪80年代，我国渐渐兴起"体育热"。中国运动员能喝的饮料用一句当时流行的顺口溜来概括就是——茶水、汽水、橘子水，酸梅精冲白开水，而国外运动型饮料早在20世纪六七十年代就产生了。一到国际比赛，中国健儿们的脸面就像手里端着的酸梅汤，土得掉渣儿。国家体委为了改变中国体育科学研究的落后状况，下达了一批研究项目，其中有一个重点项目就是运动型饮料的研究。

1984年3月开发出的运动饮料——健力宝，在产品包装上，采用了当时国内只有"两乐"使用的易拉罐听装，震动了国家体委，也传遍了中国体育界；在功能描述上，提出了第五代饮料——碱性运动饮料的概念，博得了广大体育爱好者的认可；在品牌推广上，通过赞助第23届洛杉矶奥运会等体育赛事，在国内外赢得了"中国魔水"的美名。可以说，健力宝面市之初，李经纬就把它定位于与"可口可乐"、"百事可乐"一比高下的高档饮料，决定走民族品牌之路。这一战略决策无疑奠定了健力宝十余年的辉煌。健力宝从1984年建厂以来，产量年年攀升。中国饮料工业协会自1991年以来的统计资料表明，健力宝几乎囊括了 1991—1996 年全国软饮料行业从产量、销量、利税到利润的所有第一名！

随着经济的高速发展，我国的软饮料消费市场也逐渐发展成为亚洲第二大市场（日本第一）。据行业分析家们预测，我国将在 2010 年成为除美国以外的世界上最大的软饮料消费市场。在国际资本充裕，乃至剩余的年代，具有如此巨大发展空间的市场，必然会招致异常激烈的市场竞争。而盘踞着"两乐"的碳酸饮料市场更是首当其冲！当年广东乐百氏集团花费 1 200 万元聘请麦肯锡做调研，得到的咨询报告主要内容之一，就是建议乐百氏集团不要介入碳酸饮料市场的竞争，由此可见一斑。

就在国内市场风云变幻、山雨欲来风满楼的时候，健力宝的决策层没有通过市场渗透、产品开发等形式对品牌战略进行巩固和发展，培育企业核心竞争力，而是热血沸腾地选择了海外扩张和多元化经营的发展战略。

1993 年秋，健力宝斥资 500 万美元买下纽约帝国大厦第 26 层，成立健力宝美国公司，正式声势浩大地进军美国市场。一时间，美国的电视、广播、报纸大肆宣传"健力宝"。甚至于 1993 年 12 月 20 日的《纽约商报》刊登出这样一幅照片：刚刚当选的美国总统夫人希拉里和副总统戈尔夫人谈笑风生，举杯共饮"健力宝"。同时，健力宝还在北美、南美、欧洲及东南亚的十余个国家设立了分公司；在英国设立了罐装厂；在新西兰收购了"新西兰奇伟饮料厂"。然而，几亿元的投入，只换得个折戟沉沙！

1994 年初，健力宝涉足快餐业，投入 160 多万元与国内贸易部食品检测科学研究所共同研制开发出中式快餐，却因缺乏资金投入被迫宣布流产。

1998 年 4 月，健力宝投资"乐臣可乐"，结果无功而返。

另外，为改善办公环境，健力宝还耗资十几亿元，在广州黄金地段兴建 38 层健力宝大厦。

就这样，健力宝的资产结构成了一个典型的"怪胎"，非主营业务资产超过 50%，盈利能力极低。

与此同时，在主业的产品开发上，健力宝缺乏深入的市场调研，没有前瞻性的战略规划。表现为：一方面是闭门造车，研发的大量新产品不被市场接受；另一方面在果汁饮料市场已经火爆的情况下，才匆忙推出自己的果汁系列，失去了重整河山的大好机会。

健力宝销量从 1997 年开始逐年下降，2001 年仅为 40 万吨。1996 年以 70 万吨傲视百事可乐 50 万吨的豪气已荡然无存。行业老大的宝座，也在 1997 年被杭州娃哈哈夺走。

因为缺少资金，健力宝正在被"两乐"利用品牌、渠道进行战略绞杀：1998 年百事可乐夺走了甲 A 抚顺队的冠名权；1999 年百事可乐买断中国足球联赛冠名权，并将欲资助老字号铁军——辽宁队的健力宝挤出门外；1996 年设立的健力宝大连办事处，受到"两乐"发起的多次大规模攻势后，于 1998 年 6 月被迫解散。

健力宝衰落了！健力宝被并购了！

资料来源：李培煊，邱明，过聚容. MBA 联考 300 分奇迹　2005 年 MBA 联考习题精编　管理篇. 上海：复旦大学出版社，2004.

问题：

1. 健力宝在 20 世纪 80 年代一鸣惊人、迅速崛起的根本原因是什么？（　　）

    A. 发现市场机遇，制定正确战略

    B. 借助洛杉矶奥运会，树立民族品牌

    C. 提出了第五代饮料——碱性运动饮料的概念，博得了广大体育爱好者的认可

    D. 改革开放和经济繁荣，使软饮料行业成为当时我国食品工业中发展最快的行业之一

2. 多元化经营是以下哪一项条件导致的必然结果？（　　）

    A. 企业经营过程中形成大量剩余资金等资源

    B. 企业所处行业外部具有良好的商业机会

    C. 企业所处行业环境恶劣，而企业又具有内部优势

    D. 企业谋求大发展的经营战略

3. 你认为健力宝衰落的根本原因是什么？（　　）

    A. "两乐"在品牌、渠道上的战略绞杀

    B. 没有形成企业的核心竞争力

    C. 盲目进行海外扩张和多元化经营

    D. 非主营业务资产超过 50%，营利能力极低

4. 如果你是并购健力宝企业的高层管理者，你会首先采取哪一种措施重振该企业？（　　）

    A. 变卖非主营业务资产，确定专业化发展道路

    B. 加大饮料研发力度，推出新的核心产品

    C. 退出竞争激烈的碳酸饮料市场，选择进入新兴行业

    D. 寻找商业贷款，在产品营销宣传方面投入巨资，夺回失去的市场份额

5. 如果你是并购健力宝企业的高层管理者，为了使健力宝和现有公司成功合并，你认为以下哪种整合最为重要？（　　）

    A. 战略整合　　　　B. 财务整合　　　　C. 人员整合　　　　D. 文化整合

**【案例三】**　　　　　　　　**中国工商银行的进一步发展**

中国工商银行是中国政府于 1984 年 1 月 1 日建立的。它的初始资产、负债、资本、运营设备、系统分支网络及员工均由中国人民银行工商信贷管理司划拨而来。工商银行在一开始其角色就被定位为"国有企业和集体企业运营资金贷款的主要来源"，而且要在国家政策的基础上实行众所周知的政策性贷款。在工商银行的基础资产中存在着巨额的政策性贷款。这些贷款利率低而且偿债情况差。另一个困难是工商银行作为国有银行，有义务用自己存款中固定的一部分去购买政策性银行债券。

同时，工商银行还面临着各种内外部问题。首先是缺乏接受过西方银行业务训练的专业管理人才，从而影响了银行的效率和灵活性，以及满足顾客需要的快速反应能力。其次是储户正在向其他投资领域分散。一方面是因为几次政策性的调息，另一方面是股市难以抵御的吸引力。而作为国有银行，工商银行在裁员、培训员工、选择更多的贷款、开拓新的金融业务方面的自由度较小。

此外工商银行也正面临国内外越来越激烈的竞争。截至 1997 年 7 月，中国大约有 20 家国内银行，包括国有银行和一些股份制银行。这些银行大多比工商银行规模小而且灵活。国外银行如花旗、东京三菱等，也对包括工商银行在内的国有银行造成很大威胁。当然，作为国内第二大银行，工商银行在稳定性和政府关系等方面也有着明显的优势。正因为如此，很多外国银行愿意和工商银行联合经营。这为工商银行创造了许多和西方金融机构接触的机会以及与它们合作交往的经验。

1996—1997 年，中国政府对金融部门进行了大范围的改革。改革要求中国工商银行在继续按照国有银行经营模式运作的同时，逐步向以市场为导向的纯粹商业银行平稳过渡。改革中还提出允许外国银行进入中国金融市场，这意味着工商银行将要面临更为激烈的竞争。因此，工商银行高层管理者所面临的挑战不仅是如何提高运作，更为紧迫的是如何尽快推进机构改革，如何带给顾客更好的服务以及使顾客满意。总之，工商银行要保持其竞争优势，必须进行快速而深刻的改革。

资料来源：李自杰. MBA 入学考试管理案例分析精粹 100 例. 北京：清华大学出版社，2004.

问题：

请用迈克尔·波特的行业竞争分析法来辨识中国工商银行所处行业的竞争性，并提供中国工商银行未来发展战略的可行性措施。

【案例四】　　　　　小天鹅资产与文化重组的双赢战略

近年来，越来越多的企业透过全球范围内出现的产品过剩、价格下滑现象，逐步认识到我们所面临的虚拟经济社会是一个"合作第一"的时代，没有合作就没有竞争。兼并重组就是虚拟经济的一种主要形式，它是企业根据自身战略发展的需要，实现企业规模扩张的有效途径。当今许多名闻遐迩的跨国公司，它们的企业发展史也正是一部成功的兼并重组史。

众所周知，企业文化是一个"动态稳定"的概念，是二者辩证的统一，"动态"说明它是不断发展变化的，"稳定"则说明它具有较强的延续性。文化重组成功与否，不仅要看企业的类别，领导的决心，更要看员工思想的转变，因为企业文化是生动活泼的，只有让每一个员工都认可，并在他们身上得以体现，才能成为一个有机统一系统，才算完成文化重组。

用钱可以收购成百上千家企业，可是却买不到优秀的企业文化。

小天鹅的崛起是因为企业内部有一种巨大的精神因素在起作用，这就是小天鹅的企业文化和企业精神。小天鹅在兼并重组的过程中注重文化重组，不断探索，把握时机，出奇制胜，创造双赢。

小天鹅与武汉荷花的合作具有中国特色，这种合作是在跨地区的国有企业之间进行，不仅仅是一种经济行为，更有丰富的文化内涵。

武汉荷花洗衣机厂是国内十大洗衣机厂之一，近几年来由于经营不善，成为武汉市亏损大户。李建民厂长针对当时荷花产品的市场萎缩、品牌声誉下降、企业资金短缺等具体问题几经思考，主动找出路，谋求与有实力的企业合作。小天鹅想壮大，荷花想发展，双方不谋而合。但是小天鹅与荷花毕竟各自有不同的出发点，产品也不能只是换个牌子那么简单，所以双方的合作首先要了解和磨合的是企业文化而不是产品。

小天鹅进驻荷花的工作组在调研中发现：荷花厂欠缺的是质量文化。要让大家都知道：只有健康的思想才能指导健康的行动，进而保证企业健康发展。如何控制质量，这要求所有人、所有过程、所有工作都必须以提高质量为中心。按小天鹅 5 000 次无故障运行的标准，他们对荷花产品进行测试，让荷花的产品接受严峻的考验，让荷花员工看到自己生产的产品的问题，自然也就找到了努力的方向。工作组邀请荷花厂的领导一起考察市场，一起听取客户和用户的意见。荷花厂领导终于明白：荷花的出路就是在企业内部抓好质量工作，依法治厂。

荷花厂抽调 70 名大学生和中层干部到市场感受竞争，听取用户反映，并且在厂内设立了劣质零件曝光台。产品严格按小天鹅的 5 000 次无故障运行的高质量标准考核，可靠的产品质量为占领市场打下坚实的基础。

荷花的员工也在合作中逐步接受小天鹅的质量文化：末日理念。倘若有一天，荷花没有了小天鹅的双缸机订单，荷花厂将面临停产。

由于条件限制，小天鹅与荷花的产品外观相同，只有区分市场、避免冲突，才能形成一种协同作战、平等竞争的局面。如果市场冲突，同室操戈，势必影响双方合作。小天鹅所有的双缸机不在湖北露面。小天鹅信守诺言，让出部分国内市场，此举赢得了荷花员工的信任和当地政府的好感，为以后更大的发展打下了坚实的基础。

资料来源：田明. 公司战略与风险管理. 北京：北京大学出版社，2010.

问题：

1. 小天鹅在进行合并时是如何进行战略性思考的？

2. 小天鹅与武汉荷花的合并属于哪一层的战略？制定这一层的战略需要考虑哪些因素？

3. 小天鹅与武汉荷花实施战略合并后，是如何进行企业文化融合的？

# 第六章 组织设计

## 一、教学案例

### 【案例一】　　　　　　　　　　X 媒体组织结构探讨

早晨 8 点 30 分，在大多数上班族还拎着早点进公司的时候，X 媒体资讯科技公司的经营团队早已坐在会议室和董事长铁丁一起开会了。

"人才是公司最重要的资产"铁丁说。

铁丁带领的经营团队——技术研发和通路行销是公司的两大支柱。一个支柱是总经理方芳负责带领的技术研发团队。另一个支柱是副总经理万鲁负责的通路行销团队。

铁丁相当依赖的幕僚：技术研发执行长施志，负责财务的副总经理陈明，担任公关即发言人的副总经理李渊。铁丁尊重他们的专长，也善用他们的专业。铁丁认为，如何使科技人了解行销，行销人了解科技，使二者结合发挥乘数效应，最大秘诀就是建立共同愿望。

铁丁对网络未来的发展充满信心。他表示："我告诉他们，相信我，一定会成功。"X 媒体最大的企图就是结合网际网路、实体通路与广告媒体，使公司成为亚太地区"电子通路应用服务商"的领导品牌，成就这项愿望最重要的就是人才和资金。

资料来源：http://wenku.baidu.com/view/8770a4ea102de2bd96058849.html。

问题思考：

1. "X 媒体"的组织结构属于哪种形式，划出结构图。

2. 对于日新月异且竞争激烈的网络行业，你认为"X 媒体"的组织结构应如何适应？

### 【案例二】　　　　　　　　　　有效的授权

刘民和王东是一个公司中两个不同部门的经理，某一天二人同车上班的路上，他们讨论起了各自的管理工作。交谈中发现，刘民的两个助手令他十分伤脑筋。他抱怨说："这两个人从进公司开始，我就一直耐心地告诉他们：凡涉及报销和订货的事情都要事先与我商量，并叮嘱他们在了解真实情况之前，不要对下属人员指手画脚。但是，到现在快一年了，他们还是凡事都来问我。例如，王大同上星期又拿了一笔不到 1 000 元的报账单来找我，这完全是他可以自行处理的！两周前，我交给孙文国一项较大的任务，叫他召集部分下属人员一起完成，而他却独自一个人闷头进行，根本没叫下属人员来帮忙。他们老是大事小情都来找我，真没办法。"事实上，刘民的二位助手对各自的工作也满腹抱怨。王大同说："上周我找刘民，要他签发一张报账单。他说不用找他，我自己有权决定。但在一个月前，我因找不到他曾自己签发过一张报账单，结果被财务部退了回来，原因是我的签字没有被授权认可。为此我上个月曾专门写了一份关于授权我签字的报告，但他一直没有批准，我敢说我给他的报告恐怕还锁在抽屉里没看呢！"

孙文国接着说："你说他的工作毫无章法，我也有同感。两周前，他交给我一项任务，并要我立即做好。为此我想得到一些人的帮助，去找了一些人，但他们却不肯帮忙。他们说除非得到刘民的同意，否则他们不会来帮我。今天是完成任务的最后期限，我还没有完成。他又要抓我的小辫子，把责任推给我了。我认为，刘民是存心这样的，他怕我们做得太好抢他的位子……"

资料来源：江彩霞．管理学．哈尔滨：哈尔滨工程大学出版社，2003.

问题思考：

案例中反映了什么问题？谈谈你对该问题的看法，你认为刘民与他的两个助手应如何改进他们之间的关系？

## 二、作业与思考题

### （一）名词解释题

1. 组织　　　　　　　　　　　2. 集权与分权

3. 授权　　　　　　　　　　　4. 管理幅度

5. 统一指挥　　　　　　　　　6. 组织结构

7. 矩阵式结构　　　　　　　　8. 结构性变革

9. 职务设计　　　　　　　　　10. 职能职权

11. 非正式组织　　　　　　　　12. 彼得原理

13. 直线参谋制　　　　　　　　14. 直线职权与参谋职权

### （二）单项选择题

1. 多维立体组织结构适合于（　　　）。

　　A. 小型企业　　　B. 跨国公司　　　C. 中型企业　　　D. 国有企业

2. 实行集中领导、分散经营管理原则的组织结构是（　　　）。

　　A. 直线制　　　　　　　　　　B. 职能制

　　C. 直线职能制　　　　　　　　D. 事业部制

3. 在一个集体内，由各个成员按其分工各负其责，彼此之间无隶属关系，属于（　　　）。

　　A. 集权　　　　B. 授权　　　　C. 分工　　　　D. 分权

4. 包含职权及其相应责任、与其他职位关系、所要达成的目标和预期成果的关于职位要求的书面文件是（　　　）。

　　A. 职务任命书　　　　　　　　B. 职权关系图

　　C. 职位说明书　　　　　　　　D. 岗位条件

5. 当代管理机构变革的一大趋势是（　　　）。

　　A. 管理层次复杂化　　　　　　B. 组织结构扁平化

　　C. 管理幅度日益减少　　　　　D. 锥型结构更受欢迎

6. 把生产要素按照计划的各项目标和任务要求结合为一个整体，把计划工作中制订的行动方案落实到每一个环节和岗位，以确保组织目标的实现，这是管理的（　　）。

  A. 计划职能   B. 组织职能   C. 领导职能   D. 控制职能

7. 除了较低层次决策的数量、涉及的范围以及对这些决策的控制等标志外，反映分权程度的标志还有（　　）。

  A. 高层次管理者的管理幅度   B. 组织中的管理层次

  C. 低层次决策实施所涉及的费用数额 D. 低层次决策的上级认可

8. 某企业采用直线职能制的组织结构，企业共有管理人员 42 人，其中厂长 1 人，车间主任 4 人，班组长 18 人，职能科长 3 人，科员 16 人。每一岗位均不设副职。这时，厂长的管理幅度为（　　）。

  A. 4    B. 22    C. 7    D. 23

9. 某公司的组织结构呈金字塔状，越往上层，（　　）。

  A. 管理难度与管理幅度都越小

  B. 管理难度越小，而管理幅度则越大

  C. 管理难度越大，而管理幅度越小

  D. 管理难度与幅度都越大

10. 某总经理把产品销售的责任委派给一位市场经营的副总经理，由其负责所有地区的经销办事处，但同时总经理又要求各地区经销办事处的经理们直接向总会计师汇报每天的销售数字，而总会计师也可以直接向各经销办事处经理们下达指令。总经理的这种做法违反了什么原则？（　　）

  A. 责权对应原则    B. 指挥链的指挥统一性原则

  C. 集权化原则    D. 职务提高、职能分散原则

11. 有一天，某公司总经理发现会议室的窗户很脏，好像很久没有打扫过，便打电话将这件事告诉了行政后勤部负责人。该负责人立刻打电话告诉给事务科长，事务科长又打电话给公务班长，公务班长派了两名员工，很快就将会议室的窗户擦干净。过了一段时间，同样的情况再次出现。这表明该公司在管理方面存在着什么问题？（　　）

  A. 组织层次太多    B. 总经理越级指挥

  C. 各部门职责不清    D. 员工缺乏工作主动性

12. 你是一位班长，你发现班级中存在许多老乡会，你的态度是（　　）。

  A. 立即宣布这些小团体为非法，予以取缔

  B. 深入调查，找出小团体的领导人，向他们提出警告，不要再搞小团体

  C. 只要小团体的存在不影响公司的正常运行，可以对其不闻不问，听之任之

  D. 正视小团体的客观存在性，允许乃至鼓励其存在，对其行为加以积极引导

13. 小王是一名文艺积极分子，他工作中经常接到来自辅导员和学生会的两个有时甚至相互冲突的命令。以下哪种说法指出了导致这一现象的最本质原因？（　　）

  A. 组织设计上采取了职能型结构

B. 组织运作中出现了越级指挥问题

C. 组织层次设计过多

D. 组织运行中有意或无意地违背了统一指挥原则

14. 某公司总经理安排其助手去洽谈一个重要的工程项目合同，结果由于助手工作中考虑欠周全，致使合同最终被另一家公司抢走。由于此合同对公司经营关系重大，董事会在讨论其中失误的责任时，存在以下几种说法，你认为哪一种说法最为合理？（　　）

A. 总经理至少应该承担领导用人不当与督促检查失职的责任

B. 总经理的助手既然承接了该谈判的任务，就应对谈判承担完全的责任

C. 若总经理助手又进一步将任务委托给其下属，则也可不必承担谈判失败的责任

D. 公司总经理已将此事委托给助手，所以对谈判的失败完全没有责任

15. 中华商务中心是一家合资企业，以物业经营为主要业务。目前公司有写字楼租户 272 家，公寓租户 426 家，商场租户 106 家。公司在总经理下设有物业部、市场部、财务部、人事部、公关部、业务发展部等部门。物业部下设置了写字楼管理部、公寓管理部、商场管理部以及其他配套部门。试问，整个公司和物业部内部的组织结构设计分别采取了何种部门划分形式？（　　）

A. 职能部门化和顾客部门化 　　　　 B. 顾客部门化和职能部门化

C. 均为职能部门化 　　　　　　　　 D. 均为顾客部门化

16. 刘教授到一个国有大型企业去咨询，该企业张总在办公室热情接待了刘教授，并向刘教授介绍企业的总体情况。张总讲了不到 15 分钟，办公室的门就开了一条缝，有人在外面叫张总出去一下。于是张总就说："对不起，我先出去一下。"10 分钟后张总回来继续介绍情况，不到 15 分钟，办公室的门又开了，又有人叫张总经理出去一下，这回张总又出去了 10 分钟。整个下午 3 小时张总共出去了 10 次之多，使得企业情况介绍时断时续，刘教授显得很不耐烦。这说明（　　）。

A. 张总不重视管理咨询

B. 张总的公司可能这几天正好遇到了紧急情况

C. 张总可能过于集权

D. 张总重视民主管理

17. 某公司随着经营规模的扩大，由总经理直管的营销队伍人数也从 3 人增加到近 100 人。最近，公司发现营销人员似乎有点松散，对公司的一些做法也有异议，但又找不到确切的原因。从管理的角度看，你认为出现这种情况的最主要原因可能在于（　　）。

A. 营销人员太多，产生了鱼龙混杂的情况

B. 总经理投入的管理时间不够，致使营销人员产生了看法

C. 总经理的管理幅度太宽，以致无法对营销队伍实行有效的管理

D. 营销队伍的管理层次太多，使得总经理无法与营销人员实现有效的沟通

18. 某公司为了更好地开展业务，制订了重组计划，该计划准备在全国六大地区设

立经销办事处（营业所），每个办事处都通过电脑直接与中央数据库联网。这意味着该公司今后朝什么方向发展？（　　）

    A. 集权化      B. 分权化      C. 部门化      D. 矩阵化

19. 一家生产单一产品的跨国公司在世界许多地区拥有客户和分支机构，该公司的组织结构应考虑按什么因素来划分部门？（　　）

    A. 职能      B. 产品      C. 地区      D. 矩阵结构

20. 如果你是公司的总经理，在周末下午下班后，公司某位重要客户给你打来电话，说他们向公司购买的设备出了故障，需要紧急更换零部件，而此时公司的全体人员均已下班。对于这种情况，你认为以下各种做法哪一种比较好？（　　）

    A. 告诉客户，因周末找不到人，只好等下周解决，并对此表示歉意

    B. 请值班人员打电话找有关主管人员落实送货事宜

    C. 因为是重要客户的紧急需要，马上亲自设法将货送去

    D. 亲自打电话找有关主管人员，请他们设法马上送货给客户

21. 在组织中，直线与参谋两类不同职权在确保企业有效运行上存在着以下哪种关系？（　　）

    A. 领导与被领导          B. 一般协作同事

    C. 负直接责任与协助服务      D. 命令与服从

22. 以下四种做法，哪一种最能说明该组织所采取的是较为分权的做法？（　　）

    A. 采取了多种有利于提高员工个人能力的做法

    B. 努力使上级领导集中精力于高层管理

    C. 更多较为重要的决定可由较低层次的管理人员作出

    D. 采取积极措施减轻上级领导的工作负担

23. 进入20世纪90年代以来，管理信息系统的飞速发展已经在深刻地改变着管理工作的性质和内容，而且也在不断地影响企业组织的结构和权力关系。在一家已经广泛使用了现代信息系统的企业中，可以想象的是该企业（　　）。

    A. 实现了无纸化经营          B. 消除了中层管理层次

    C. 改善了高层管理的控制手段      D. 权力更加集中

24. 矩阵组织结构违背了（　　）原则。

    A. 统一领导      B. 统一指挥      C. 权责一致      D. 分工原则

25. 下列组织结构中分权程度最高的是（　　）。

    A. 直线制               B. 职能制

    C. 直线职能制          D. 事业部制

26. 大地公司经过慎重论证和专家咨询，确立了当前的组织结构设计方案。如果有以下情况发生，你认为哪一种会对其组织结构形式构成最严重的威胁？（　　）

    A. 大地公司总部的搬迁

    B. 大地公司董事会成员的调整

    C. 国家产业政策重大调整导致公司竞争战略的根本性转变

    D. 竞争者的策略调整

27. 车间主任老王最近发现，质检员小林一有空就与机关的小刘、设计室老张和门卫老杨等一起谈足球，个个眉飞色舞，而参加例会时却经常没精打采。对此，你认为车间主任老王最好采取什么措施？（　　）

　　A. 批评小林，并对他提出要求，以后不许在厂里和他人谈足球

　　B. 严格执行车间工作制度，对擅自违反规定者加以严厉惩罚

　　C. 在强调必须遵守工作制度的同时，在车间搞一个球迷协会，并亲自参加协会活动

　　D. 对上述情况不闻不问，任其自由发展

28. 某企业具有如下组织结构，如图 6-1 所示。

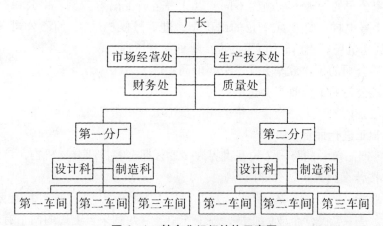

图 6-1　某企业组织结构示意图

　　如果由你来担任该企业的厂长，为使该企业在高度动态的环境下良好地运行，应特别关注下面哪一类内部管理问题？（　　）

　　A. 统一指挥的效率

　　B. 组建跨部门的委员会并保持对委员会运行效率和工作质量的关注

　　C. 把各车间建成利润中心，同时编制好内部价格结算体系

　　D. 消除各职能部门人员的临时观念，同时解决好可能出现的多头指挥问题

29. 某公司经过多年的发展，已经成为拥有多家子公司和研究所的大型企业。公司生产的产品涉及机械、电子、化工、轻工等多个部门，但在管理组织上，基本上还是沿用过去实行的集权的直线职能制。最近，公司领导越来越清楚地认识到这已经很难适应公司进一步发展的需要，为此决定进行改革。根据以上情况，你认为以下哪种做法比较好？（　　）

　　A. 精简产品和部门，集中发挥规模经济优势

　　B. 各产品和部门都实行承包并独立自主经营

　　C. 按产品实行分权管理，成为独立核算、自负盈亏的利润中心

　　D. 公司总部增设管理副职，加强领导班子建设

30. 某小型塑料彩印厂为取得市场优势，计划高价引进高科技型生产线。厂领导为使引进设备早日投产，决定从生产、销售等部门临时抽调人员，采取"大会战"的形

式保证生产线安装工程的管理先进性。由此可以推测长期以来该企业最有可能采用的基本组织形式是（　　）。

  A. 直线结构       B. 直线职能结构

  C. 事业部结构       D. 矩阵型结构

31. 国际上的实践证明，项目管理是一种先进、高效的管理模式。目前项目管理正在被国内企业界广泛引进，许多人认为这一管理模式应该是全新的理念和全新的组织结构形式的结合。但实际上并非如此，其组织结构形式就是我们所熟悉的。请问是以下哪一种？（　　）

  A. 矩阵制   B. 职能型   C. 事业部制   D. 网络型

32. 两家公司的管理风格迥然不同，以让一名员工出差为例。甲公司会告诉员工："你出门坐 2 号电梯，打 1 元 2 角的出租车，进 3 号候机厅。"而乙公司只告诉员工："你 4 点半到达机场。"你认为以下的说法哪种最有道理？（　　）

  A. 甲公司的工作效率会比乙公司的高

  B. 乙公司的工作效率会比甲公司的高

  C. 乙公司的员工一定会比甲公司的员工更有积极性

  D. 很难进行评价

33. 一家产品单一的跨国公司在世界许多地区拥有客户和分支机构，该公司的组织结构应考虑按什么因素来划分部门？（　　）

  A. 职能     B. 产品     C. 地区     D. 矩阵结构

34. 汪力是一家民营企业的职员，他工作中经常接到来自上边的两个有时甚至相互冲突的命令。以下哪种说法指出了导致这一现象的最本质原因？（　　）

  A. 该公司在组织设计上采取了职能型结构

  B. 该公司在组织运作中出现了越级指挥问题

  C. 该公司的组织层次设计过多

  D. 该公司组织运行中有意或无意地违背了统一指挥原则

35. 中国古代名相管仲治理齐国时，指定三十户为一邑，每一邑设一司官；十邑为一卒，每卒设一卒师；十卒设一乡，每乡设一乡师；三乡为一县，每县设一县师；十县为一署，每署设一大夫；全国共五署，设五大夫，直接归中央指挥。这种组织设计为何种形式，其管理层次为多少？（　　）

  A. 直线制，管理层次为 7     B. 直线制，管理层次为 8

  C. 直线职能制，管理层次为 7     D. 直线职能制，管理层次为 8

36. 日本松下电器公司的创始人松下幸之助曾有一段名言：当你仅有 100 人时，你必须站在第一线，即使你叫喊甚至打他们；但如果发展到 1 000 人，你就不可能留在第一线，而是身居其中；当企业增至 10 000 名职工时，你就必须退居到后面，并对职工们表示敬意和谢意。这段话说明（　　）。

  A. 企业规模扩大化之后，管理者的地位逐渐上升，高层管理者无须事必躬亲

  B. 企业规模的扩大是全体同仁共同努力的结果，对此，老板应心存感激

  C. 企业规模扩大之后，管理的复杂性随之增大，管理者也应有所分工

D. 管理规模越大，管理者越需注意自己对下属的态度

37. 俗话说："一山难容二虎""一条船不能有两个船长"，从管理的角度看，对这些话的如下解释，你认为最恰当的一项是？（　　）

A. 领导班子里如果有多个固执己见的人物最终会降低管理效率

B. 在需要高度集权管理的组织中不允许存在多个直线领导核心

C. 一个组织中能人太多必然会增加内耗从而降低效率

D. 组织中不能允许存在两种以上的观点，否则易造成管理混乱

38. 康全公司是一家设计环保设备的公司，经营规模虽然不大但发展迅速。公司成立以来，为了保持行动的统一性，一直实行较强的集权。请问下列哪一种情况出现时，公司更有可能改变其过强的集权倾向？（　　）

A. 宏观经济增长速度加快　　　　B. 公司经营业务范围拓宽

C. 市场对企业产品的需求下降　　D. 国家发布了新的技术标准

39. 对一家大型企业来说，授权具有非常重要的意义，这主要是因为（　　）。

A. 有利于中层干部的培养

B. 使高层管理人员从日常事务中解脱出来，能专心处理关系企业长远发展的战略问题

C. 充分发挥下属的专长，弥补授权者自身的不足

D. 提高下属的工作积极性，增强其责任心从而提高效率

40. SD 公司由张萍和李楠合伙注册经营，其主要业务是为客户设计网页。到目前为止，公司一直没有招聘员工，两个人既当经理又当员工。几位 MBA 学员以这家公司为例，讨论起正式组织和非正式组织问题，你认为下述对于 SD 公司的判断哪一项最合适？（　　）

A. 目前是一个非正式组织，当扩招员工后，将变成一个正式组织

B. 只是一个正式组织，但公司内部不会有非正式组织

C. 是一个正式组织，同时公司内部也可能存在非正式组织

D. 本身是一个正式组织，同时公司内部也一定存在非正式组织

41. 沸光广告公司是一家大型广告公司，业务包括广告策划、制作和发行。考虑到一个电视广告设计至少要经过创意、文案、导演、美工、音乐合成、制作等专业的合作才能完成，下列何种组织结构能最好地支撑沸光公司的业务要求？（　　）.

A. 直线制　　　　B. 职能制　　　　C. 矩阵制　　　　D. 事业部制

42. 一个长期实行集权型管理的企业，随着企业规模的扩大，在其向更为分权的管理方式转化过程中，可能遇到的最大挑战和困难是什么？（　　）

A. 提高管理人员的素质以使他们能担负更大的责任

B. 取得高层管理人员的理解和支持

C. 适应分权管理的需要，调整企业组织结构

D. 使企业上下对分权管理做法达成共识

43. 如果你是一位公司的总经理，当你发现公司中存在许多小团体时，你的态度是（　　）。

A. 立即宣布这些小团体为非法，予以取缔

B. 深入调查，找出小团体的领导人，向他们提出警告，不要再搞小团体

C. 只要小团体的存在不影响公司的正常运行，可以对其不闻不问，听之任之

D. 正视小团体的客观存在性，允许、乃至鼓励其存在，对其行为加以积极引导

44. 非管理性事务的增多会使管理幅度（　　）。

A. 增加　　　　　B. 不变　　　　　C. 减少　　　　　D. 扩大

45. 传统的流水线生产对下列哪种情况最为适用？（　　）

A. 生产技术较为稳定、品种较少、批量大的产品生产

B. 多品种、小批量产品的生产

C. 单件小批量产品的生产

D. 技术简单、品种较多、批量较大的产品生产

46. 将若干的工作任务组合起来构成一项完整的职位的工作是（　　）。

A. 职位设计　　　B. 职位分配　　　C. 职位调整　　　D. 职位稳定

47. 从逻辑上说，组织工作首先必须明确（　　）所必需的各种活动并加以分类，这关系到组织中职位或岗位的设计问题。

A. 制定目标　　　B. 实现目标　　　C. 目标评价　　　D. 分解目标

48. 在人们对组织的描述中，应用结构性特征和（　　）具有代表性。

A. 要素性特征　　　　　　　　　　B. 资源性特征

C. 背景性特征　　　　　　　　　　D. 标准性特征

49. 组织层次多存在两大明显的副作用，一是层次多意味着管理费用多，另一个是（　　）。

A. 人浮于事

B. 管理模式僵化

C. 高层主管难以达到很高的能力要求

D. 沟通难度与复杂性加大

50. 通常认为，工作的意义是由技能的多样性、任务的同一性和（　　）三项所决定的。

A. 工作自由度　　　　　　　　　　B. 任务的自主性

C. 任务的重要性　　　　　　　　　D. 报酬水平

51. 在执行相互依存的任务中以完成共同使命的群体称为（　　）。

A. 组织　　　　　B. 团队　　　　　C. 部门　　　　　D. 整体

52. 从组织的最高管理层出发，经由各个管理层次，一直贯穿到组织的基层而形成的一条权力线通常被称为（　　）。

A. 控制链　　　　B. 指挥链　　　　C. 组织链　　　　D. 领导链

53. 一般说，一个健全的指挥链存在两条基本要求，一是统一指挥的要求，另一个是（　　）。

A. 统一领导的原则要求　　　　　　B. 下级服从上级的原则要求

C. 团结的原则要求　　　　　　　　D. 连续分级的原则要求

54. 在企业组织中，员工在规定的限度内拥有作出决定和采取行动的知识、技能以及意愿，并同时对自己的成果和企业的成功富有高度的责任感的形态是（　　　）。

    A. 组织成员的责任制　　　　　　　　B. 组织成员的活性化

    C. 组织结构的活性化　　　　　　　　D. 组织结构的责任制

55. 在职权关系中最一般、最普遍的形态是（　　　）。

    A. 职能职权　　　　B. 直线职权　　　　C. 参谋职权　　　　D. 顾问职权

56. 我国目前大多数企业采用的是下面哪一种组织形式（　　　）？

    A. 直线制　　　　　　　　　　　　　B. 职能制

    C. 直线职能制　　　　　　　　　　　D. 事业部制

57. 现代企业中设置"利润中心"、"成本中心"或者"预算中心"的目的是（　　　）？

    A. 分权　　　　　　B. 集中控制　　　　C. 信息沟通　　　　D. 统一指挥

58. 一般而言，越接近组织的最高层，管理人员的管理幅度就（　　　）。

    A. 越大　　　　　　　　　　　　　　B. 越小

    C. 不能确定　　　　　　　　　　　　D. 与管理层次无关

59. 下列非正式组织的作用中，哪一种是对组织管理工作最不利的？（　　　）

    A. 不同正式组织的成员集中于同一非正式组织中

    B. 在非正式组织中传播着小道消息

    C. 非正式组织间有明显的竞争关系

    D. 非正式组织中的核心人物具有相同或大于正式组织领导的影响力和号召力

60. 某公司不同品牌产品由不同部门生产和销售，请问该公司是按什么方式划分组织部门的？（　　　）

    A. 企业职能　　　　B. 顾客特点　　　　C. 不同产品　　　　D. 不同区域

61. 下面关于过分集权的不足的说法哪个是错误的？（　　　）

    A. 降低决策执行的效率　　　　　　　B. 降低决策的质量

    C. 降低组织的适应能力　　　　　　　D. 降低职工的热情

62. 管理幅度是指主管人员（　　　）。

    A. 直接而有效地指挥和管理下级部门的数量

    B. 直接而有效地指挥和管理下属的数量

    C. 指挥和管理的全部下属的数量

    D. 职责与权力的范围

63. 保证组织有效运行的首要职权是（　　　）。

    A. 直线职权　　　　B. 参谋职权　　　　C. 临时授权　　　　D. 都是

64. 管理人员激励员工的措施之一是对职务进行重新设计。如果重新设计得好，能激起员工更大的工作满足感和工作动力。要成功地对职务进行重新设计，关键在于（　　　）。

    A. 由员工自发建立自主工作小组

    B. 对员工正在从事的工作增加类似的任务

C. 实行职务轮换，使员工能从事具有变化性的工作

D. 改变工作内容，使工作更好地满足员工自身发展的需要

65. 公司执行机构的负责人称为首席执行官员或执行主管，通常由谁担任？
（　　）

　　A. 副总经理　　　　B. 董事长　　　　C. 总经理　　　　D. 常务董事

66. 组织设计最为重要的基础工作是（　　）。

　　A. 部门划分与结构形成　　　　　　B. 职务设计与人员调配

　　C. 管理人员的素质与能力　　　　　D. 职务设计与分析

67. 许多从小到大发展起来的企业，在企业发展的初期通常采用的是直线制形式的组织结构。这种结构所具有的最大优点是（　　）。

　　A. 能够充分发挥专家的作用，提高企业的经济效益

　　B. 加强了横向联系，能够提高专业人才与专用设备的利用率

　　C. 每个下级能够得到多个上级的工作指导，管理工作深入细致

　　D. 命令统一、指挥灵活、决策迅速、管理效率较高

68. 如果发现一个组织中小道消息很多，而正式渠道的消息较少。这是否意味着该组织（　　）。

　　A. 非正式沟通渠道中信息传递很通畅，运作良好

　　B. 正式沟通渠道中信息传递存在问题，需要调整

　　C. 其中有部分人特别喜欢在背后乱发议论，传递小道消息

　　D. 充分运用了非正式沟通渠道的作用，促进了信息的传递

69. 某组织中设有一管理岗位，连续选任了几位干部，结果都是由于难以胜任岗位要求而被中途免职。从管理的角度来看，出现这一情况的根本原因最有可能是（　　）。

　　A. 组织设计上没有考虑命令统一的原则

　　B. 管理部门选聘干部上没有找到合适人选

　　C. 组织设计忽视了对干部的特点与能力要求

　　D. 组织设计没有考虑到责权对应的原则

70. 判断一个组织分权程度的主要依据是（　　）。

　　A. 按地区设置多个区域性部门　　　B. 设置多个中层的职能机构

　　C. 管理幅度、管理层次增加　　　　D. 命令权的下放程度

71. 事业部制的主要不足在于（　　）。

　　A. 不利于调动下层的积极性　　　　B. 不利于灵活调整经营策略

　　C. 不利于企业资源的统一调配使用　D. 不利于企业发展壮大

72. 如果你是公司的总经理，你将授予哪种人以决策和行动的权利？（　　）

　　A. 参谋人员　　　B. 直线人员　　　C. 咨询人员　　　D. 一线员工

73. 事业部制的主要特点是（　　）。

　　A. 实行多种经营，分散经营风险　　B. 实行分权化管理

　　C. 增加管理幅度　　　　　　　　　D. 增加管理层次

74. 管理层次少而管理幅度大的扁平式组织结构的优点是（　　　）。

  A. 管理严密         B. 分工明确

  C. 上下级易于协调       D. 信息纵向传递快，管理费用低

75. 企业组织结构必须与其战略相匹配。企业战略对组织结构设计的影响是（　　　）。

  A. 战略不同，要求开展的业务活动也会随之不同，从而会影响部门设置

  B. 不同战略有不同的重点，会影响各部门与职务的相对重要性及相互关系

  C. A 和 B 都对

  D. A 和 B 都不对

76. 企业管理者对待非正式组织的态度应该是（　　　）。

  A. 设法消除    B. 严加管制    C. 善加引导    D. 积极鼓励

77. 团队成员对团队任务的详细情况已完全了解，他们仍然首先从个体角度思考问题，并往往基于自己的经历作出决定。这表明团队处于（　　　）阶段。

  A. 形成      B. 震荡      C. 规范      D. 执行

（三）简答题

1. 组织设计的原则有哪些？组织结构设计应考虑哪些因素？

2. 在组织结构设计中部门划分的原则与方法有哪些？

3. 简述事业部制结构的特点、优缺点及适用范围。

4. 简述扁平式组织结构的优缺点。为什么组织结构扁平化成为一种发展趋势？

5. 现代管理中为什么要强调适度分权管理？影响组织分权的因素有哪些？组织进行分权的途径有哪些？有何区别？

6. 参谋人员有何作用？如何协调直线与参谋人员之间的关系？

7. 分别说明动态网络结构和矩阵型组织结构的优缺点。

8. 简述职能部门化组织结构的优缺点。

9. 简要叙述组织生命周期各个阶段的特点。与之相对应的组织结构是什么？

10. 如何恰当地运用职能职权？

11. 简述管理幅度的影响因素。

12. 活性化组织有哪些特征？

13. 简述在管理过程中充分利用团队的重要性。

14. 简述委员会管理的优缺点。如何有效利用委员会？

15. 简述团队的推进技巧。

16. 工作丰富化的内容包括哪些方面？

17. 简述组织制度化管理的必要性和这种制度存在的问题。

18. 简要分析组织采取集权倾向的原因及过分集权的弊端。

19. 简述非正式组织对正式组织的影响。

20. 简述管理幅度和管理层次的关系。

21. 简述企业组织结构与战略的关系。

（四）论述题

1. A 是某建筑公司安装部经理，B 是安装部下属的管道安装队队长。上个月，A 吩咐 B 带领一班人马去某工地安装一套管道系统，在工程验收时，发现这套管道存在着严重的渗透现象。公司经理认为 A 应该对此负责，哪怕管道安装时 A 正出差在外。同样，A 会认为 B 必须对此负责，哪怕 B 已不拿扳手干活。试分析 A 和 B 为什么要对这一失误负责？他们究竟该负什么责任？

2. 试从历史和发展的观点分析和说明传统的以等级制为主要特征的组织结构向现代非等级制方向发展的历史必然性。

3. 如何理解企业和其他组织都面临着"追求效率和追求长期适应能力"这二者之间的矛盾？有何应对措施？

4. 有机式组织的特点、应用条件与管理重点。

5. 简述集权的优缺点，并说明有效的管理为何要求适度的集权与分权？如果你是一位管理者，你如何实现集权与分权的合理组合？

6. 在事业部制的组织结构中，总公司应如何分配权力，才能既保证对各事业部的控制，又能充分调动各事业部的积极性？

7. 请说明授权与分权的关系，并阐述如何进行有效授权？

（五）案例分析题

【案例一】　　　　　　矩阵式管理体系要防范八类风险

走马上任的渣打银行中国区总裁麦天辉（Martin Fish）先生同时还有另外一个兼职——中国区 CORG 主席。CORG（Country Operational Risk Group）的全称是中国区操作风险控制委员会。麦天辉的职责是确保合适的风险管理框架到位且负责监控操作风险。

作为一家 150 年来一直在全球各地新兴市场浪尖上搏击的外资银行，渣打银行在风险控制方面尤为慎重，因为新兴市场在提供机会的同时，亦提供成倍增加的不确定性，银行所面临和承担的挑战和风险大大超过发达市场。

对渣打银行这艘已经在新兴市场种种不可预测的风险海浪中行驶了 150 年的小型金融航母来说，其历经惊涛骇浪之后所建立起来的一套风险管理体系，有值得借鉴的地方。

**新兴市场浪尖生存**

在外界看来，渣打银行实在是一个比较特别的银行。作为总部在伦敦的英资银行，在英国却只有 1 家分行，其在全球 50 多个国家的 500 多家分行或代表处集中于亚非等新兴市场，仅香港就多达 80 家。

在 1998 年上任的前任总裁拉纳·塔瓦尔将渣打信托（Chartered Trust）出售之后，渣打银行彻底退出了发达国家市场，成为一个彻头彻尾的新兴市场的跨国银行。全球的盈利贡献也主要集中在几个比较大的新兴市场，其中亚洲区占集团盈利的 70% 左右。

最低限度控制风险、降低成本和盈利最大化是每一个商业组织的天然使命，这种使命对 2001 年临危受命的渣打银行总裁戴维斯来说更显得迫切。在上任之际，戴维斯曾向媒体承诺，将超额完成市场预期，将前一年 12.3% 的股权回报率提高到 20%，与其前任相比，戴维斯似乎更为强调利润、业绩，为股东创造价值。

中国市场在渣打集团的战略中显然有着举足轻重的地位，随着中国对外资银行逐渐适度开放，就意味着新的商业机会将会不断涌现。

然而，无论新旧，所有的业务发展都必须建立在强化银行风险管理的基础上。

"渣打银行决不会以加大风险为代价来获取一些新的商业机会，哪怕这些机会可能带来非常大的回报。"已经在渣打集团工作了 13 年的麦天辉非常清楚渣打银行一贯的严格风险控制管理。

这也正是渣打银行 150 年来在新兴市场所积累的最宝贵的经验之一。

### 矩阵式管理体系

据麦天辉介绍，根据渣打银行在新兴市场的多年经验，该类市场可能遇到的风险有八大类：信贷风险、市场风险、国家风险、流动性风险、业务风险、合同管理风险、营运风险和声誉风险。前四类风险主要和集团的战略相关，而后四种风险则是和各分区、分行的业务和日常管理直接相关。

渣打集团内部的风险管理是按照矩阵式模式来进行的。

在渣打集团总部，有一个专门的审计和风险管理委员会，这是渣打集团风险管理的中枢机构，该机构独立于其他业务部门单独运作，直接向董事会负责。

在集团的主要业务部门，又有专门独立的风险控制部门，对本部门从事的所有业务进行风险评估和监控，每一项业务的进展都会伴随着一项风险评估报告。风险控制部根据该项业务所可能出现的风险进行预估并标出风险等级。

风险等级分为三级：一般风险、中级风险和高级风险。根据风险等级的不同相应地，项目的决策层面和跟踪监督层面也会有所调整。

中国区的"系统职责矩阵"的成型是在最近几年。在中国区的两大主要业务部门批发银行部和零售银行业务部，都设有专门的风险控制部，而渣打集团在中国已有的 7 大分行和 6 个代表处，又分别设有对应的风险控制部。

一般而言，各操作部门根据集团和部门操作标准和指示负责监控操作过程中的风险，对重大和例外事件必须报告给 CORG。如果需要，还必须同样报告给业务部门风险管理委员会和集团风险管理委员会，而这样的报告，在正常的情况下是每月例行的。

"他们并不是每件事都要向我汇报，这都要视情况而定。"麦天辉称。据中国区企业和金融机构业务部总监林清德介绍，在该部门内部，贷款业务的风险等级可以细化到 11 级之多。

在整个风险系统的操作过程中，又有一套相应的监控体系。

根据各个操作步骤的风险，在操作系统中，对不同的操作人员设置了不同的职责功能。每一个交易必须由至少两个不同功能权限的人员共同完成：一个负责数据录入，另一个负责授权，并且根据不同授权人员的工作经验和职位，授予不同的权限。与此同时，系统会自动产生一个追踪报告用以监控系统中发生的所有行为。

除此之外，渣打银行在各地都建立了集中的办公后勤区域中心。如在印度钦奈（Chennai），渣打银行建立了一个拥有 2 000 名雇员的区域中心，在非洲、中东和南亚的运作服务，第二个服务于东南亚的后勤中心已经在马来西亚吉隆坡创立，第三个后勤中心则建立在中国上海。在建立中心的同时，相应的紧急应变处理机制也同时制定，并且为了保证该计划的可行性和有效性，每半年都将进行一次演习。

资料来源：中国人力资源开发网，http：//www.chinahrd.net/management - planning/birds - eye - view/2005/1230/150678.html。

问题：

1. 这个案例反映了管理学中的哪两个主要原理，请结合材料说明。

2. 矩阵式模式是否适用于所有行业的风险管理？为什么？

【案例二】 IBM 的矩阵式组织结构

近些年来，IBM、惠普等著名的外国企业都采用矩阵式的组织结构。尽管我在管理学的教科书上看到过对矩阵组织优劣的探讨，但很难有切身的感受。这次听叶成辉先生谈起自己经历着的 IBM 公司的矩阵组织，感到获益匪浅。

1987 年，加州伯克利大学电子工程专业出身的叶成辉在美国加入 IBM 旧金山公司，成为一名程序员。因为不喜欢编程等技术类的工作，梦想着做生意、当经理（比较喜欢跟人沟通），他便主动请缨到销售部门去。经过了差不多 5 年时间的努力，他获得提升，成为一线经理。随后，叶先生回到 IBM 香港公司做产品经理。由于个人斗志旺盛，业绩不错，而且"官运亨通"，差不多每两年都能上一个台阶，如今，叶成辉已经是 IBM 大中华区服务器系统事业部 AS/400 产品的总经理。

从旧金山到香港，再从广州到北京；从普通员工到一线经理，再提升到现在做三线经理；从一般的产品营销，到逐步专注于服务器产品，再到 AS/400 产品经理，10 多年来，叶成辉一直在 IBM 的"巨型多维矩阵"中不断移动，不断提升。他认为，IBM 的矩阵组织是一个很特别的环境，"在这个矩阵环境中，我学到了很多东西"。IBM 是一个大公司，很自然地要划分部门。单一地按照区域地域、业务职能、客户群落、产品或产品系列等来划分部门，在企业里是非常普遍的现象，从前的 IBM 也不例外。"近七八年以来，IBM 才真正做到了矩阵组织。"这也就是说，IBM 公司把多种划分部门的方式有机地结合起来，其组织结构形成了"活着的"立体网络——多维矩阵。IBM 既按地域分区，如亚太区、中国区、华南区等，又按产品体系划分事业部，如个人电脑、服务器、软件等事业部；既按照银行、电信、中小企业等行业划分，也有销售、渠道、支持等不同的职能划分；等等。所有这些纵横交错的部门划分有机地结合成为一体。对于这个矩阵中的某一位员工比如叶成辉经理而言，他就既是 IBM 大中华区的一员，又是 IBM 公司 AS/400 产品体系中的一员，当然还可以按照另外的标准把他划分在其他的部门里。

IBM 公司这种矩阵式组织结构带来的好处是什么呢？叶成辉先生认为，非常明显的一点就是，矩阵组织能够弥补对企业进行单一划分带来的不足，把各种企业划分的好处充分发挥出来。显然，如果不对企业进行地域上的细分，比如说只有大中华而没有华南、华东、香港、台湾，就无法针对各地区市场的特点把工作深入下去。而如果只进行地域上的划分，对某一种产品比如 AS/400 而言，就不会有一个人能够非常了解这个产品在各地表现出来的特点，因为每个地区都会只看重该地区整盘的生意。再比如按照行业划分，就会专门有人来研究各个行业客户对 IBM 产品的需求，从而更加有效地把握住各种产品的重点市场。

"如果没有这样的矩阵结构，我们要想在某个特定市场推广产品，就会变得非常困难。"叶成辉说："比如说在中国市场推广 AS/400 这个产品吧，由于矩阵式组织结构的存在，我们有华南、华东等各大区的队伍，有金融、电信、中小企业等行业队伍，有市场推广、技术支持等各职能部门的队伍，以及专门的 AS/400 产品的队伍，大家相互协调、配合，就很容易打开局面。"

叶成辉说："我作为 AS/400 产品经理，会比较清楚该产品在当地的策略是什么。在中国，AS/400 的客户主要在银行业、保险业，而不像美国主要是在零售业和流通业；在亚太区，AS/400 的产品还需要朝低端走，不能只走高端；中国市场上需要 AS/400 的价位、配置以及每个月需要的数量等，只有产品经理，才比较清楚。从产品这条线来看，我需要跟美国工厂订货，保证货源供应。从产品销售的角度看，AS/400 的产品部门需要各相关地区的职能部门协助，做好促销的活动；然后需要各大区、各行业销售力量把产品销售出去。比如，我需要在媒体上做一些访问，就要当地负责媒体公关的部门协助。再如，我认为'莲花宝箱'（为中国市场量身定制的 AS/400）除了主打银行系统外，还要大力推向中小企业市场，那么就需要跟中国区负责中小企业的行业总经理达成共识。当然，'莲花宝箱'往低端走，还需要分销渠道介入，这时，就需要负责渠道管理的职能部门进行协调。从某种意义上讲，我们之间也互为'客户'关系，我会创造更好的条件让各区、各行业更努力推广 AS/400。"

任何事情都有它的"两面性"。矩阵组织在增强企业产品或项目推广能力、市场渗透能力的同时，也存在它固有的弊端。显然，在矩阵组织当中，每个人都有不止一个老板，上上下下需要更多的沟通协调，所以，"IBM 的经理开会的时间、沟通的时间，肯定比许多小企业要长，也可能使得决策的过程放慢"。叶成辉进一步强调："其实，这也不成为问题，因为大多数情况下还是好的，IBM 的经理们都知道一个好的决定应该是怎样的。"另外，每一位员工都由不同的老板来评估他的业绩，不再是哪一个人说了算，评估的结果也会更加全面。"每个人都会更加用心去做工作，而不是花心思去讨好老板。"同时运用不同的标准划分企业部门，就会形成矩阵式组织。显然，在这样的组织结构内部，考核员工业绩的办法也无法简单。在特定客户看来，IBM 公司只有"唯一客户出口"，所有种类的产品都是一个销售员销售的；产品部门、行业部门花大气力进行产品、客户推广，但是，对于每一笔交易而言，往往又是由其所在区域的IBM 员工最后完成；等等。问题是，最后的业绩怎么计算？产品部门算多少贡献，区域、行业部门又分别算多少呢？叶成辉说："其实，IBM 经过多年的探索，早已经解决这个问题了。现在，我们有三层销售——产品、行业和区域，同时，我们也采取三层评估，比如说经过各方共同努力，华南区卖给某银行 10 套 AS/400，那么这个销售额给华南区、AS/400 产品部门以及金融行业部门都记上一笔。"当然，无论从哪一个层面来看，其总和都是一致的。比如从大中华区周伟锟的立场来看，下面各分区业绩的总和、大中华区全部行业销售总额或者大中华区全部产品（服务）销售总额，三个数字是一样的，都可以说明他的业绩。

在外界看来，IBM 这架巨大的战车是稳步前进的，变化非常缓慢。叶成辉认为，这其实是一种误会。对于基层的员工，对于比较高层的经理，这两头的变化相对比较小，比较稳定。比如说一名普通员工进入 IBM，做 AS/400 的销售，差不多四五年时间都不会变化，然后，可能有机会升任一线经理。再比如亚太区的总经理，也可能好多年不变，因为熟悉这么大区域的业务，建立起很好的客户关系，也不太容易。所以，外界就觉得 IBM 变动缓慢。"但是，在 IBM 矩阵内部的变化还是很快的。中间层的经理人员差不多一两年就要变化工作，或者变化老板，变化下属，这样就促使整个组织不断地创新，不断地向前发展。"叶成辉说："我在 IBM 公司 10 多年，换了 10 多位老板。每一位老板都有不同的长处，从他们那里我学到了很多。其实，IBM 的每一位员工都会有这样的幸运。"矩阵组织结构是有机的，既能够保证稳定地发展，又能保证组织内部的变化和创新。所以，IBM 公司常常流传着一句话：换了谁也无所谓。

资料来源：赵惠芳，李沛强．管理学．杭州：浙江大学出版社，2011．

问题：

1. 结合有关理论，分析 IBM 为什么采用矩阵式组织结构？
2. 针对 IBM 矩阵式组织结构的员工业绩考核办法，你有哪些观点？

**【案例三】** <center>小宋的困惑</center>

小宋毕业于国内某名牌大学的机电工程系，是液压机械专业方面的工学硕士。毕业以后，小宋到北京某研究院工作，其间因业绩突出而被破格聘为高级工程师。

在我国科研体制改革大潮的冲击下，小宋和另外几个志同道合者创办了一家公司，主要生产液压配件，公司的资金主要来自几个个人股东，包括小宋本人、他在研究院时的副手老黄，以及他原来的下属小秦和小刘。他们几个人都在新公司任职，老黄在研究院的职务还没辞退掉，小宋、小秦、小刘等人则彻底割断了与研究院的联系。新公司还有其他几个股东，但都不在公司任职。

公司的职务安排是，小宋任总经理，负责公司的全面工作，小秦负责市场销售，小刘负责技术开发，老黄负责配件采购、生产调度等。近年来公司业务增长良好，但也存在许多问题，这使小宋感受到了沉重压力。

第一，市场竞争日趋激烈，在公司的主要市场上，小宋感受到了强烈的挑战。

第二，老黄由于要等研究院分房子而未辞掉在原研究院的工作，尽管他分管的一摊子事抓得挺紧，小宋仍认为他精力投入不够。

第三，有两个外部股东向小宋提建议，希望公司能帮助国外企业做一些国内的市场代理和售后服务工作。这方面的回报不低，这使小宋（也包括其他核心成员）颇为心动，但现在仍举棋不定。

第四，由于公司近两年发展迅速，股东们的收入有了较大幅度的增加，当初创业时的那种拼搏奋斗精神逐渐减退。例如，小宋要求大家每天必须工作满 12 小时，有人开始表现出明显的抵触情绪，勉强应付或者根本不听。

公司的业绩在增长，规模在扩大，小宋感到的压力也越来越大。他不仅感到应付工作很累，而且对目前的公司状况有点不知所措，不知该解决什么问题，该从何处下手，公司的某些核心成员也有类似的感觉。

资料来源：王新宏．现代管理学．天津：天津大学出版社，2008．

问题：

为使小宋的公司更上一个台阶并进入良性循环，你有何建议？

【案例四】　　　　　　　　巴恩斯医院

10 月的某一天，产科护士长黛安娜给巴恩斯医院的院长戴维斯博士打来电话，要求立即做出一项新的人事安排。从黛安娜的急切声音中，院长感觉到一定发生了什么事，因此要她立即到办公室来。5 分钟后，黛安娜递给了院长一封辞职信。

"戴维斯博士，我再也干不下去了。"她开始申述，"我在产科当护士长已经四个月了，我简直干不下去了。我怎么能干得了这工作呢？我有两个上司，每个人都有不同的要求，都要求优先处理。要知道，我只是一个凡人。我已经尽最大的努力适应这种工作，但看来这是不可能的。让我给举个例子吧。请相信我，这是一件平平常常的事。像这样的事情，每天都在发生。"

"昨天早上 7：45，我来到办公室就发现桌上留了张纸条，是杰克逊（医院的主任护士）给我的。她告诉我，她上午 10 点钟需要一份床位利用情况报告，供她下午向董事会作汇报时用。我知道，这样一份报告至少要花一个半小时才能写出来。30 分钟以后，乔伊斯（黛安娜的直接主管，基层护士监督员）走进来质问我为什么我的两位护士不在班上。我告诉她雷诺兹医生（外科主任）从我这要走了她们两位，说是急诊外科手术正缺人手，需要借用一下。我告诉她，我也反对过，但雷诺兹坚持说只能这么办。你猜，乔伊斯说什么？她叫我立即让这些护士回到产科部。她还说，一个小时以后，她会回来检查我是否把这事办好了！我跟你说，这样的事情每天都发生好几次。一家医院就只能这样运作吗？"

资料来源：杨娅健．管理学理论与实务．昆明：云南大学出版社，2010.

问题：

1. 有人越权行事了吗？如果有，请指出。

2. 这个案例涉及直线职权、参谋职权，请问它们分别是什么？

3. 如何处理直线职权和参谋职权的关系？

4. 如果你是院长，你会如何处理？

【案例五】　　　　　　　　一个成功企业家的难题

一、开场白

1983 年，在江南某省的一个小镇上，因投机倒把屡受批斗已出走十几年的刘月突然回到了镇上。此时，投机倒把已不那么令人心悸，乡镇企业已开始萌芽。第二天，镇上就传出一条爆炸性新闻：镇长带着几个干部拎着礼品去了刘月家。这比当年镇长带着派出所干警去刘月家搜捕更令人兴奋。人们议论着，猜测着，预感到有什么重大事件将会在小镇上发生。果然，一个月后，镇政府以原粉丝厂的旧厂房、设备折合资金 1.75 万元，刘月自行筹资 13.5 万元兴办的第一家乡镇工业企业——伟业铜带厂正式诞生。

15 年后的今天，该厂已发展成为一个拥有 16 亿资产、下属 9 家境内独资或控股子公司、4 家境外独资公司的大型综合性铜冶炼加工的企业集团——伟业集团公司。铜加工属于资金密集与技术密集型行业，由于行业进入壁垒高，乡镇企业一般不敢问津。

长期以来，国有企业在此行业拥有绝对垄断地位。整个行业主要由三家大型国企控制。规模最大、实力最强的是中原铜加工厂，它是国家"一五"期间156项重点建设项目之一，以下依次是上海铜材厂和西北铜加工厂。从20世纪80年代中期开始，依托机制上的优势，铜加工行业上演了乡镇企业大败国有大型铜加工企业的"灵猴斗大象"的精彩一幕。20世纪90年代以后，大型国有铜加工企业已经日趋衰落，困难重重，几乎全面亏损。而乡镇、合资企业则成为行业龙头，一派兴旺。由于资金困难，无法进行必需的技术改造与设备更新，国企在技术、设备上的许多优势也几乎丧失殆尽，优秀人才更是大量流失，已沦落成为过去意义上的"乡镇企业"。

伟业集团最近刚投资2亿元将中原铜加工厂的一条板带连铸连轧生产线购入。由于缺乏配套设备和流动资金的投入，该生产线一直闲置，日损失数以万计，企业不得不忍痛割爱。伟业集团则在生产线购入后三个月内就生产出第一批优质铍青铜带，并直接出口美国，效益十分可观。企业经营状况良好，前景一片光明，公司正在实施低成本扩张战略，已成功地兼并了几家关联企业，按计划将在5年内成为中国铜业的霸主。对此，年届不惑的刘董（刘月担任伟业集团公司的董事长，人们习惯于亲切地称呼刘董事长为"刘董"）充满信心。然而，深谋远虑的刘董并非盲目乐观之人。他隐约感到公司似乎已处在生死攸关的阶段，许多问题操作起来都已不如以前那么得心应手，第六感告诉他，潜在的危机越来越大。经过几天的冥思苦想之后，他请来了新近才担任公司高级人事顾问的杨教授。

此时杨教授正坐在一间非常简陋的办公室里。如果不是门口挂着的牌子上赫然写着的"刘董办公室"的字样，杨教授一定会以为是走进了一间乡村中学教师的办公室：一张书桌，一张椅子，外加一张单人床。办公室有一扇门直通隔壁会议室，公司全体高层管理干部正在开会，门未关紧，本地方言的争论声伴着一股呛人的烟味一阵阵传来，刘董的声音总是最洪亮的。

"真不可思议，这就是一个拥有16亿资产的大型企业集团的高层会议室，这屋子里的决策者们竟然没有一个受过正规的高等教育。"尽管杨教授是长年泡在企业为企业提供各类咨询服务的实务型管理专家，也不得不惊叹于家乡这一知名企业迅速崛起的奇迹。凭经验，他感觉到此行的担子不轻，也预感到面临的可能是中国当代企业所遇到的典型难题。他不由得涌起一种莫名其妙的激动与兴奋……

两个星期后，通过与公司所有上层管理成员的深入接触，以及一系列规范化的调查分析，杨教授带着经研究小组反复讨论过的初步诊断意见，与刘董花了一整天时间，就有关重要问题专门探讨交换意见之后，得出了一些初步研究纲要。

二、企业管理概况

伟业集团是先有一个核心企业，再由"核"扩散发展起来的，产权纽带紧密，实际上属于一种典型的母子控股公司模式。集团公司对下属子公司的经营战略、重大投资决策和人事任免均有绝对控制权。刘月先生既是集团公司董事长兼总经理，又是二级控股（独资）公司的董事长、法定代表人。集团公司总部管理班子十分精干，总共不到80人。新老三会在职能上实际是交叉互兼的：党委会、工会与职代会的主要领导是监事会的主要成员。集团董事会是最高权力的决策机构，由集团正副总和二级公司总经理组成的理事会实质上是协商和执行机构，无决策权。这是一种较典型的中小型企业集团的管理模式。

在职能部门设置方面，董事会实际上只有董事会办公室是实体，其职能并未与董事会相吻合。理事会的"一办四部"是最近才设立的，职能也未明确界定。从人员配置上看，各部部长都是由对应的主管副总兼任，形式上是直线—职能模式，实质上是职能式组织模式，即职能部门除了能实际协助所在层级的领导人工作外，还有权在自己的职能范围内向下层人员下达指令。这种模式运行起来可能会不利于集中统一指挥，各副总之间协调工作量大，主要负责人易陷入事务之中，不利于责任制的建立和健全。公司组织机构变动频繁，高层管理人员的职位更迭更是像走马灯似的，许多高层经理都弄不清公司现在的组织结构。

三、面临的困惑

从刘董自身的角度，他请来杨教授，主要是为了解决以下三大难题：

一是集权分权问题。刘董觉得自己太累了，每天签审公司上下报账的财务票据就要花 2 个小时，公司其他大小事情几乎都要他拍板，总有做不完的事。他平均每天只睡 3 个小时，最近就有两次晕倒在办公室，再这样干下去肯定不行。

当杨教授听说公司采购员差旅费报销也要刘董亲自签字时，不禁惊讶地问："其他副总和部门负责人怎么不分忧？不分权怎么能经营这种大型企业？"刘董再三解释道：我也懂得要分权，而且曾坚决奉行'用人不疑'的原则，可是教训太大了。1995 年放权，贸易公司经理用假提单卷走了 980 万元人民币，至今没有下落。我只得集权，工作不到两年，实在不行，只好再度放权，没想到这次是总经理携款 1 500 万元跑到国外去了，他还是我们亲戚，公司的创业元老。我只好再次集权，如今是董事长总经理一肩挑，每天上午 8：00 ~ 10：00 就成了审批资金报告的专门时间。他知道这不是长久之计，但现在实在不知道该相信谁了。该怎么办，到底外国人是怎么分权的，请专家们帮助筹划。"

二是决策风险问题。公司越做越大，大小决策都集中在刘董身上。"我总是胆战心惊的，"刘董恳切地说，"过去我拍板，涉及的资金少的只有几十元，多的也就几万、几十万元，现在任何决策动辄就是几千万上亿元，弄不好就是全军覆没。我心里没底，但也得硬着头皮拍板，怎么会不紧张惧怕呢？我表面故作轻松，其实心理压力太大了。这不，才四十岁，头发几乎全白了。"

三是控制问题。在深入的交谈中，刘董向杨教授剖白了心迹："外面的人总以为我在公司里是绝对权威，甚至耀武扬威，随心所欲。其实我觉得要控制这家公司是越来越困难了。近年来，尤其是 1995 年有关部门界定我个人在公司中的产权占 90%、镇政府只占 10% 后，员工们的心理似乎在悄悄地变化，过去最亲密的战友都和我疏远了，工作表面上很努力，实际上大多是在应付我。我给他们的工资一加再加，现在高层经理年薪已达 10 ~ 15 万元，还每人配备了专车、司机和秘书，但他们就是怪怪的，提不起劲。现在公款消费和大手大脚浪费的现象也开始在公司蔓延，原有民营企业的优势正在逐步消失，两起携款外逃事件似乎是必然的，而且以后也还可能发生类似的事情。我感觉到我的公司在全面地腐化堕落。更糟的是，我控制不了局面，在这个庞大的公司面前竟显得那么虚弱和无能为力。我对前景感到害怕……"

资料来源：刘兴倍. 管理学原理教学案例库. 北京：清华大学出版社，2005.

问题：

1. 你认为刘董应如何进行分权？请你帮助公司设计出科学的决策制度。

2. 你将如何设计伟业集团新的管理模式？

3. 你将如何制定企业经营理念，怎样才能切实实施？

4. 如果你是咨询专家，你将如何帮助企业有效地解决三大难题？

# 第七章　人员配备

## 一、教学案例

### 为什么不能乱用末位淘汰制

李总是某大型国企 M 公司的总经理，最近一段时间心情很差，因为有一个难以解决的问题已经困扰他很长时间了。

李总所在的 M 公司以前是省纺织工业厅直属的一家大型纺织厂，5 年前改制之初，企业人浮于事，效率低下，干部能上不能下，员工能进不能出，成本居高不下，市场占有率日益萎缩。3 年前，李总下定决心改变现行的人事管理制度，在参考了众多知名企业的做法之后，末位淘汰制被当作一件法宝引入了企业的人事制度中。其目的是通过末位淘汰制这样一种强势管理，给予员工一定的压力，激发他们的积极性，使整个单位处于一种积极向上的状态，克服人浮于事的弊端。该制度规定，每年年底对所有员工进行 360 度评价，各部门得分名列最后 10% 的员工将被淘汰。

第一年末位淘汰制的实行，李总感觉效果很明显。一大批平日里表现不好的员工得到处理，员工的工作积极性有了很大的提高，公司在市场上的表现也有很大起色。

但是，由于末位淘汰的推行，也带来了一系列问题，比如，到底淘汰多少比较合适呢？如果淘汰的比例过高，则容易造成后备力量跟不上、员工心理负担过重、同事关系紧张等现象，而淘汰比例过低，又起不到应有的作用。还有就是淘汰后的安置，也需要慎重考虑。

在 M 公司，随着末位淘汰制的实行，一些怪现象不断出现：

1. 干活越多的人，出错的几率越大；越坚持原则的人，得罪的人越多。结果是这两类人年终的评分都很低，按照公司的规定，他们被淘汰了。但是企业里有很多人对他们被淘汰感到惋惜，意见也很大，认为如果再这样淘汰下去，将没有人敢说真话了。

2. 公司销售部门在不利的市场环境中努力拼搏，取得了非常好的业绩，很难从中选出最差的 10% 的人出来；即使选出这 10% 的员工，李总觉得他们不应该被淘汰，但是由于名列最后 10% 的员工被淘汰是整个人事制度改革的核心内容，这让李总处于左右为难之中。

3. 被淘汰的员工到处喊冤，认为自己被淘汰是因为评价中存在着不公平现象，很多工作表现比自己差的人由于人缘好或者是会讨好领导，反而排名很靠前。

4. 公司的人力资源配置本身就不合理，有的部门缺人，有的部门人浮于事，由于采用"一刀切（各部门都按固定的比例）"的"末位淘汰制"，使得缺人的部门更显人力不足，人浮于事的部门可能依旧存有富余人员。

5. 公司的有些部门和人员（尤其是拥有企业管理职能的部门、岗位）为了证实自身工作的重要性，避免被列入淘汰之列，经常进行一些不必要的检查工作和开展各类活动，使一些直接为企业创造财富的部门不得不分心应付，耗费了这些部门的人力、物力，使企业的整体效率受到影响。

李总陷入困惑中，到底该不该继续实行末位淘汰制？

资料来源：章珺. 为什么不能乱用末位淘汰制. 中国新时代，2005.

问题思考：

1. M 公司到底该不该继续实行末位淘汰制？

2. 末位淘汰制的适用范围。

3. 什么样的企业可实行末位淘汰制？

## 二、作业及思考题

### (一) 单项选择题

1. 组织内部人员考评的目的有两类，一类是作为决定人事提拔和调整工资或是进行奖励的依据，另一类是（　　）。

  A. 作为激励和改进的保证    B. 作为激励和改进的标准

  C. 作为激励和改进的指导    D. 作为激励和改进的手段

2. 金星公司是一家小型集体企业，最初是由 12 个人共同创建的，主要生产小家电。因为产品功能独特，销售量不断增加，公司规模也随之不断扩大，发展到 400 多人。只有中专文化的总经理感到有些力不从心，特请来管理公司的专家来帮助建立规范管理制度。该公司专家为金星公司设计了一整套管理制度。其中包括员工职位说明书。请问以下哪项不是员工职位说明书的功用？（　　）

  A. 降低员工跳槽时对组织的损失

  B. 可以使新招聘的员工尽快进入工作角色

  C. 为人力资源部门绩效评价提供依据

  D. 体现不同职位的隶属和权力关系

3. 用合格的人力资源对组织结构中的职位进行填充和不断补充的过程称为（　　）。

  A. 人员安置   B. 人员配备   C. 人员招募   D. 人员考核

4. 保兰公司是一家生产普通建材的小企业，从总经理到普通员工都倾心于主业的发展。近年来公司发展迅速，又进入家具、化妆品、房地产等领域。为协调和规划公司多种业务的发展，贯彻持久有效的战略，公司决定立即成立"企划部"。从公司的历史和发展要求看，你认为企划部部长的选聘最好采取什么方法？（　　）

  A. 内部选拔

  B. 外部选拔

  C. 从内部物色有潜力的人，选送出去参加培训，回来再任用

  D. 由现任总经理兼任

5. 某公司人力资源部在公司快速发展时期为公司人力资源的开发利用做出了重要

贡献。有人说，这在相当程度上得益于人力资源部前几年在公司内部进行的较细致的专业分工，从而使有关人员可以快速熟悉专业，提高业务水平。但最近公司领导发现该部门工作效率和工作质量出现了一定的滑坡，许多成员不满足于单调乏味的工作。对此，你认为最好采取下列哪一项措施？（    ）

  A. 严格内部规章制度，以改善工作作风和工作态度

  B. 调整该部门领导班子，促其改变当前的工作面貌

  C. 以工作丰富化为原则，进行工作和职务再设计

  D. 调整该部门的工作目标，将部门职能分解出去

6. 大邱庄在用人上总结出一条经验：大材小用，一般没用；小材大用，一般可用。这一现象说明（    ）。

  A. 人员的素质并不是起决定性作用的

  B. 在乡镇企业中，高级人才的竞争力不如普通人

  C. 学历并不是最重要的，重要的是真才实学和工作干劲

  D. 人的潜能是巨大的，就看组织能否把它挖掘出来

7. "管理人员往往被提升到他们所不能胜任的级别"的现象就是所谓的（    ）。

  A. 彼得原理        B. 内升原理

  C. 指挥链原理       D. 裙带原理

8. 主管人员选拔的途径主要有两个，即（    ）和外聘制。

  A. 内升制    B. 考评制    C. 任期制    D. 选调制

9. 对于企业管理来说，以下说法中哪一条欠妥当？（    ）

  A. 人事政策是指导人群管理职能与程序的方针，也是人事管理原则的具体说明

  B. 人事政策的制定与实施只由人事部门负责

  C. 制定相应的人事政策不仅是人事部门的职责，也是各级管理人员的共同责任

  D. 政策具有标准的作用，为了使各项工作符合预期的目标，必须制定政策

10. 采取工作岗位轮换的方式来培训管理人员，其最大的优点是有助于（    ）。

  A. 提高受训者的业务专精能力

  B. 减轻上级领导的工作压力

  C. 增强受训者的综合管理能力

  D. 考察受训者的高层管理能力

11. 企业管理人员的来源可以采用外部选聘与内部培养两种不同的做法，从对企业的长期发展的影响来看，内部培养做法存在的主要问题是（    ）。

  A. 会打击外部应聘人员的应聘积极性

  B. 不利于企业骨干人员的稳定

  C. 不利于对选聘对象的全面了解

  D. 会引起同事不满并造成近亲繁殖

（二）简答题

1. 外部招聘与内部提升的优缺点。

2. 简述人员配备的过程与原则。

3. 管理人员选聘的标准是什么？

4. 简述管理人员培训的内容。

5. 如何对主管人员的工作绩效进行考评？

6. 人力资源规划的含义。

7. 简述人员考评的意义。

8. 简述人员绩效考评的要求。

9. 简述人员培训的类型与原则。

10. 简述影响管理人员需要确定的因素。

（三）论述题

1. 要得到一匹好马，有两种方法：一是让所有的马跑起来，选择跑在最前面的；二是从这些马中指定一匹，然后着力培养，使之成为好马。你认为哪种方法更好，为什么？

2. 何谓彼得原理？为什么会出现彼得现象，怎样防止彼得现象的出现？

3. 为何职业经理人在民营企业的任职时间大都不长久？你有何建议和对策？

（四）案例分析题

**【案例一】　　　　　　　　　　谁是谁非**

爱美服装有限公司是一家中日合资的小型服装企业，1993 年建成并投产，企业员工 300 余人，中方控股，生产订单由日方提供，产品 90% 以上返销日本。1998 年以前，公司每年利润在 200 万左右，员工人均年收入 1 万元左右，对内地企业来说，效益算是比较好的。

好景不长。1998 年以来，由于公司内部的人事问题和劳资纠纷问题，企业的发展遭受很大的冲击。

公司经理姓张，有一位副经理姓刘，均系中方人员。张经理是个事业心很强的人，作风泼辣，个性刚强，既懂管理，又通技术。日方董事是投资商的胞弟，叫福冈。此人好耍小聪明，瞧不起张经理，在业务上经常与张经理争执。特别是在产品单价、产品质量、交货期等重大问题上，福冈总是置中方利益于不顾，甚至故意刁难，不考虑张经理的意见。而张经理在产品单价等涉及中方利益的大是大非的问题上毫不相让，据理力争。因此，张经理与日方董事福冈的矛盾越来越尖锐。尽管张经理在生活上处处关照福冈，关系仍无好转。

中方的刘副经理是个没有主见、轻重不分、惧怕日方、颇有私欲的人。他发现张经理与日方福冈先生因工作不和后，主动接触福冈，吹嘘自己如何本事大，甚至讨好日方福冈，其用意不言而喻。

福冈正在想办法排挤张经理，见刘副经理讨好自己，便生一计：以撤单相威胁，逼张经理辞职，由刘副经理取而代之。

为达目的，福冈开始利用一线工人做文章，伺机制造各种麻烦，刺激甚至伤害工人利益，导致工人罢工，转而把罢工责任全部推到张经理身上，提出要张经理辞职的要求。

矛盾已经到了非解决不可的地步。公司董事长杨某准备召开董事会，便给日方投资商发了传真。谁知投资商正在生病住院，派一名代表来中国参加董事会。杨董事长不知来者底细，愁肠百结。

资料来源：杨明刚. 现代实用管理学 知识·技能·案例·实训. 上海：华东理工大学出版社，2005.

问题：

1. 假如你是杨董事长，你将作出何种决定？

2. 假如你是张经理，你该怎么办？

【案例二】 人员招聘的困惑

北京某电子企业，拥有职工 600 名。20 世纪 80 年代，该厂产品行销全国，是同行里的知名企业，年销售金属膜电阻近 2 000 万元，该厂产品完全按照国标生产，质量可靠，被电子工业部评为部级优质产品，商标被评为著名商标。

进入 20 世纪 90 年代，市场发生变化，其碳膜电阻、金属膜电阻受到南方生产厂商的强烈冲击，销售收入一路下滑，到 1993 年，全年收入只有 150 万元左右，企业生存非常困难。

1994 年，该企业与北京某交通企业谈妥进行资产置换。交通企业向这家电子企业交纳一笔补偿费（现金），置换电子企业的厂房和绝大部分人员（包括离退人员）。电子企业将补偿费用于清偿银行贷款，之后略有节余。该电子企业留下的部分人员和设备继续搞电阻生产。这时，企业没有任何债务负担和人员负担。留下的人员中，60%是科室管理人员和中层干部；2%是销售人员；10%是技术人员；10%是后勤人员。

企业为了摆脱困境，决定从国外引进设备生产实心电阻。实心电阻的技术含量高于碳膜电阻和金属膜电阻，工艺要求高。当时，国内具有类似生产条件的企业只有两家，产品供不应求。引进设备投产后，由于技术人员对工艺掌握不过关，产品不合格，无法投放市场。有人向厂长建议高薪聘请技术人才，厂长认为企业职工每月工资 500元左右，到外面聘请技术人员每月至少 2 000 元，收入差距太大，职工难以接受，如果聘请了，多数人的积极性将受到影响。结果，企业没有外聘技术人员，从而使实心电阻项目被迫下马。

至今，国际市场上实心电阻仍然紧俏。

资料来源：金圣才. 管理学考研真题与典型题详解. 北京：中国石化出版社，2007.

问题：

企业是否需要外聘人才或是还有别的办法，如果需要外聘怎样解决案例中的顾虑？

# 第八章　组织文化与组织变革

## 一、教学案例

### 日本富士通的成功变革

位列 2002 年《财富》杂志 500 强第 88 名、日本最大的 IT 与通信企业日本富士通株式会社，近年来就大胆打破传统，力行管理变革。

据《日本经济新闻》报道，最近一项对日本 2 259 家非金融产业上市公司的调查显示：目前，日本多数企业不再采用终身雇佣制，其中只有 19.5% 的公司表示仍将维持终身雇佣制，而 53.9% 的公司表示无法维持这种制度。

对于多年来一直秉持"雇佣终身制"的日本企业而言，虽然已经认识到变革的需要，但"冰冻三尺，非一日之寒"，要想真正打破此项传统殊为不易。

但日本大企业中，也并不都是行动迟缓的巨人。日本富士通株式会社近年来就大胆打破传统，力行管理变革。1993 年，富士通开始推进在当时日本人看来几乎是"冒天下之大不韪"的人事制度改革——在全公司范围内实行"终身制转向工作成果制"的组织变革。当时几乎所有的日本大企业都还在沿用贯彻多年的雇佣终身制，员工早已习惯了将公司当作一个终身厮守相伴的大家庭。此项改革宣布后，立刻在日本经济界引发震动，富士通面临的压力很大。

但变革始于正视事实。当时，全球信息技术产业中，日本企业面临来自更具创新性的美国企业咄咄逼人的竞争，提高公司创新能力是富士通亟待解决的问题，而传统的雇佣终身制已经难以适应信息技术产业的飞速变化。

于是，富士通于 1993 年开始逐步实行"成果制"。其主要内容包括：引进目标管理，设定评价制度并与收入相联系。首先让员工自己制定工作目标，然后与自己的顶头上司商议目标是否合适，可升可降。工作目标制定后，此后一年中员工就要为达到目标而努力工作。一年后，员工如果没有达到预计的工作目标就要降薪或被炒鱿鱼。此项制度实施近 10 年来，也有员工因没达到工作目标而遭受惩罚，但是大部分人在制定工作目标后都会努力工作，完成任务后获得加薪或升职。公司上下对"成果制"已经非常认可。

"工作成果制"引进成功之后，富士通从 1999 年起开始进一步倡导"能力主义"。公司高层主张废除企业内部白领阶层和蓝领阶层的区别，建立能够充分发挥每位员工能力和工作热情的体制。富士通将按资历划分等级的做法改为以职责判定等级的制度，不再以学历和年龄进行管理，主张取得显著成绩的人员应该晋升快，加强职责评价与报酬的联系。

据富士通香港有限公司董事简友和的回忆：富士通从 2000 年起，就规定所有员工的评估必须根据成果，而不是从年资角度看问题。此项规定一宣布，立刻成为日本各大报纸的头条。这从另一方面反映了在颇为保守、求稳的日本企业界，推进变革所面临的压力实在不小。不过，富士通能够引领日本企业变革之风，与其自身强烈的危机感有关。富士通自成立之日起，便是一个充满危机感的企业。它没有一栋自己的大厦，东京总部所在地是租用的办公楼层。原因在于公司领导层认为只有这样才能一直保持危机感和紧迫感，才有不断求索发展的动力。

这些变革为富士通带来了活力，进而提高了企业的竞争力。到 2000 年时，其营业收入已经从 1993 年的 279 亿美元增长到 472 亿美元，位列财富 500 强第 45 名，成为规模仅次于 IBM 和惠普的世界第三大信息技术公司。

由于人事组织制度很有活力，相比其他日本公司，富士通在企业本地化方面，也具备了一定优势。比如，富士通的人员本土化的策略就很成功，有很多高级职位是由中国员工担任的。富士通的中国员工只要表现出色，晋升速度非常快。如在销售公司，员工只要有业绩很快就会晋升到销售经理。有一名中国员工在短短的两年内就从普通员工晋升到了课长，这种情况在一般的日资企业还很少见。

2000 年之后，世界信息技术和通信产业陷入低谷。富士通的发展也面临困境，2002 年营业收入从 2001 年的 496 亿美元下降到 400 亿美元，降幅达 20%。富有变革精神的富士通在社长秋草直之的带领下，根据世界信息技术产业和通信产业融合的趋势，进一步提出了"网络世界创意无限"的口号，并基于此推行更为深入的组织改革。目前，富士通的通信本部和信息技术本部已经合并，以便更好地管理客户关系，这在日本企业界又迈出了领先的一步。秋草直之曾经抱怨说："如今很难看到 20 世纪 60 年代日本人创业时那种奋发向上的精神了，优裕的日子磨去人们的上进心，这才是今天日本最大的顽疾。"而富士通多年来的变革，则在很大程度上克服了这种顽疾。

资料来源：余世维．企业变革与文化．北京：北京大学出版社，2005.

问题思考：

请对富士通的人事变革作出评价。

## 二、作业与思考题

（一）名词解释题

1. 组织变革　　　　　　　　　　2. 组织文化

3. 战略性变革　　　　　　　　　4. 结构性变革

（二）单项选择题

1. 欧洲人有一个风趣的谚语：什么是天堂，英国人当警察，法国人下厨房，意大利人谈情说爱，德国人搞管理。什么是地狱，法国人当警察，英国人下厨房，德国人谈情说爱，意大利人搞管理。引发这种言论的原因和背景在于（　　　）。

　　A. 各国的政治和法律环境因素

　　B. 各国的经济发展水平的差异

　　C. 各国的文化传统因素

D. 仅仅是一个玩笑，不具有可信性

2. 下列选项中（　　）不是诱发组织变革的需要并决定组织变革目标方向和内容的主要因素。

    A. 领导者正常更换　　　　　　　　B. 战略

    C. 环境　　　　　　　　　　　　　D. 技术

3. 组织变革阻力的主要来源，说法错误的是（　　）。

    A. 个体和群体方面的阻力　　　　　B. 领导的分歧

    C. 组织的阻力　　　　　　　　　　D. 外部环境的阻力

4. 组织变革阻力的管理对策，不包括（　　）。

    A. 增强或增加驱动力　　　　　　　B. 减少或减弱阻力

    C. 协调领导者意见　　　　　　　　D. 同时增强动力与减少阻力

5. 组织变革的过程不包括（　　）。

    A. 解冻　　　　　B. 协调　　　　　C. 变革　　　　　D. 冻结

6. 组织变革是任何组织都不可回避的问题，而（　　）则成为衡量管理工作有效性的重要标志。

    A. 能否制定最有变革战略　　　　　B. 能否达成一致变革目标

    C. 能否抓住时机顺利推进组织变革　D. 能否最短时间完成变革

7. （　　）是指组织共有的价值体系。

    A. 组织战略　　　B. 组织结构　　　C. 组织文化　　　D. 组织制度

8. 组织文化可以通过评价组织具有的 10 个特征的程度来加以识别，其中不包括（　　）。

    A. 成员的同一性　　　　　　　　　B. 团体的重要性

    C. 对工作的关注　　　　　　　　　D. 单位的一体化

9. 关于组织文化，下列哪种说法是正确的？（　　）

    A. 文化是通过组织成员在解决内外部问题过程中，不断学习而来的，但是，一旦文化形成，便不会再产生传导作用

    B. 文化由三个层次组成，有些是有形的，另外一些则是无形的。文化的表层是有形的，它包括着装、行为模式、有形的标志、组织的庆典及办公室的分布

    C. 文化是指一个组织内部所有成员共同认可的价值观，但不是信仰、共识及生活准则

    D. 组织文化不能决定雇员的看法和对周围世界的反应

10. 组织文化，是我们通过一些有形的东西来感受到的公司最根本的无形的文化。下列选项中不包括（　　）。

    A. 公司象征　　　B. 公司历史　　　C. 口号　　　　　D. 仪式

11. 在组织变革中，管理者所能变革的领域主要有三种，即结构、技术和（　　）。

    A. 人员　　　　　B. 设备　　　　　C. 计划　　　　　D. 作业方法

12. 企业对业务过程进行彻底变革，这就是（　　）。

A. 企业再造　　　　B. 企业定位　　　　C. 企业变革　　　　D. 企业改制

13. 当一个人强烈地"认同"某一个组织，则表示（　　）。

　　A. 组织的目标和价值取向已被个人所接受

　　B. 个人对组织有了清楚的认识

　　C. 个人的目标和价值取向已被组织所接受

　　D. 组织对个人有了清楚的认识

14. 市场经济中提倡的以"义"治商和以"义"取利中的"义"应该是指（　　）。

　　A. 义气　　　　　B. 法律　　　　　C. 和气　　　　　D. 伦理道德

15. 某公司管理当局对一项影响到几个职能部门的业务活动进行评估，发现可以对该项活动进行改进，但有关职能部门的经理均不赞同。管理当局可以采用若干种方法来克服变革的阻力，最有可能成功并且负面影响最小的方法是（　　）。

　　A. 与有关职能部门经理们进行谈判

　　B. 让经理们参与改进的决策过程

　　C. 通过行政命令强迫经理们同意

　　D. 与每个经理进行协商

16. 一个科学的组织变革过程需要经过解冻、改革、冻结这三个有机联系的过程。请问以下哪一项活动最有可能反映一个特定的解冻行为？（　　）

　　A. 公司董事会召开专门会议针对近期出现的竞争加剧、效益下滑的情况沟通思想，打破沉闷，再次激发企业活力

　　B. 公司总经理召开一个各层次员工参加的座谈会，对近期公司运作中所出现的一些日常管理问题进行反思检讨

　　C. 公司专门设立了一个新的机构，集中解决近几年来公司一些悬而未决的重大问题

　　D. 公司总经理签发了一份有省政府领导亲笔批示的传真件给公司所有部门。该传真件是一篇报导，披露由于本公司产品质量而导致的一起重大交通事故

（三）问答题

1. 企业文化是如何影响管理活动的？

2. 组织变革中可能遇到哪些阻力？如何克服这些阻力？

3. 跨文化管理移植中应注意什么？

4. 组织变革的动因有哪些？

5. 组织变革的类型有哪些？

6. 简述组织变革的目标与重点。

7. 组织文化有哪些特征？

8. 简述组织文化的层次及内容。

9. 谈谈如何克服组织惯性和变革阻力来激发创新？

10. 组织文化功能对组织文化的形成机制有怎样的影响？

11. 简述组织文化中隐性文化对组织管理所起的作用。

（四）案例分析题

【案例一】　　　　　　　　助理为什么受攻击

鉴于公司在发展中所出现的成本失控问题，X公司的总经理请获得了注册会计师资格的年轻助理帮助解决这个问题。这位助理又请了一些高明的财务分析专家、本地大学工商管理学院的著名教授组成一个诊断小组。

在知晓了公司的问题之后，他们去调查成本问题和公司的生产、采购、销售等各部门的管理方法问题。经多次研究之后，小组发现了各部门中效率低的许多根源，于是，该助理把小组所发现的效率低的详情和拟予以纠正的措施作出提要，向总经理提出了诊断报告，并说明小组所建议的行动会给公司节约上百万元。

总经理采纳了这些建议，并付诸实施。但实施不久，负责生产、销售、采购的几位副总经理就群起围攻总经理，坚决要求撤掉那位助理。

资料来源：阿里巴巴社区网，http：//club. china. alibaba. com/threadview/288523. html。

问题：

1. 为什么这位助理工作做得那么好，却受到副总经理们的憎恨？

2. 若诊断小组的调查结果是准确的，那么总经理、助理、副总经理及其他人应怎样做才能使这些调查结果有助于解决问题？

【案例二】　　　　　　　　推行矩阵组织结构

新光集团公司要进行组织结构变革，以推进要解决价值10亿美元的生产项目，解决涉及生产成本高昂的问题，引进新产品项目。在过去的10年里，市场份额及投资回报率一直在下降。为了解决这些问题，公司高层邀请外部发展顾问来进行诊断。他们在与各层次的人员进行了几次座谈之后，举行了一个由高级管理阶层参加的信息反馈会议。对经营问题的诊断结论为：组织的职能不适应已经变化了的、更具竞争性的市场环境。所以，推荐使用矩阵组织结构，并改造企业文化。

在一年之内，顾问们与管理阶层举行了一系列的会议来讨论这些建议及它们在组织发展方面的运用。管理部门承认诊断基本上是准确的，但是需要时间来讨论并验证矩阵及其他方法的效用。在一次会议上，确定由三个小组来分析研究职能式、分散化的产品部门制及矩阵组织这三种组织形式的优缺点。总经理的领导风格及所有生产线共享设备能力这一特征，使管理部门确信，矩阵组织结构是正确的选择。

高层管理部门与顾问们就向新的结构转变的计划问题多次碰头商议。在这些会议上，确定了新的组织的具体框架；开发了双重工作绩效评价程序；决定根据群体的工作绩效对群体成员进行奖励；确定了经营群体的主管及其成员；对新的资金信息，尤其是经营上的投资成本与收益问题也达成了一致意见。

就在这一时期，最高管理层举行了一次团队建设式的会议。每个群体成员都得到了有关个人问题的反馈并且针对效率问题，与效率低下作斗争。其中一名主管人员接到了有关他的作用与领导作风的不良反映。所有成员都感觉到，团队建设式的会议为增加信任以及更公开地表达不同意见做出了贡献。

在最初的诊断过去一年之后，矩阵管理层被宣布由近 100 人组成，并制订了对这些人进行一天训练的计划。公司选择了一名组织内的顾问（组织发展方面的专家）来帮助实现这种转变。同时，由主管人员组成的组织发展方面的指导委员会被指定协助对进展过程的诊断并就改进问题提出建议。个人及群体的许多会议被用来解决这些问题。每一个经营群体都举行特别的会议来确定规范及建立群体要解决的问题。

一年半之后，矩阵组织结构初具雏形。有两名职能部门经理被认为是适合矩阵形式的管理人员所取代。然而，还有一系列的问题，例如对经营群体授权问题及与履行决策有关的责任问题，仍然没有得到解决。再者，又出现了一名经营群体的主管人员不能胜任工作的问题。

资料来源：孔繁玲．管理学原理与案例分析．广州：华南理工大学出版社，2008．

问题：

1. 新光集团的组织结构变革是如何进行的？

2. 矩阵式组织结构显示了什么优势？带来了什么问题？

3. 从这个案例中，我们可以对矩阵结构作出什么评价？

【案例三】　　　　　　　　变革的代价

A 公司是上海某大学下属的制药企业，企业人际关系简单，也比较人性化，逢年过节，员工福利也不错。公司的新药销售部成立不久，团队成员都是大学刚毕业，大家工作积极，不计较得失和经济利益，相处融洽。销售部经理张华是一个非常睿智，懂得激发员工，特别重视团队凝聚力的领导，团队和谐他是功不可没，虽然管理上还是带着传统国企管理的色彩，却匹配于当时的企业文化。新药销售部上海分部的 14 位成员（其中 2 位主管和 12 位业务员）经过 3 年的努力，把一治疗老年性痴呆的药物开拓推向空白市场，上市 3 年后该产品成为上海市场同一药物机理中市场占有率较高的产品。随着上海进入老龄化社会，人们对老年性痴呆的认识和危害更加重视，该产品将有很大的市场潜力。正当大家对未来充满信心时，公司销售部发生了重大变革。

由于集团公司发生了重组，人事进行了调整，经理张华被调离了销售部，取而代之的是集团对外招聘了一位新的全国销售总监李刚。李刚原先是一家非制药外资企业的销售经理，他"空降"的同时带来了一位销售助理。新官上任，第一把火先给上海市场的两位主管林丽和姜军洗脑，如何按外企的思路严格管理下属，每周要填一大堆表格，每周例会要制造紧张的会议气氛，对下属的很多问题必须严厉反驳，强势管理。更让人无法一下子接受的是，把每人分管的上海市场彻底打乱，搞平均主义，即重新分给大家基础差不多的市场组合，制定差不多的指标，称之为"同样起步"，考验每个人的能力。十二位业务员中有两位能力特别强，有三位较弱，七位能力为中等；两位强者开拓的市场家数是弱者的三倍，业绩是弱者的五倍，当时也是以空白市场为起步的。两位主管面对即将进行的改革反应有所不同，林丽的性格较强势，很能接受新的变革，也想搞好与新上司的关系；姜军则颇为犹豫，但不得已而为之。宣布决定的当天，业务员毫不知情，在会议室拿到了新的市场划分方案和新的指标，每人感受各不同，因为市场指标的变动也意味着收入的变化，强者收入大幅减少，弱者收入大幅增加，强者之一吴强很气愤并提出反对意见，总监李刚和销售助理毫不理会，并当场又给他增加 10% 的指标，以作为对他提出反对意见的惩罚，其余人不敢再言。

接下来的一年里，愤愤不平的吴强没有了以前的努力，认为公司对自己很不公平，同时也迁怒于两位主管，认为他们没有为下属争取，特别是林丽，其风格越来越像总监，不尊重下属，而几位弱者虽然给了他们同样起步的机会，但一年后他们业绩依然排在后面，甚至有几个原来接手过来的市场出现了萎缩，甚至还出现了被竞争产品替代的局面。而团队中似乎不满者居多，他们经常会聚在一起发牢骚，没有了以前的斗志，似乎都在混日子，还会有意与主管作对，并且把他们认为听领导话的其余几位成员排斥在外，团队很不团结。这一年业绩出现了下滑，集团总部对业绩很不满意，销售总监和助理原本准备这一年辞退几位不听话者，但不知何故，他们自己辞职了。

新的一年开始之际，集团又把前任销售经理张华调回重新任职，大家非常高兴，但同时又面临一个新的问题：这一年中，新的同一机理的竞争产品在加强力度，趁机而入，占领了公司的部分市场规划中要开发的很多空白市场，隐性损失短期很难弥补，而经过一年的折腾，团队成员中出现了人际芥蒂，有帮派之分，很难回到过去的状态，对两位主管的信任度也大大下降，特别是林丽，甚至面临着众人要她下课的局面。

资料来源：东华大学 2009 年硕士研究生招生考试管理学原理试题真题。

问题：

1. 分析公司销售业绩下降的原因。

2. 重新上任销售经理的张华该如何重振旗鼓？

【案例四】　　　　WBH 大酒店淡旺季的人力资源管理

上海 WBH 大酒店是一家四星级酒店，位于繁华的市中心，与"中华第一街"南京东路步行街毗邻。绝佳的地理位置，优良的酒店设施，人性化的优质服务，使其入住率及平均房价始终在同行业中名列前茅。而其最引以为傲的则是驰名中外的"WBH 蟹宴"，每年 9 月至次年 1 月，以正宗阳澄湖大闸蟹为原料的传统蟹宴，吸引了无数中外食客。尤其在日本，提到上海不得不提上海蟹，提到上海蟹无人不知 WBH。

酒店业本身就存在淡、旺季之分，而由于蟹宴的时令性，WBH 大酒店每逢 9 月就进入蟹宴旺季，淡旺季的差别就格外突出。酒店早早就要求各部门做好准备工作，餐饮部准备餐具、补充物品、负责餐厅装饰、对新老员工进行培训等。酒店餐厅平日正常情况下每天需要 20 个服务员，但是到了旺季时人手不足，至少需要 60 个时刻高效运转的服务员。这一显著差异，使得在人员配备问题上，产生了矛盾。这相差的 40 多个服务员从哪里来？于是餐饮总监向酒店领导层进行汇报，请求支援。酒店领导层考虑了以下三种方案：

方案一：对外招聘合同工，以缓解旺季人员不足的问题

招聘合同工，无疑在很大程度上增加了酒店的劳动力成本，虽然缓解了旺季人员不足的问题，但是旺季过后的淡季，劳动力将大量剩余，出现忙时极忙、空时极空的不平衡现象。

方案二：对外招聘临时工，仅在旺季聘用劳动力

若仅在旺季招聘临时工，劳动力成本的增加虽然是暂时性的，也不必考虑淡季劳动力过剩的问题，但是由于旅游饭店是以服务为主的行业，它为宾客提供的产品是

"服务"，而且主要是人对人的服务，由此决定了对服务人员素质的高要求，而临时工的整体素质普遍不高，外语水平比较差，无法应对大量的外籍客人。而且临时工上岗匆忙，没有足够的时间接受酒店培训，对酒店的企业文化、管理要求都知之甚少，无法达到星级酒店的服务规范。另外，酒店员工人员流动过快，外来人员不断加入，对酒店的企业文化无疑也是不小的冲击，从长远看，影响企业的长远利益和企业凝聚力。

方案三：通过酒店人力资源的内部调配，全体员工共同迎接旺季的挑战

该方案首先是从酒店的经济效益出发，酒店经营管理中，人力资源的成本是影响利润的重要因素之一。WBH 大酒店作为上级集团的子公司，以自负盈亏的方式自主经营，每年除了缴纳固定数额的营业收入外，多余费用均可自行支配，一大部分分发给员工作为年终奖金。控制劳动力人数，可以很大程度避免僧多粥少的情况，降低劳动力成本，增加营业收入，可以提高全体员工的福利待遇。从这一点来说，是与全体员工的利益息息相关。其次，酒店除餐饮部外，还有客房部、销售部、人力资源部、财务部、工程部、保安部等，员工数量多达 600 人。各部门的员工总是在自己的岗位上做好本职工作，但是对于其他部门的情况、工作内容、辛苦程度却知之甚少。若能让其他部门的员工也来第一线参与餐饮部旺季的繁忙工作，可以帮助各部门间更好地理解和交流。对管理人员来说，可以培养今后工作中的大局观和整体意识，更好地与其他部门沟通；对普通员工来说，可以增加一项技能，多一份额外的收入。另外，员工共同参与工作，有助于培养同事之间的感情，融洽员工之间的关系，为原本不接触的员工和部门，提供了交流的平台，有助于加强企业的凝聚力。员工以共同的目标努力，可以产生集体的使命感，使酒店内部更团结、更有序。

于是酒店领导层与人力资源部商量后决定采纳第三种方案，除了餐饮部内部整体统筹调度，动员全体员工兼职帮助餐饮部，共同支持蟹宴接待工作。此方案一出台，人力资源部就要求各部门进行兼职人员名单统计，并作出了上岗前的兼职培训计划，并以组织由上而下的形式通知各部门积极参加。而对于酒店的这一做法，各部门的反应平平，并没有如预期那样的调动全体员工的热情，反而引起了不少员工的不满情绪。诸如"餐饮部繁忙，难道我们其他部门很闲吗？""搬盘子的事情是服务员的工作，凭什么要求我们加班加点？""酒店为了节约开支，所以让员工劳心劳力，丝毫也不体恤我们……"等。再有临时的培训计划，对其他普通员工来说，占用了大量自己的时间，本职工作都没有做好，还要完成其他部门的工作培训，增加了员工的负担，引起员工的非议。一系列的抱怨和抵触言论出现，降低了原本的工作积极性和效率，改变了原本和谐的工作氛围。酒店管理层在推行第三种方案时遇到了阻力，怎么办？

资料来源：东华大学 2008 年硕士学位研究生招生考试管理学原理试题真题。

问题：

1. 你会选择哪一种方案？请陈述理由。

2. 第三种方案的推行遇到了种种阻力，没有达到预想中的效果，原因是什么？

# 第九章　领导理论

## 一、教学案例

### 李氏进出口公司

李氏进出口公司的李先生是一家服装生产公司的创立人和执行总裁。他成立了自己的公司，并在五年的时间里使之由一个个人经营的小企业发展成一家拥有 50 名员工、年产值为 300 万美元的公司。

尽管企业的规模和盈利水平都发生了变化，但李先生的管理并没有发生太大的变化。他埋头于企业的日常事务中，总是犹豫不决是否要由其下属人员完成某些重要任务。当他到国外进行采购而不在公司的时候，公司就会停滞不前，他坚持认为自己是最了解本公司的人，自己有知识和技能制定关系企业利益的所有决策。

李先生制订企业的所有计划，组织各种活动，招募员工，指挥员工的活动解决员工遇到的问题，解决与人事有关的问题。他知道他的全部雇员的名字，他的办公室是随时向员工开放的。

企业成长期间，李先生已不能抽出时间去制定新的策略以应付所发生的变化。员工发现当他们碰到非常重要的难题时，很难找到李先生，企业中员工的士气降到了最低点。

随着问题增多，压力增大，李先生正在考虑卖掉他的公司。他觉得公司给自己带来了很大的麻烦，公司使他丧失了健康和平静。

资料来源：孙晓红，闫涛. 管理学. 沈阳：东北财经大学出版社，2009.

问题思考：

1. 你如何评价李先生的处境？

2. 评价一下他的领导风格。

3. 在李先生解散他的公司之前，你会给他提供什么样的建议？

4. 他是一个好的管理者吗？

## 二、作业与思考题

### （一）名词解释题

1. 权力　　　　　　　　　　2. 领导

3. 领导者　　　　　　　　　4. 民主型领导

### （二）单项选择题

1. 对组织内每个成员（个体）和全体成员（群体）的行为进行引导和施加影响的

活动过程就是（　　）。

  A. 组织    B. 指挥    C. 协调    D. 领导

2. 企业管理中领导工作的实质就在于（　　）。

  A. 确立企业目标      B. 协调人财物关系

  C. 建立正式组织      D. 对他人施加影响力

3. 主管人员在实现目标过程中的命令越是一致，个人在执行命令的过程中发生的矛盾就会越少，领导与被领导双方对最终成果的责任感也就越大。这就是领导工作的（　　）原理。

  A. 指挥统一性      B. 目标协调性

  C. 命令一致性      D. 沟通明确性

4. 美国管理学家埃德温·吉赛利在其《管理才能探索》一书中研究了管理者的八种个性特征和五种（　　）。

  A. 需求特征  B. 领导特征  C. 沟通特征  D. 激励特征

5. 美国管理学家罗夫·怀特和罗纳德·李皮特所提出的三种领导方式理论是指权威式领导、民主式领导和（　　）。

  A. 说服式领导      B. 表率式领导

  C. 放任式领导      D. 集权式领导

6. 在管理方格理论中，对工作极为关心而忽略对人的关心的管理风格是（　　）。

  A. 9-1 型  B. 1-9 型  C. 5-5 型  D. 9-9 型

7. 一个人将自己的意识以想象力投射在别人身上的能力称为（　　）。

  A. 感染能力  B. 号召能力  C. 推动能力  D. 移情能力

8. 王厂长退居二线了，但他在群众中仍有很高的威信，他的威信主要来自（　　）。

  A. 强制权  B. 法定权  C. 奖励权  D. 专长权

9. 在管理方格图中，9-9 型表示（　　）。

  A. 贫乏型      B. 任务型

  C. 俱乐部型      D. 战斗集体型

10. 认为领导者施加影响的能力取决于工作环境、领导者个性以及领导方法对群体的适合态度的理论是（　　）。

  A. 权变理论      B. 三维结构理论

  C. 管理方格理论      D. 背景理论

11. 根据领导生命周期理论，参与型领导方式适用于（　　）。

  A. 高工作—低关系的情况

  B. 高工作—高关系的情况

  C. 低工作—低关系的情况

  D. 低工作—高关系的情况

12. 领导者的风格应当适应其下属的风格，领导者的行为应当随着下属"成熟"的程度不同作出相应的调整。这一观点出自什么理论？（　　）

A. 领导行为连续统一体理论　　　　B. 权变领导理论

C. 路径—目标理论　　　　　　　　D. 领导生命周期理论

13. 艾琳·克劳斯是一位 66 岁的修女，她并没有一般人想象的那么强大，但她担任慈善全国保健系统的总经理，管理着 36 家急救医院和 19 家保健诊所，她的组织年收入超过 30 亿美元。以下哪句话能说明以上现象。（　　　）

　　A. 成功的管理者没有固定的模式

　　B. 她不是一名管理者

　　C. 她是一名领导，不负责具体的业务

　　D. 慈善事业可以少缴税

14. 刘邦因怀疑韩信谋反而捕获韩信之后，君臣有一段对话。刘邦问："你看我能领兵多少？"韩信答："陛下可领兵十万。"刘邦问："你可领兵多少？"韩信答："多多益善。"刘邦不悦，问道："既如此，为何你始终为我效劳又为我所擒？"韩信答："那是因为我们两人不一样呀，陛下善于将将，而我则善于将兵。"在这段对话里，韩信关于他与刘邦之间不同点的描述最符合以下哪一种领导理论的基本观点？（　　　）

　　A. 领导特质理论　　　　　　　　B. 领导权变理论

　　C. 领导风格理论　　　　　　　　D. 二者并不相关

15. 美国有一步兵上尉对其在越南丛林战中的行为作了这样的说明："你问我怎么能在这样混乱的情况下使命令得以贯彻？我认为，如果士兵们因在丛林里陷入敌人阵地而不知道该怎么办，我又因距离太远而无法下达命令时，我的职责就是使他们知道自己该怎么做。他们该做什么，完全依赖于他们对形势的判断。我的做法是，责成现场的人自己作出决定。"对该上尉的行为，以下何种解释最妥当？（　　　）

　　A. 这位上尉是不得已而为之

　　B. 这位上尉采用的是放任式的领导方式

　　C. 这位上尉在有意识地锻炼士兵，给士兵创造晋升机会

　　D. 这位上尉对自己职责的认识非常符合现代管理思想

16. 有这样一些活动或事件：①教普通物理的孔教授宣布期末除了有统一的考试外，还必须进行由他亲自主持的口试。②供销部副部长柳明争取到与所有供货商进行价格谈判的全权代表资格。③调到企划部任部长的张宏彪苦读 MBA 教程并学到许多东西。④集团公司总裁陈理强聘请了两位既有理论造诣又有丰富实践经验的学者作为自己的顾问。关于上述活动，以下哪一种说法有问题？（　　　）

　　A. ①与②导致相同种类的权力

　　B. ③与④导致相同种类的权力

　　C. ①与③都可增加权力，但增加的权力种类不同

　　D. ①～④都不会对相应当事人的权力产生什么影响

17. 按照领导生命周期理论，对于已经比较成熟的中年骨干职工，领导风格宜取（　　　）。

　　A. 命令型　　　　B. 说服型　　　　C. 参与型　　　　D. 授权型

18. 向下属布置紧急的事情时，不同的人会有不同的方式。典型的有以下四种：

①"这件事情很急，请你在下班前办好。"

②"其他事情先放下，马上把这件事情办好。"

③"你把手头上的事情交给小王，马上处理这件事情，下班前办好。"

④"这件事情很紧急，下班前一定得办好。如果忙不过来，你可以找小王打打下手。"

对于上述四种方式，你认为哪一种方式下属的工作自由度最小？（　　）

  A. ①     B. ②     C. ③     D. ④

19. 根据领导生命周期理论，领导者的风格应该根据其下级的成熟度进行调整。因此，对于建立多年，并且员工队伍基本稳定的高科技企业的领导来说，其领导风格逐渐调整的方向应该是（　　）。

  A. 从参与型向说服型转变    B. 从参与型向命令型转变

  C. 从说服型向授权型转变    D. 从命令型向说服型转变

20. 一位在政府职能部门多年从事管理工作的中年管理者，新近被任命为某研究所的所长。面对陌生的学科专业和资深的研究人员，该所长感到有点无从下手。如果要就他如何有效地开展新工作提出原则性建议，你首选的是（　　）。

  A. 明确各研究人员的研究目标与任务，实行责权利挂钩考核

  B. 充分尊重专家，努力将研究人员的个人兴趣与组织发展目标协同起来

  C. 充分尊重专家，按专家意见办，全力做好支持服务工作

  D. 以研究人员的研究兴趣和专长为基础生成组织目标

21. 你的部门因预算的限制，有必要进行整编。你请了本部门中一位经验丰富的人负责这项工作。他在你所在部门的每个领域都工作过，你感到他有能力完成这一任务，可他却似乎对这项任务的重要性反应漠然。此时你应该对这位负责人的工作采取以下哪种领导方式？（　　）

  A. 高任务、高关系     B. 高任务、低关系

  C. 低任务、高关系     D. 低任务、低关系

22. 根据领导者运用职权方式的不同，可以将领导方式分为专制、民主与放任三种类型。其中民主式领导方式的主要优点是（　　）。

  A. 纪律严格，管理规范，赏罚分明

  B. 组织成员具有高度的独立自由性

  C. 按规章管理，领导者不运用权力

  D. 员工关系融洽，工作积极负责，富有创造性

23. 某大学计算机系的系主任王教授对新来系里工作的刘博士说："下周一上午我们谈谈，我想请你介绍一下你的硕士论文的选题及博士论文的研究情况，还有研究专长和学术兴趣，这样我们可为你安排合适的教学和科研工作。"从王主任的话来判断，他所表现出来的管理风格最接近于下列哪一种？（　　）

  A. 5－5 中间型     B. 9－9 战斗集体型

  C. 1－9 俱乐部型     D. 9－1 任务型

24. 在以下何种情况下，领导的影响力最具有稳定性和可预测性？（　　）

    A. 占有领导职位的人具有相当强的能力

    B. 员工遵守纪律

    C. 影响力来自领导职位，而不是占有职位的人

    D. 企业具有很好的经营策略

25. 刘邦在打败项羽的庆功宴上兴奋地说："运筹帷幄，我不如张良；决胜于千里之外，我不如韩信；筹集粮草银饷，我不如萧何。而他们却都被我所用，这就是我得天下的原因。"

    从管理学角度看，以下哪种说法更准确？（    ）

    A. 知人善任，是领导者成功的一个关键因素

    B. 一个领导者各方面的才能并不一定都要高于下属

    C. 领导者不需要具备专业技能

    D. 领导者要实现组织目标，必须把各方面能人吸引到自己的组织中来

26. 某大型企业的陈先生多年担任总工程师职务，前不久正式退居二线，但他的继任者在进行重大工程技术决策前，总还是要主动前去征询他的意见。之所以出现这种情况，你认为主要是陈先生拥有以下哪方面的影响力？（    ）

    A. 任职多年        B. 德高望重        C. 势力较大        D. 技术专长

27. 王先生是某公司的一名年轻技术人员，一年前被调到公司企划部任经理。考虑到自己的资历、经验等，他采取了较为宽松的管理方式。试分析下列哪一种情况下，王先生的领导风格最有助于产生较好的管理效果？（    ）

    A. 企划部任务明确，王先生与下属关系好但职位权力弱

    B. 企划部任务明确，王先生与下属关系差但职位权力强

    C. 企划部任务不明确，王先生与下属关系差但职位权力弱

    D. 企划部任务不明确，王先生与下属关系好但职位权力强

28. 领导构成的基本要素之一是权力，因此（    ）。

    A. 领导必须具备有效的和以负责任的态度运作权力的能力

    B. 权力是组织成员追随与服从关系的前提

    C. 领导是领导艺术与权术的结合

    D. 对权术要进行政治分析，符合政治利益的方能运用

29. 为确保企业在日益复杂多变的环境中求得长期的生存与发展，管理者必须将变革型管理与事务型管理有机地结合。对于新创办的企业或小型企业，往往需要（    ）。

    A. 强化变革型管理而弱化事务型管理

    B. 强化事务型管理而弱化其已经较强的变革型管理

    C. 将自身较强的变革型管理与必要的事务型管理相结合

    D. 既不能有过强的变革型管理，也不能过分强调事务型管理

（三）简答题

1. 从管理过程来看，领导工作的作用表现在哪几个方面？

2. 简述弗雷德·菲德勒的权变理论的主要内容。

3. 简述领导权力的构成。

4. 简述由保罗·赫塞和肯尼斯·布兰查德提出的领导生命周期理论。

5. 简述领导与指导工作的基本原则。

6. 简述领导者和管理者的主要区别。

7. 简述领导的三个要素。

8. 请画出管理方格图并说明五种典型的领导方式的风格。

9. 领导的基本特征包括哪些方面？

10. 简述领导方式的类型。

11. 简述并分析领导的作用以及影响领导有效性的因素。

12. 协调的过程包括的环节。

13. 简述协调的含义及其作用。

14. 简述协调的内容。

15. 简述指挥者在下达目标任务时应把握的问题。

16. 做好领导工作有哪些要求？

17. 简述领导者科学用人的艺术。

18. 简述领导者的个人素质要求。

19. 简述领导理论发展的三个阶段。

（四）论述题

1. 人们普遍认为，搞好国有企业必须注意解决好企业的"一把手"问题。而在管理学的领导理论中，民主领导方式得到广泛的称赞。试说明这二者之间有什么联系。

2. 80 后员工在价值观念和行为方式等方面与 60 年代和 70 年代的员工有较大的差异，如何管理和领导 80 后员工？

3. 学习领导特质理论、领导行为理论和权变领导理论有何意义？

4. 论述关于领导方式的途径—目标理论，并说明当下属执行结构化任务时，什么类型的领导会带来员工的高绩效和高满意度？

（五）案例分析题

【案例一】　　　　　　"牧羊犬"与"放牧人"

现在，对王涛来说困扰最大的问题不是来自市场，而是内部。

4 个月前，王涛来到这家国内知名的家电公司，担任华南分公司经理，管理着 6 个省份的市场，5 个省级区域经理便是他的直接下属（广西前任经理刚离职，职位空缺）。王涛此前在一家外资公司任区域经理，有着近十年的行业经验。

在总部培训的时候，王涛和自己的上司——销售总监马骏，有过密切的交流，尽管此前他与马骏并不相识。通过观察和多方面了解，王涛知道马骏是一个工作勤勉并且性情温和的人，15 年时间，他从初创时期的销售员一直做到现在这个位置，在公司内部，也几乎没有一点关于马骏的负面评价。

王涛庆幸自己遇到一个好上司。

回到华南分公司的第二周，王涛就召集 5 位区域经理和 10 多位主要城市的办事处经理们，在广州开了一个碰头会。在会上，王涛听取了各地的市场简报，也讨论了近期销售指标的执行情况，王涛没有给予更多指令和主观评价。他有两个计划：一是计划用一个月的时间走访主要市场，拜访代理商和零售终端，在实地或在下一次例会上，再向下属说明自己的操作思路和具体要求；二是在两个月里，通过相对亲和与粗放的管理，了解几位下属的实际表现和工作能力，然后再作出相关调整。

情形不太妙。在华南各地，公司产品的市场占有率都远远低于几个国内主要竞争产品，不可思议的是，那些区域经理似乎已经接受了这样的现实。月底关账前几天，王涛有意不主动给各地打电话，看看有谁会自觉汇报当地情况。竟然没有一个人这样做。王涛不清楚那些长期出差的区域经理们到底在做些什么，真的就会视"月度指标"于不顾。在王涛以前的公司，月底前的一星期，是大家交流最频繁的时段，尽管也有完不成任务的月份，但至少能够感受大家的紧张，大家的劲往一处使。而这里没有。

王涛给马骏做过几次电话汇报，也用电子邮件做了一些说明，他想从上司那里得到明确的授意，好让他明确总部对华南分公司，除了销售指标之外的其他中长期要求。马骏没有作出更多指导，更像是没有听懂，在电话里安慰王涛"多走走，不要急"。

上司的态度由暗到明，最近的几件事更让王涛难以理解。马竣一个星期前曾来到华南，在和一家地区代理商"闲聊"时，竟然当场答应了对方提出的一个进货折扣，让坐在一边的他很不自在。尽管马骏事后说这样做是为了给对方一个"礼物"，为未来的合同加量作铺垫，但王涛相信这个折扣他来操作效果会更好。走访海南市场的时候，当地的区域经理竟然像模像样地汇报了一个多钟头，而此前王涛单独和他沟通时，他除了不断地点头称是没有其他反馈，前后比较，好像没把分公司经理放在眼里。

一路同行，王涛感觉到马骏其实对华南分公司的情况非常清楚。当他明确地向马骏表示要调整一些区域经理时，马骏提出了反对意见。

马骏认为：换人对公司来说是又一场不知结果的"实验"，现在，最直接有效的方法是——"层层工作重心下沉"（马骏的原话），他作为销售总监，今后会更多地参与到分公司管理；而王涛作为分公司经理，也要更直接地参与区域市场的业务。马骏建议王涛，先从华南的一个省抓起，协助当地区域经理，重新规划整合，建立起稳固网络后，再移师他省。

那天晚上，王涛失眠了。

王涛无法接受马骏这样的操作方式。如果在分公司的初创时期，让他一点一滴地做完全有这个必要，可现在整个分公司的架构相对成熟，各省市也都有相对独立的客户网络，这样就不合适。只会造就一批无用的区域经理，而他付出十倍的精力，收效的也许只是一时一地的市场。

王涛给马骏打过电话，温和的马骏还是循循善诱地告诉王涛：要沉到市场一线去，要做"牧羊犬"，和羊在一起，而不是挥着鞭子的"放牧人"。

王涛回味起马骏的话，似乎有道理。可又一想，他作为一个分公司经理，这是不是他该干的呢？

资料来源：道客巴巴网，http：//www.doc88.com/p－949560759974.html。

问题：

1. 如果你是王涛，你会奉命执行上司的意图，还是力争说服？或者还有什么更好的方法？

2. 如果你是马骏，你会如何指导自己新来的这位下属？会作出同样的安排吗？在这两位人士中，哪一位更让你理解？如果你碰巧在他的周围，又会给他些什么建议呢？

【案例二】　　　　　　　　　李科长的烦恼

李平（女），大学某工科专业毕业后，分配到一个中型工业企业，在车间任技术员。李平工作认真负责，一年后经厂领导同意，又考上同专业的硕士研究生，三年后研究生毕业，应原厂的要求，再回原厂工作。

该厂技术科科长前一年退休，技术科暂由王副科长负责。王副科长及其他技术员虽然资历较长，但均为本科以下学历。此时企业急需开发一些新产品，而李平的硕士毕业论文正是有关这方面的课题，而且该厂的领导对其以前的工作表现有良好的印象，于是，企业决定任命李平为技术科科长。正式任命之前，厂长与李平谈话：要与科里的其他老同志团结，她的工作一方面是负责技术科的全面领导，另一方面的重点是负责新产品的开发工作。

该厂技术科目前现有两个副科长，均为男性。王副科长现已 56 岁，中专毕业，建厂初期就进厂工作，已有 30 余年工作经历，对该厂的各项技术工作都十分熟悉，工作经验很丰富，与现有各位厂领导关系都很好，但考虑到其学历较低，不适应当前科学技术发展的要求，没有任命为正科长。夏副科长 40 岁，本科学历，十年前调入该厂，五年前曾参与当时的一系列新产品开发，获得成功，其中部分产品成为目前该厂的主导产品，但考虑到其现有技术知识结构，与当前正在开发的新产品不适应，而且他与王副科长关系不很融洽，所以，也没有任命为科长。技术科还有其他 7 名技术员，除一位是去年分配来的女大学生外，其余都是男性，年龄均在 35～50 岁。由于这批新产品的开发是相当复杂的工作，开发成功与否，对企业有重大的影响，所以，该厂成立新产品开发领导小组，由一位副厂长任组长，李平任副组长，但由李平具体负责，小组成员还包括夏副科长、两名技术人员，销售科和供应科各一名副科长。

李平感到自己虽然有较多的专业知识，但技术科的两位副科长和其他技术员都是自己的老前辈，有较多的工作经验。因此，在分配工作任务、确定技术措施、进行产品设计等方面，李平都通过各种会议征求大家的意见，充分民主，共同商定。一段时间后，李平感到同事们提的方案不是很好，但好的方案大家并不认真对待，有时还没有深入研究，大家就给予否定。王副科长会习惯性地向厂长汇报和研究有关全厂的技术工作建议，这些建议往往与李平的建议相左，厂领导并不明确表示支持谁，仅强调精诚团结。夏副科长对新产品开发已有一套方案，但李平清楚地知道那是不可行的，从其责任心来讲也是不能同意的，可又不好意思由自己直接来推翻，希望由新产品开发领导小组来作出决议。但组长（分管副厂长）又不表态，其他组员似乎是无所适从。有时王、夏二人对科里的一些工作意见不一致，李平感到十分为难。科里工作效率低，士气也不高，李平感到这个科长当得真是难。

资料来源：张岩松，陈百君，周宏波．现代管理学案例教程．北京：清华大学出版社，2009．

问题：

1. 你认为李平是否胜任厂技术科科长的工作？

2. 对目前技术科的工作现状，你认为应采取哪些有效措施？

【案例三】　　　　　　　　　　贾厂长的管理模式

贾炳灿同志是1984年调任上海液压件三厂厂长的。他原是上海高压油泵厂厂长，治厂有方，使该厂连获"行业排头兵"与"优秀企业"称号，已是颇有名望的管理干部了。这次是他主动向局里请求，调到这问题较多的液压件三厂来的。局里对他能迅速改变这厂的落后面貌寄予厚望。

贾厂长到任不久，就发现原有厂纪厂规中确有不少不尽合理之处，需要改革。但他觉得先要找到一个能引起震动的突破口，并能改得公平合理，令人信服。

他终于选中了一条。原来厂里规定，本厂干部和职工，凡上班迟到者一律扣当月奖金1元。他觉得这规定貌似公平，其实不然。因为干部们发现自己可能来不及了，便先去局里或公司兜一圈再回厂，有个堂而皇之的因公晚来借口免于受罚，工人则无借口。厂里400来人，近半数是女工，孩子妈妈，家务事多，早上还要送孩子上学或入园，有的甚至得抱孩子来厂入托。本厂未建家属宿舍，职工散住全市各地，远的途中要换乘一两趟车；还有人住在浦东，要摆渡上班。碰上塞车停渡，尤其雨、雪、大雾，员工尽管提前很早出门，仍难免迟到。他们想迁到工厂附近，无处可迁；要调往住处附近工厂，很难成功，女工更难办。所有这些，使迟到不能责怪工人自己。贾厂长认为应当从取消这条厂规下手改革。

有的干部提醒他，莫轻举妄动，此禁一开，纪律松散，不可收拾；又说别的厂还设有考勤钟，迟到一次扣10元，而且是累进式罚款，第二次罚20元，三次罚30元，我们厂才扣1元，算个啥？

但贾厂长斟酌再三，这条一定要改，因为1元钱虽少，工人觉得不公，不服，气不顺，就影响到工作积极性。于是在3月末召开的全厂职工会上，他正式宣布，从4月1日起，工人迟到不再扣奖金，并说明了理由。这项政策的确引起了全厂的轰动，职工们报以热烈的掌声。

不过贾厂长又补充道："迟到不扣奖金，是因为常有客观原因。但早退则不可原谅，因为责在自己，理应重罚；所以凡未到点而提前洗手、洗澡、吃饭者，要扣半年奖金！"这等于几个月的工资啊。贾厂长觉得这条补充规定跟前面取消原规定同样公平合理，但工人们却反应冷淡。

新厂规颁布不久，发现有7名女工提前2～3分钟不等去洗澡。人事科请示怎么办，贾厂长断然说道："照厂规扣她们半年奖金，这才能令行禁止嘛。"于是处分的告示贴了出来。次日中午，贾厂长偶然路过厂门，遇上了受罚女工之一的小郭，问她道："罚了你，服气不？"小郭不理而疾走，老贾追上几步，又问。小郭悻悻然扭头道："有什么服不服？还不是你厂长说了算！"她一边离去一边喃喃地说："你厂长大人可曾上女澡堂去看过那像啥样子？"

贾厂长默然。他想："我是男的，怎么会去过女澡堂？"但当天下午趁澡堂还没开放，跟总务科长老陈和工会主席老梁一块去看了一趟女澡堂。原来这澡堂低矮狭小，破旧阴暗，一共才设有 12 个淋浴喷头，其中还有 3 个不太好使。贾厂长想，全厂 194 名女工，即使分两班每班也有近百人，淋浴一次要排多久队？下了小夜班洗完澡，到家该几点了？她们对早退受重罚不服，是有道理的。看来这条厂规制定时，对这些有关情况欠调查了解……

下一步怎么办？处分布告已经公布了，难道又收回不成？厂长新到任定的厂规，马上又取消或更改，不就等于厂长公开认错，以后还有啥威信？私下悄悄撤消对她们的处分，以后这一条厂规就此不了了之，行不？……

贾厂长皱起了眉头。

资料来源：汪溢，林则宏．管理学原理．北京：北京大学出版社，2010.

问题：

1. 贾厂长为什么会作出案例中的决定？请运用利克特的领导行为理论分析贾厂长的领导方式？

2. 如果你是贾厂长，你该怎么办？

【案例四】　　　　　　　　王大川的领导方式

王大川有 15 年的药品营销经验，业绩颇丰，是公司杰出的销售主管，并争取做销售经理。其下属 12 名销售员，2 名是新手，刚接受完训练，了解到自己公司的产品线、各种药品的作用以及竞争公司的产品概况等，也学会如何在医师及医院的抵制下及激烈的竞争环境中推销自己的产品。不过由于他们二人全无经验，也不知如何与医师及医院沟通，所以王大川花了许多时间来指导他们。同时，他也非常注意另外 10 名推销员的情况。他不仅陪同推销员拜访医疗人员，帮助其介绍产品，甚至亲自完成交易。

新进的两名推销员对王大川极为信赖。他们深信王大川的建议和协助可以帮助他们改进销售技巧及业绩。而另外 10 位已有经验的不这么认为，其中一人说："我知道应该怎么推销。当然王大川可以给我们一些好建议，他的推销很有一套，可是我不需要他来替我卖啊。他现在的身份是主管，不再是推销员。所以我觉得他多少有点独裁作风了，总是要别人照他的方式做事。我现在唯一的希望就是他能让我照自己的意思去做。"不过王大川并不认为自己的做法不好。上周他和老板沟通时表示："最近的销售量比去年同期提高 21%，我认为可以再高。提高的原因一是新来的两个人表现得不错，比原来那两个人好得多。而且我和推销员密切合作的做法也奏效了，使他们随时小心翼翼，销售技巧也大有进步。如果其他经理也照我的做法，我相信他们的业绩也会突飞猛进。"

资料来源：熊勇清．管理学．北京：北京交通大学出版社，2010.

问题：

1. 在王大川应如何领导部属方面，你有何建议？

2. 请根据权变领导理论和领导生命周期理论提出有效的领导风格供王大川参考？

【案例五】　　　　　　　　闷闷不乐的陈五

认识陈五的人都知道，他是一位乐天派的好人，他笑口常开，好像生活没有任何烦恼似的，同时在工作上也是敬业乐群，努力认真。

吕力最近发现陈五变了，以往的笑容难以复见，取代的是忧容满面、心事重重的样子。身为他的至交好友，吕力找到陈五，想了解为何如此。陈五最初不愿多谈，在吕力的一再询问下，他终于开口："上个月公司因为我表现不错，升任我做主管，我当然欣然接受，也感到光荣。但没想到这才是噩梦的开始。平时无话不说的伙伴，不知不觉中好像有了距离。以前经理很欣赏我的工作表现，但现在责难却比赞赏来得多，工作压力更是大。过去我做好自己的工作，按时上下班，轻松自在。现在每天要担心有没有人迟到、请假，阿山是不是在摸鱼，新来的阿源会不会操作电脑，年轻的小王会不会说不来就不来了，昨天小丽和男朋友吵架，今天情绪又不好等问题，同时还要随时注意产能与品质。就算下了班回家，脑子里还是这些事，唉！你说我还能笑得出来吗？我该怎么办呢？"

资料来源：熊勇清. 管理学. 长沙：湖南人民出版社，2005.

问题：

1. 陈五的问题出在哪里？如果你是陈五，应该如何做？

2. 举例说明五种权力中哪种权力更能产生足够的影响力？

**【案例六】                           知识分子太难管了**

有一个实力较强的应用科学研究所，所长是一位有较大贡献的专家，他是在"让科技人员走上领导岗位"的背景下，被委任为所长的，没有领导工作的经验。他上任后，在科研经费划分、职称评定、干部提升等问题上，实行"论资排辈"的政策；在成果及物质奖励等问题上则搞平均主义；科研项目及经费只等上级下拨。广大的中青年科技人员由于收入低且无事可做纷纷到外面从事第二职业，利用所里的设备和技术捞私利，所里人心涣散。

上级部门了解情况后，聘任了一位成绩显著的家用电器厂厂长当所长，该厂长是一位转业军人，是当地号称整治落后单位的铁腕人物。新所长一上任，立即实施一系列新的规章制度，包括"坐班制"，并把中青年科技人员集中起来进行"军训"，以提高其纪律性；在提升干部、奖励等问题上，向"老实、听话、遵守规章制度"的人倾斜。这样一来，涣散的状况有所改变，但大家还是无事可做，在办公室看看报纸，谈谈天，要求调离的人员不断增加，员工与所长之间也经常出现矛盾。一年后，该所长便辞职而去并留下了"知识分子太难管了"的感叹。

上级部门进行仔细的分析和研究后，又派一位市科委副主任前来担任所长。该所长上任后，首先进行周密的调查，然后在上级的支持下，进行了一系列有针对性的改革，把一批有才能、思想好、有开拓精神的人提升到管理工作岗位，权力下放到科室、课题组；奖励、评职称实行按贡献大小排序的原则；提倡"求实、创新"的工作作风；在完成指定科研任务的同时，大搞横向联合，制定优惠政策，面向市场。从此，研究所的面貌焕然一新，原来的一些不正常现象自然消失，科研成果、经济效益成倍增长，成了远近闻名的科研先进单位。

资料来源：王惠琴，丁勇. 管理原理. 南京：河海大学出版社，2008.

问题：

同一个研究所，为什么不同的人来当所长会有大不相同的结果？

**【案例七】** **实施有效领导**

根据调令，A 前往 B 公司担任经理。在交接班时，前任经理特意对领导班子中的一位副手的情况作了详细介绍，说这位副手个性强，不好合作，凡事都要听他的，有时经理决定了的事，如果他不同意，经理的决策就很有可能得不到有效的实施。前任经理还对 A 说，要不是他知道自己要调离，那一定会建议上级想办法把这位副手撤掉。前任经理的介绍在 A 的心理上造成了很大的阴影。

后来，A 正式接任工作，在与这位副手的接触中，发现这位副手确实很有个性，如自尊心很强，人很正直，对工作很有主见，也敢于负责，好胜心强，总希望自己分管的工作做得比别人好。

资料来源：王波涛. 管理学概论. 北京：对外经济贸易大学出版社，2007.

问题：

对于这位副手，应该怎样做，才能既调动其积极性，又能实现有效的领导，保证组织整体目标的实现？

**【案例八】** **领导方式的确定**

某厂的供销部由供应科、销售科、车队、仓库、广告制作科等科室组成。当 A 调任该部经理时，听到不少人反映广告制作科、仓库管理科迟到早退现象严重，劳动纪律差，工作效率低。虽然经过多次批评教育，成效不大。为了做好领导工作，A 经理对这两个科室进行了调查分析，情况如下：

文化水平及修养：广告制作科的员工全是大专以上文化程度，平时工作认真，干劲大，但较散漫；仓库管理科的员工文化程度普遍较低，思想素质较差。

工作性质：广告制作是创造性工作，工作具有独立性，好坏的伸缩性也较大，难以定量考核工作量；仓库管理是程序化工作，内容固定，而且必须严格按规章制度执行，工作量可以定量考核。

工作时间：广告制作工作有较强的连续性，不能以 8 小时来衡量，有时完成一项工作光靠上班 8 小时是远远不够的；而仓库管理 8 小时内的工作是关键，上下班的准时性、工作时间不能随意离开岗位是十分重要的，否则就会影响正常地收发货物，有的还会直接影响车间的正常生产。

广告制作科的员工工作责任心强，有强烈的创新意识、有实现自我价值和获得成功的欲望，工作热情较高。仓库管理科的员工由于工作环境分散，工作单调，员工积极性不高。

资料来源：万学网校，http：//online. wanxue. cn/info/e/20120601/8769. html。

问题：

根据以上情况，你认为 A 经理应如何领导这两个部门？

**【案例九】** **烦恼的医院院长**

弗雷德里克·温斯洛·泰罗医疗中心有 4 座大楼，475 张病床，员工 1 850 人，是高品质的医疗单位，也是医学研究人员和助理医生工作的好场所。医院院长是唐凯。有关医院管理工作，董事会主要依靠唐凯的判断。弗雷德里克·温斯洛·泰罗医疗中心由 6 个工作单位组成。每个单位皆有 1 位负责人向唐凯负责。这些部门分别是：医疗部门、护理部门、财务部门、膳食部门、杂务部门、药剂部门。

身为医院的院长，唐凯必须处理每一部门负责人提出的意见和要求。他是医院里唯一有权决定管理事务的人。两个最不好处理的部门是医疗和护理。唐凯对这两个部门的人员构成作了如下的分析：

医疗部门由医生和实验技术员组成，其中包括神经科和儿科在内的内科医生、外科主任、临床实验室主任和麻醉科主任。医生们大多是男性，而实验室技术员男女大致各占一半。护理部门的成员主要是女性，负责提供病床护理以及手术室、产科病房和儿科病房的护理工作。护理部门护士和职员总数大约为 975 人。

在多数情况下，唐凯是直接和这两个部门的负责人联络的。他发现他的直率、坦白的领导风格更适合于医疗部门的管理人员，而对护理部门的管理人员就不太适合。他想成为医院有史以来最好的院长，可是他发现对所有与自己共事的人采取同一领导方式并不是最有效的办法。唐凯认为他和护理部门人员的关系似乎不是很理想。他们好像对他和其他部门抱有敌意，特别是医疗部门。此外，一些病人抱怨护士态度不好。唐凯和护理部门之间的紧张关系几乎总是在每月 1 次和护理管理人员的会议上达到顶点。每个月，护理部门的 42 位护理监督要和唐凯一起开会。在会议上，唐凯试图确实了解护理部门的表现如何。护理管理人员抱怨说没有什么衡量工作绩效的标准可用来决定效率。他们还抱怨，他们受到了太严格的监督，而医疗部门就从来没和院长开会讨论过工作绩效问题。

经过上个月具有破坏性和爆炸性的会议后，唐凯决定对护理部门的问题进行研究。他设想他的领导方式存在严重缺点。他还考虑到了他读过的有关领导的权变理论。

资料来源：圣才学习网，http://yingyu.100xuexi.com/view/examdata/20080627/768A4153 - 5FFA - 4E18 - 8E4F - 05EA6DE43DBC. html.

问题：

1. 唐凯和护理部门管理人员间不良关系的根源是什么？

2. 作为弗雷德里克·温斯洛·泰罗医疗中心的院长，是否有必要考虑使用权变领导理论？为什么？

# 第十章 激励与激励理论

## 一、教学案例

### 新上任的销售部经理

上个月月底的一次公司办公会议上，公司李总经理宣布了一项人事任免决定：考虑到销售部陈兴经理月初出车祸受伤后，销售部工作受到了一定的影响，为了加强销售部工作，任命王军为销售部经理，免去他现任的公司办公室副主任职务，以便于他全力抓销售部工作；同时免去陈兴销售部经理职务，待他养好伤后，由公司另行安排工作。在办公会议上李总和党委曹书记都对销售部工作提出了要求，希望王军上任后能使销售部的工作有一个新的起色。

在公司任命小王为销售部经理的办公会议之前，李总和曹书记其实都已分别找小王谈了话。从谈话中小王明显感觉到两位公司领导都对这两年销售部的工作不满意。自从去年底工厂改制成公司后，各个部门都改了名称，不少部门主要负责人也作了必要的调整。当时公司考虑到销售部在公司占有举足轻重的地位，陈兴担任销售科长已有多年，对业务熟悉，与科内的员工相处得也还可以，虽然工作中有时缺乏果断，失去了不少机会，但这也难怪他，因为现在的内外环境实在太复杂了。所以公司经过再三考虑，改制时，销售科改为销售部，人员基本不变，老陈仍被任命为经理。老陈当销售部经理已快8个月了。这8个月销售部的工作没什么起色，销量逐月下滑，最令公司领导不满的是资金回笼问题大。公司靠销售部卖出产品回笼资金来发工资、购买原材料。可这8个月来，资金回收率只有30%～40%，弄得公司这几个月靠银行借款发工资。公司领导找陈经理谈了好多次，但他总是强调现在环境不好，生意难做。销售员都说产品销不动，因而常常是整天坐在办公室聊天。面对销售员的这种状况，陈经理也显得无能为力。正巧这时陈经理出车祸，公司领导决定让小王出任销售部经理。小王深感这是领导对他的器重，从办公室副主任到销售部经理，提了半级，更为重要的是他将独当一面，再说销售部是公司的关键部门，用李总的话说，公司的生死存亡在很大程度上就看销售部了。因此，小王也感觉到这职位的分量，他决心全力以赴，干好这个工作。

王军今年35岁，他是公司重点培养的青年干部之一。他中专毕业，分配到工厂，算来已有15个年头。刚进厂时，他在机修车间机加工工段当青工，当年的工段长正是现在公司的李总。当时李工段长就发现小王是个勤快、好学，又有主见的青工，分配他干车床活，他二话没说，就认真地干开了。工段里大家都说车床活最累，不少干车床的工人都在设法调工作，调不了就出工不出力，因此，车床组在工段里是个老大难小组。小王到了该组里后，表现突出，没过几个月，他的劳动工时定额数超过了一些干了多年车床的师傅。两天后，李总把小王提拔为车床组组长。小王工作有干劲，说干就干，而且处处以身作则。小王之后又担任工段长、车间副主任，在这期间他利用业余时间读完了机械大专的全部课程，通过自学考试获得了机械专业大专文凭。当然这中间的酸、甜、苦、辣只有他自己最清楚，但别人都说，小王运气好，30岁不到就当了车间副主任，前年又调厂部做起了厂办副主任，现在又被任命为销售部经理，真是平步青云。

自从公司领导谈话以后，小王一直在琢磨：怎样才能抓好销售部的工作呢？他也从旁人那里对销售部的情况作了一些了解。公司销售部共有24位员工，其中有10位销售员，分别负责公司产品在全国各地的销售工作，其他均为统计、开票、会计、行政等三线保障人员。他认为销售部任务是否能完成，全部落在销售员身上，因此抓好销售员是个关键。现在的问题是如何抓？这使小王想起他当工段长时的一段往事。当年他被任命为机加工工段工段长时，已在机加工工段车床组做了5年组长了，他对工段情况很了解，要使工段工作上新台阶，就得想办法使车床组这个工段的瓶颈组的工作上一个台阶。他当组长时曾向工段长提出把车床组工人的奖金发放与完成工时定额挂钩挂得再紧一点，但当时的工段长怕引起矛盾，小王的方案一直没有得到实施。对此小王很有想法，觉得工段长没魄力。现在他当工段长了，决心实施自己的方案。方案的要点是：①工时定额从原来的360提到400。对此小王的解释是，车工现行工时定额过多地考虑了中间工人的情况，完全可以提高，使得定额具有挑战性。②车工完成新定额得全额奖金，达不到就扣奖金，扣的幅度为1/3、1/2，直至全部扣除，一切看定额的完成情况。工人完成新定额的情况是以后加工资的首要考核依据。因为小王一直在车工组干，所以对那儿的情况了如指掌。刚推行他的方案时，引起了一些矛盾，但实施下来问题不大，少数人没了奖金，但大多数人又有奖金、又有加工资的机会，个别人不满意无关大局，从整体看车工组的面貌有了变化，从而使整个工段的工作也有了发展。当李厂长看到车工组的变化后，多次在会议上表扬了小王，说他是有工作朝气的青年干部。现在小王走马上任当销售部经理，他也想大刀阔斧地好好干一干。

王经理在他上任的第一次全体销售部员工大会上表示，他先花一周时间作调查研究，在此期间一切仍按原来的程序工作。这一周时间王经理做了三件事：一是查阅本公司近5年的销售统计资料，特别注意每个销售员每个月完成的销售量。他发现前几年销售员完成的量在30~40台/月，可这两年一直在25~30台/月之间。销售员的人数从原来的6个，增加到8个，现在是10个，但销售总量却没有大的增加。二是通过他在当厂办副主任时的关系走访了本市和邻近地区的同类厂，了解它们的销售情况，特别是销售员的工作情况，做这件事花了他不少时间，动用了很多关系，了解下来大体上好的厂家销售员的销售量达30~35台/月，差的只有10~20台/月。三是制订一个销售员的奖金、浮动工资与完成销售量挂钩的方案。王经理发现，以往销售员的奖金与完成的销售量有些挂钩，但拉开的差距不大，浮动工资基本上是平均分摊。王经理准备在这方面要有所突破。

在第二次全体员工会议以后，王经理把10位销售员留下来继续开会。在会上他推出了一个奖金、浮动工资与完成销售量挂钩的试行方案。方案的要点有三：①每位销售员每月应完成的销售量定为 38 台。②完成这一指标得全奖，如完不成，则每少完成一台扣 20% 奖金，达不到 34 台，扣除全额奖金（值得一提的是，全额奖金金额约为工资的 2/3）。③连续 3 个月完成指标，第 4 个月向上浮动一级工资，连续一年完成指标再向上浮动一级工资。如果享受浮动工资后，没完成指标，第 2 个月起取消浮动工资，如连续半年完不成指标，则下浮一级工资，连续一年完不成，再下浮半级工资。在对试行方案作解释时，王经理说，方案是在调查研究的基础上制定出来的，试行新方案首先需要大家转变观念，要体现按劳分配的原则。同时他告诉销售员，今后将实施奖金向销售员倾斜的原则，销售员的奖金额为一般人员的 200%，但要拿到就必须完成指标。他补充，完成销售量是以资金回笼到位为准。可想而知这个方案一宣布马上引起销售员的一片哗然。但王经理坚持实施这一方案，他解释说：这是试行方案，有问题可在实施中修改，但一定要试。心里却在想：就得要采取强硬措施，好好管一管，要不大家怎么肯拼命干。

资料来源：孙陶生．管理学原理．郑州：河南人民出版社，2005.

问题思考：

1. 你认为王经理的工作经历对他在销售都的工作有没有借鉴作用？有哪些借鉴作用？

2. 你认为王经理对人的看法属于哪种"人性假设"？为什么？

3. 你认为王经理的方案是否能激励员工？为什么？

4. 如果你是王经理，该怎样做？

## 二、作业与思考题

### （一）名词解释题

1. 激励
2. 激励因素（满意因素）
3. 保健因素
4. 自我实现人假设

### （二）单项选择题

1. 认为人的一切行动都是为追求最大限度地满足自己的物质利益，工作动机是为了获得物质报酬的人性假设是（　　）假设。

A. 经济人　　　　　　　　　　B. 社会人

C. 自我实现人　　　　　　　　D. 复杂人

2. 将人的需求分成五个层次的行为学家是（　　）。

A. 乔治·埃尔顿·梅奥　　　　B. 亚伯拉罕·马斯洛

C. 明茨伯格　　　　　　　　　D. 弗雷·德里克·赫茨伯格

3. 人们表现为希望自己成就独特个性，或实现其本人成就欲望的需求属于（　　）。

A. 尊重的需要　　　　　　　　B. 理解的需要

C. 自我实现需要　　　　　　　D. 社交需要

4. 弗雷·德里克·赫茨伯格的双因素理论是重要的激励理论，双因素是指保健因素和（　　）因素。

  A. 控制　　　　　　B. 结构　　　　　　C. 激励　　　　　　D. 权力

5. 美国管理学家弗鲁姆提出的关于激励的理论称为（　　）。

  A. 需求理论　　　　B. 领导理论　　　　C. 期望理论　　　　D. 公平理论

6. 弗雷德里克·温斯洛·泰罗的科学管理是以（　　）人性假定为基础的。

  A. 经济人　　　　　　　　　　　　B. 社会人

  C. 复杂人　　　　　　　　　　　　D. 自我实现人

7. 激励的目的在于（　　）。

  A. 满足职工的需要

  B. 调动人的积极性，充分发挥人的能动作用

  C. 促使职工有目的的行为产生

  D. 改变人的防御性行为及心理

8. 在弗雷·德里克·赫茨伯格的双因素理论中，下列哪一个因素与工作环境和条件有关？（　　）

  A. 激励因素　　　B. 保健因素　　　C. 环境因素　　　D. 人际因素

9. 按照双因素理论，下述哪一个因素属于激励因素？（　　）

  A. 奖金　　　　　　　　　　　　　B. 上下级关系

  C. 工作内容的吸引力　　　　　　　D. 工作的保障

10. 根据亚伯拉罕·马斯洛的需要层次理论，可得如下结论。（　　）

  A. 对于具体的个人来说，其行为主要受主导需求的影响

  B. 越是低层次的需求，其对人们行为所能产生的影响也越大

  C. 任何人都具有五种不同层次的需求，而且各层次的需求强度相等

  D. 层次越高的需求，其对人们行为所能产生的影响也越大

11. 从期望理论中，我们得到的最重要启示是（　　）。

  A. 目标效价的高低是激励是否有效的关键

  B. 期望概率的高低是激励是否有效的关键

  C. 存在着负效价，应引起领导者注意

  D. 应把目际效价和期望概率进行优化组合

12. 美国心理学家亚伯拉罕·马斯洛认为人类的需求可分为五个层次，其由低到高的顺序为（　　）。

  A. 生理、安全、社交、尊重、成就

  B. 安全、生理、社交、尊重、成就

  C. 生理、安全、尊重、社交、成就

  D. 尊重、生理、安全、社交、成就

13. 格拉斯·麦格雷戈提出的 X 理论和 Y 理论在管理学界一直影响很大。有人为了比较、验证这两种理论的效果，选择了两家工厂和两家研究所进行试验，所观察到的试验效果如表 10-1 所示。请根据管理理论并结合试验结果作出正确的结论。（　　）

表 10-1　　　　　　　　　　　　　　X 理论和 Y 理论实验

|  | 两个工厂比较 | 两个研究所比较 |
|---|---|---|
| 运用 X 理论 | 效果好 | 效果差 |
| 运用 Y 理论 | 效果差 | 效果好 |

A. X 理论和 Y 理论各有其自身的特点和应用价值，不能简单地对其效果好坏下结论

B. 对于工厂类型的组织，X 理论的运用效果优于 Y 理论；对于研究所类型的组织，Y 理论的运用效果则优于 X 理论

C. 领导对象为受教育程度较低的人群，X 理论的运用效果优于 Y 理论；领导对象为高知识水平群体的环境中，Y 理论的运用效果则优于 X 理论

D. 信息太少，尚无法作出判断

14. 格拉斯·麦格雷戈在麻省理工学院任教时提出了著名的 X 理论和 Y 理论，并相信 Y 理论假设最恰当地抓住了人的本质，对管理实践具有指导意义。然而，其在后来担任安蒂奥什学院院长的 6 年中却认识到这一哲学未能符合组织生活的现实，并深有感触地发表演讲。但当格拉斯·麦格雷戈重返麻省理工学院任教后，却又开始为他的人性学说布道，直到去世。如果了解这一史实，你将如何看待 X 理论和 Y 理论？（　　　）

A. X 理论和 Y 理论经不起实践检验，没有任何意义

B. 如果格拉斯·麦格雷戈再次任教，一定会对 X 理论和 Y 理论有更深的感悟

C. 学者和管理者之间有分歧是正常的，不足为奇

D. X 理论和 Y 理论尽管在实践中存在不足之处，但仍然具有学习价值

15. 双因素理论中的"保健因素"是指（　　　）。

A. 能影响和促进职工工作满意感的因素

B. 能保护职工心理健康的因素

C. 能影响和预防职工不满发生的因素

D. 能预防职工心理疾病的因素

16. 某制造企业原来采用的奖励制度具有这样的特点：工人超额完成定额任务所受到的奖励幅度要小于没有完成定额所受到的惩罚幅度。后来，对此奖励制度进行了改造，将工人超额完成定额任务所受到的奖励幅度调整为大于没有完成定额所受到的惩罚幅度。对于前后两种做法，以下哪种判断是正确的？（　　　）

A. 后者更加容易让人们接受，因为它更多地反映出正强化的成分

B. 二者不会有明显的差别，因为内含的激励思想相同

C. 后者是对前者的改进，效果要比前者好

D. 二者是完全不同的激励机制

17. 比较亚伯拉罕·马斯洛的需求层次理论和弗雷·德里克·赫茨伯格的双因素理论，亚伯拉罕·马斯洛提出的五种需求中，属于保健因素的是（　　　）。

A. 生理和自尊的需要

B. 生理、安全和自我实现的需要

C. 生理、安全和社交的需要

D. 安全和自我实现的需要

18. 如果一个管理者非常熟悉而且能灵活应用亚伯拉罕·马斯洛的需求层次论，那么他最不可能犯的是哪一个错误？（　　　）

  A. 违背双因素理论　　　　　　　B. 违背期望理论

  C. 违背公平理论　　　　　　　　D. 违背强化理论

19. 某国有企业的管理部门每月均对工程师们的工作进行分等考评，并将考评结果与报酬挂钩。这样做最有可能产生的后果是什么？（　　　）

  A. 获得高等级的优秀工程师们会再接再厉，而等级低的则会努力改进工作以求提高

  B. 优秀工程师由于意识到了自己的价值而产生跳槽思想，差一些的则仍会留在企业

  C. 对这种严格控制，工程师们很有意见，致使今后工作难以分配

  D. 差一些的工程师，由于面子过不去而另谋职业出走，结果只留下优秀的工程师

20. 有这样一个小企业的老板，他视员工如兄弟，强调"有福共享，有难同当"，并把这种思路贯穿于企业的管理工作中。当企业的收入高时，他便多发奖金给大家；一旦企业产品销售状况不好，他就少发甚至不发奖金。一段时间后，却发现大家只是愿意"有福共享"，而不愿有难同当。在有难时甚至还有员工离开公司，或将联系到的业务转给别的企业，自己从中拿提成。这位老板有些不解，你认为这是为什么？（　　　）

  A. 这位老板在搞平均主义

  B. 这位老板把激励因素转化成了保健因素

  C. 员工们的横向攀比

  D. 这位老板对员工激励缺乏系统规划

21. 公司好几个青年大学生在讨论明年报考 MBA 的事情。大家最关心的是英语考试的难度，据说明年考试难度将会大幅度提高。请根据激励理论中的期望理论，判断以下四人中谁真正向公司提出报考的可能性最大？（　　　）

  A. 小郑大学学的是日语，两年前来公司后，才开始跟着电视台初级班业余学了些英语

  B. 小齐英语不错，本科就学管理。但他妻子年底就要分娩，家中又无老人可依靠

  C. 小吴被公认是"高材生"，英语棒、数学强、知识面广、渴望深造，又没家庭负担

  D. 小冯素来冷静多思，不做没把握的事。她自信 MBA 联考每门过关绝对没问题，但认为公司里想报考的人太多，领导最多只能批准 1 人，而自己与领导关系平平，

肯定没希望获得领导批准

22. 根据亚伯拉罕·马斯洛的需要层次理论，人的行为决定于（　　）。

　　A. 需求层次　　　　B. 激励程度　　　　C. 精神状态　　　　D. 主导需求

23. 某民营企业一位姓姚的车间主任，手下有十几号工人，他对自己"独有"的领导方式感到颇为自豪。他对手下人常说的一句口头禅就是："不好好干回家去，干好了月底多拿奖金。"可以认为，姚主任把他手下的工人都看作（　　）。

　　　A. 只有生理需要和安全需要的人

　　　B. 只有生理需要和归属需要的人

　　　C. 只有归属需要和安全需要的人

　　　D. 只有安全需要和尊重需要的人

24. 在一次管理知识和技能培训班上，就如何调动企业员工积极性的问题展开讨论时，学员们众说纷纭，莫衷一是。这里归纳四种不同的主张。假如四种主张都能切切实实做好，你认为哪一种应成为首选的主张？（　　）

　　　A. 成立员工之家，开展文体活动等，以增强凝聚力

　　　B. 从关心员工需要出发，激发员工的主人翁责任感，从而努力做好本职工作

　　　C. 表扬先进员工，树立学习榜样

　　　D. 批评后进员工，促使其增强工作责任心

25. 张宁在大学计算机系毕业以后，到一家计算机软件公司工作。三年来，他工作积极，取得了一定的成绩。最近他作为某项目小组的成员，与组内其他人一道奋战了三个月，成功开发了一个系统，公司领导对此十分满意。这天张宁领到了领导亲手交给他的红包，较丰厚的奖金令小张十分高兴，但当他随后在项目小组奖金表上签字时，目光在表上注视了一会儿后，脸很快沉了下来。对于这种情况，下列哪种理论可以较恰当地给予解释？（　　）

　　　A. 双因素理论　　　　　　　　B. 期望理论

　　　C. 公平理论　　　　　　　　D. 强化理论

26. 某美发厅经理在连续几年超额完成计划指标后，为职工在劳保福利方面做了这样四件事：①投保 20 万元企业财产保险；②为每个职工投 2 000 元家庭财产保险；③给70 多名职工投了十年人身意外事故安全保险；④投保职工失业救济保险，假使企业倒闭，保险公司还可发给职工六个月的生活费。这些措施分别是针对职工哪些方面的需要采取的？（　　）

　　　A. ①、②生理需要，③、④安全需要

　　　B. ①、②、④生理需要，③安全需要

　　　C. 均为安全需要

　　　D. 均为生理需要

27. 中国企业引入奖金机制的目的是发挥奖金的激励作用，但到目前，许多企业的奖金已经成为工资的一部分，资金变成了保健因素。这说明（　　）。

　　　A. 双因素理论在中国不怎么适用

　　　B. 保健和激励因素的具体内容在不同国家是不一样的

    C. 防止激励因素向保健因素转化是管理者的重要责任

    D. 将奖金设计成为激励因素本身就是错误的

28. 某企业规定，员工上班迟到一次，扣发当月 50% 的奖金，自此规定出台后，员工迟到现象基本消除。这是哪一种强化方式？（　　）

    A. 正强化　　　　　B. 负强化　　　　　C. 惩罚　　　　　D. 忽视

29. 企业中，常常见到员工之间会在贡献和报酬上相互攀比。一般来说，你认为员工最有可能将哪一类人作为自己的攀比对象？（　　）

    A. 企业的高层管理人员　　　　　　B. 员工们的顶头上司

    C. 企业中其他部门的领导　　　　　D. 与自己处于相近层次的人

30. 长江生化科技公司为开发在 21 世纪具有广阔市场前景的 XR 类药品，成立了一个专业全面、职能齐全的综合研究攻关组，组员包括教授级工程师、高级工程师、工程师、助理工程师、实验员和行政辅助人员等。第一任组长老吴经常做全体动员，几乎每星期都要召开全组人员会议，向大家通报情况，鼓励大家艰苦奋斗，共创佳绩，但并没有取得理想的鼓励效果。第二任组长老张则不大开全组动员会，他喜欢个别谈话，有针对性地进行鼓励，大家的积极性却比从前有了显著提高。对于这两个组长的做法，下列哪种评述最为适当？（　　）

    A. 老张的权力比老吴大，他的话更有人听

    B. 老张比老吴更懂得同情下属，能赢得更多的好感

    C. 老张比老吴更懂得沟通的艺术，说话更有鼓动性

    D. 老张比老吴更懂得需求层次原理，因而激励更有效

31. 一位在政府职能部门多年从事管理工作的中年管理者新近刚被任命为某研究所的所长。面对陌生的学科专业和资深的研究人员，该所长感到有点无从下手。如果要就他如何有效地开展新工作提出原则性建议，你的首选是（　　）。

    A. 明确各研究人员的研究目标与任务，实行责权利挂钩考核制度

    B. 充分尊重专家，努力将研究人员的个人兴趣与组织发展目标协同起来

    C. 充分尊重专家，按专家意见办，全力做好支持服务工作

    D. 在研究人员的研究兴趣和专长的基础上生成组织目标

32. 王芳是 H 市第一百货大厦鞋帽部经理，陈大路是王经理最近招聘的业务人员，主要职责是联系供货并负责进货管理。由于陈大路的工作十分重要，所以王经理很重视对陈大路的激励。为了使陈大路的工作态度符合预期要求，王经理允诺设法为陈大路加工资，但很快发现这对陈大路没什么吸引力。于是王经理又暗示她本人准备向总经理提出建议，把陈大路的一年聘用合同延长为五年，但这似乎仍然对陈大路触动不大。根据这个情况，下列哪一项应作为王经理下一步对陈大路的激励措施？（　　）

    A. 允诺更高的工资增长幅度

    B. 建议领导为陈大路配车

    C. 在公司业务交流和其他全体成员参加的活动中，让陈大路作为鞋帽部固定发言人

    D. 减免陈大路作为公司员工所需缴纳的风险抵押基金

33. YSC 是一家英国公司，正在准备上市，该公司擅长找出成功管理者的性格特征及共同点。他们通过大量调查发现，成功的中小企业家共同具备的诸多特征中有这样一条：对事对人充满热诚，希望企业改善，在乎对企业进行优越的改变，却不在乎地位及金钱。这一分析结论令国内一些中小企业家不服，不相信管理层不是以金钱为主要目标。请问以下哪种说法最能解释这一现象？（　　）

A. 按照亚伯拉罕·马斯洛的理论，人们的需求存在多种层次，金钱对有些人来说需要，对有些人来说不需要

B. 按照赫兹伯格的双因素理论，金钱确实是激励因素，该公司的调查结果有问题

C. 不同的地域文化，不同的经济发展水平，不同的价值观会对不同的人的需求产生不同的影响

D. 国外的一些调查往往和国外的一些理论一样，不适合中国，没有必要盲目借鉴和照搬

34. 在《杰克·韦尔奇自传》中有这样一段记述："1961 年，我已经以工程师的身份在通用公司工作了一年，年薪是 10 500 美元。这时，我的第一个老板给我涨了 1 000 美元。我觉得这还不错——直到我后来发现我们一个办公室中的四个人薪水居然完全一样。我认为我应该得到比'标准'加薪更多的东西。我去和老板谈了谈，但是讨论没有任何结果。沮丧之际，我萌生了换工作的想法。"这反映了以下哪种理论的存在？（　　）

A. 期望理论　　　　　　　　　B. 公平理论
C. 强化理论　　　　　　　　　D. 成就需要激励理论

35. 在上题的情况下，杰克·韦尔奇上司的上司挽留杰克·韦尔奇，并提出给他另外再加薪 2 000 美元。于是，杰克·韦尔奇留下来。按照有关激励理论，你认为以下哪种说法更可信？（　　）

A. 杰克·韦尔奇因此受到极大的激励，在接下来的很长时间里干劲十足，工作绩效大增

B. 杰克·韦尔奇因此受到极大的激励，工作绩效大增，但只持续了一段时间

C. 杰克·韦尔奇因此留在通用公司，继续工作，态度不变

D. 杰克·韦尔奇因此经常认为自己更有价值，从而追求更高回报

36. 某位领导很关心下属，对下属提出的需要尽可能给以满足，经常批条子，但效果并不好。群众反映说："会哭的孩子有奶吃，不会哭、不会闹的乖孩子望奶兴叹。"这说明（　　）。

A. 满足需要必须是全体下属人员的共同需要，而不能是个别人的需要

B. 满足需要不能采取批条子的形式

C. 满足需要应经过组织程序，防止偏听偏信

D. A 和 C

37. 某处长对下属做思想政治工作，引用孟子的话说："鱼，我所欲也；熊掌，亦我所欲也，二者不可得兼。舍鱼而取熊掌者也。"这是在教育下属（　　）。

A. 在不同的需要中进行最佳抉择

B. 在不同的需要中选择高层次需要

C. 把低层次需要引导到高层次需要上来

D. A 和 B

38. 伯尔赫斯·费雷德里克·斯金纳提出的强化理论分为两种类型：正强化和负强化。强化理论认为（　　）。

A. 正强化要保持连续性，负强化要保持间断性

B. 正强化要保持连续性，负强化也要保持连续性

C. 正强化要保持间断性，负强化要保持连续性

D. 正强化要保持间断性，负强化也要保持间断性

39. 某市市委和市政府最近准备表彰全市十名"人民最满意的公务员"，但表彰意见并不统一。市委的表彰方案是：在市日报和电视台上宣传他们的事迹并报上级组织；送他们到省党校和行政学院学习，这是他们日后晋升的重要基础；可以作为市人大代表的候选人。市政府的方案是：每人奖励一套两室一厅的住房；组团到日本的友好城市学习并参观；每人可以要求解决一些具体的问题。事后的反馈发现，最受欢迎的是到党校和行政学院学习，其次是住房。某食品公司年终对其五位最佳部门经理的奖励是：每人奖给公司的 10 000 元股份；送往美国学习新的技术；在适当的时候，可以休假 15 天；可以到车间和行政上挂职。事后的反馈发现，最受欢迎的是到美国学习技术，其次是作为股份的奖金。从十名"人民最满意的公务员"和五位最佳部门经理对各项奖励措施的欢迎程度可以说明（　　）。

A. 无论是公共部门的行政人员，还是企业部门的技术人员，作为优秀的人才，他们都愿意学习新知识，他们都具有"自我实现的需要"，是"自我实现的人"

B. 这些人都有晋升的需要，是注重权力和尊重的人

C. 他们对金钱看得并不重，没有"经济人"的一面

D. 他们有着各种各样的需求，是"复杂人"

40. 某 MBA 考生考前辅导很用功，他估计自己有 80％ 的把握能考上 MBA，并且他也非常希望考上，其渴望程度为 100％。那么，该 MBA 考生考 MBA 的激励水平为（　　）。

A. 100％　　　　B. 80％　　　　C. 50％　　　　D. 90％

41. 某公司派运动队参加市里举办的职工运动会，公司老总宣布，对在运动会上获得冠军的员工公司发给奖金 2 000 元。这样做可以（　　）。

A. 提高运动员争夺冠军的期望值

B. 提高运动员争夺冠军的效价

C. 提高运动员争夺冠军的满足感

D. 提高运动员争夺冠军的公平感

（三）简答题

1. 简述伯尔赫斯·费雷德里克·斯金纳的强化理论，并说明在应用强化手段强化

下属行为时应遵循哪些原则？

2. 简述通过对激励理论的学习，会对计划工作的开展产生何种积极影响？

3. 简述成就需要论的基本观点及三种需要。

4. 简述亚伯拉罕·马斯洛需要层次理论的内容及基本出发点。

5. 根据有关激励理论，分析如何有效地实施激励？

6. 阐述期望理论的基本原理，说明领导者在激励工作中须注意的问题。

7. 简述薪酬激励的有效方法。

8. 论述克雷顿·奥尔德弗的 ERG 理论，并说明与亚伯拉罕·马斯洛的需求层次理论的异同。

9. 简述 X 理论、Y 理论、Z 理论、超 Y 理论的主要内容，并谈谈你对它们的理解。

10. 简述激励的作用。

11. 简述激励的过程与方法。

（四）论述题

1. 请阐述"经济人"、"自我实现人"和"复杂人"人性假设理论的基本观点。"复杂人"的人性假设理论对管理工作有什么指导作用？

2. 请运用亚伯拉罕·马斯洛需求层次理论分析亿万富翁的慈善行为。

3. 阐述弗雷·德里克·赫茨伯格双因素理论的内容及对我国企业管理的启示。

4. 阐述公平理论及其对企业管理的启示，并用该理论分析某些企业年终发放平均奖的不合理性。

5. 朱斌是某房地产公司的销售副总，他把公司里最好的推销员李珊提拔起来当销售部经理。李珊干得并不理想，下属说她待人不耐烦，几乎得不到指点与磋商。李珊本人也不满意目前的状况，当推销员时，她做成一笔买卖就可以立刻拿到奖金，可当了经理后，她的业绩取决于下属，她的奖金到年终才能定下来。李珊追求高生活品质，她拥有一幢价格昂贵的市区住房，开着豪华车，她的全部收入几乎都用于生活开销上。有人认为，对李珊来说，销售部经理一职不是她所希望的，她不会卖力工作以祈求成功。

请用复杂人的人性假设理论进行分析，并说明现在朱斌应该怎么做才能取得良好效果。

（五）案例分析题

**【案例一】** 国企老总是不是堂·吉诃德

东方集团总经理吴为最大的愿望就是提前退休。

1988 年 4 月，军队企业内部首次公开招聘厂长的试点在 6907 工厂（东方集团的前身）举行，从大学深造回来已一年多的吴为，在投标截止的前几分钟，把标书投入招标箱中。出乎意料的是，他关于工厂发展思路的独到见解博得了评委的一致好评。吴为脱颖而出，当年工厂实现的利润是 1987 年的 4 倍多，超出承包 56%，旗开得胜，初步显示出吴为治厂有方。在其后的十几年间，吴为的经营管理才华得到了充分的展现。从 1988 年起，东方集团的总产值、销售收入、利税均以 40% 的速度快速增长。当初一个年产值 300 万元，只能进行小修小补的小作坊式工厂，如今已发展成为拥有两亿多元固定资产的高科技企业集团。公司的非军工产品已占全部销售收入的一半，并远销美国、西欧和东南亚。在企业稳步健康发展的同时，东方集团走出交通不便的山区，一座占地面积 8 万多平方米、建筑面积达 11 万平方米的具有现代化气息的花园式工厂，耸立在武汉东湖高新技术开发区内，其后东方小区又建成完工，绝大多数职工乔迁新居。

吴为坦诚不想干了。

吴为今年 47 岁，凭其取得的骄人业绩使人们都觉得他应该春风得意。但他却开诚布公地宣布：现在一天都不想干了。

记者问他何出此言，吴为告诉记者：这个企业从一个弱小的工厂走到今天，成为一个在行业内具有一定地位，在全军、全省有一定影响的企业，是我们多年按照规律办企业的结果。吴为简洁有力的总结中不时透露出一种自豪感，而其后的谈话明显地表达出内心的忧愁："我当厂长已经很多年了，个人完成了从一个年轻小伙子到半老头的转变，在企业快速发展的同时，自己也在迅速地老化，从身体到心理，都已疲惫不堪。"

记者不禁暗忖："他是否功成名就而想画一个圆满的句号？是否日复一日的紧张劳累令其不堪重负？是否新老制度的相互碰撞、相互摩擦和摧残使他身心交瘁？""这都不是主要的。我们这批人凭良心、凭党性在履行自己的职责，我们无愧于党和国家，无愧于职工，但我们身处的外部环境却让人不得不心灰意冷。"吴为爽快地将自己的所见所闻和所感和盘托出。

他认为，卖企业之风的蔓延让人无心恋战。搞好搞活国企，振兴国企的使命感、责任感，曾驱使我们不畏艰难、不遗余力，但媒体天天在叫"中小国有企业要死掉一批，卖掉一批"，让我们目前还坚守国企阵地的人难免不产生兔死狐悲之感。你辛辛苦苦为之拼命，为之奋斗的事业，前途何在？我们的拼搏和奋斗还有什么意义？我们是否会成为中国的堂·吉诃德？

吴为还特别指出：老来无人养的问题已成为事实。我现在每月拿 2 000 元多一点，而一旦我退下来，企业加入社会统筹后，一月就只有 450 元，维持最基本的生活尚可，但一生病，处境就会很困难。有人说，国企厂长的处境最危险，其结局要么进法院，要么进医院。其实这只说对了一半，另一半应该是老了无人管。我们晚年的凄惨情景可想而知。

吴为表示，既然如此，三十六计走为上计，不失为一个明智的选择。"我现在处于一种十分矛盾的心理，"吴为将自己最大的苦恼倾吐出来，"我申请了多次，领导换了一茬又一茬；始终未同意。我们这代人是传统文化熏陶出来的，又不愿意在上级不同意的情况下撕破脸皮一走了之，或者找个医院住进去。我干不出这种事来。人过留名，雁过留声，留下一个临阵脱逃的名声无颜见人。我真不知道我该咋办。"

他长叹一声后说："有时静下来一想，自己现在的一切都是党和政府给的，谁要你吴为选择了国企，你就这个命。"

记者问他最满意的是什么，吴为对这一问题的回答是："通过自己和全厂职工的劳动和汗水，从根本上改变了职工的生活和工作条件，使一个弱小的、默默无闻的企业变成了一个比较强盛的企业。"

至于讲到最悲哀的是什么时，吴为坦言，是对前途的无望。他说，我今年 47 岁了，把最美好的青春年华都献给了企业，而对自己年老后能不能得养老保险都不敢肯定。他说："拿自己同成功的民营企业家来比，我羡慕他们。而且他们将越来越受到社会的尊敬，而我们这一批国企老总实际上早已成为昨日星辰。"

吴为至今住的是 70 多平方米的房子，同工人毫无区别。对于他这种同工人打成一片的做法，他解释说："我始终记得自己不过是个打工的，够住就行了。"他还说，我们这代人算是完了，但小孩却不能不培养。所以吴为跟老婆讲，你的收入保证吃饭，我的收入负责供小孩读书。

吴为纵论国企怪现象：

1. 庸人现象

国企难搞，世人皆知。而哪些人适合搞国企呢？吴为十分肯定地说：庸人最适合。因为国企领导干好了无功，干坏了无罪，这就是国企的现状。这必然会导致英才变庸才、庸人当道的局面。他拿自己作了说明，我现在批条子，可以批十几万、上百万，甚至有时上千万，我深感责任重大，每天都诚惶诚恐，生怕有什么闪失，对不起国家，对不起职工，但从现实情况来看，这种责任在一定意义上讲，是一文不值的责任。假定我把这个企业搞垮了，只要我没把钱往自己腰包里装，谁也拿我没办法。我可以坐在这里跷着二郎腿讲这个原因、那个原因，举出一大堆理由，让你无法指责我。这类事举不胜举，以致人们习以为常。他说，拼命三郎总想干事，他又不是圣人，也不是神，可能在经营中出点毛病，这里可能有点失误，那里投资出了点问题，立即会招致众人的诟骂。现在过得优哉游哉的却是庸人。

守摊子，混日子，不思进取，没人说你。吴为还特别强调指出："我说大善大恶之人，都不要在国企干。你要是不信，你的下场肯定十分悲惨。要么收了人家的钱，迟早会坐牢，要么你身体垮了，落个孤苦伶仃的结局。"

2. 身份不明现象

吴为在剖析这一现象时有理有据。他说，"国有大中型企业的领导人，绝大多数都是通过严格的干部管理程序选拔出来的，他的身份应该是党的干部，在台上享受着干部的种种待遇；可是，一旦你下台了，你就被打入另册，政府把你交给了社会。这表明了你只不过是个打工的。"对于由此产生的另一问题，吴为作了逻辑上的推理：既然你是打工的，那就干脆当打工的来对待。老板定个指标，打工的做得好，老板给个高工资；做得不好，老板可以扣钱。现在优秀国企老总下台后是名副其实的打工仔，在台上时却是最廉价的劳动力。针对有人说优秀国企老总总是企业家时，吴为不无嘲笑地说道："谁把你当企业家了，你要是为此沾沾自喜，那你就大错特错了，你实际上连个打工族都不如。"吴为还一针见血地指出，有时媒体把国企老总称为老板，这是媒体在做误导宣传。我经常讲，我下来了，把车子一交，手机一交，包括办公用具及书橱里的书统统上交，我剩下的就是一些获奖证书和一堆工作笔记本，其他的什么都不是我的。为此，吴为时常警钟长鸣，千万不要心理不平衡，如果以为把这个企业做得这么大了，好像财产是个人的，可以随意支配，那就大错特错了。吴为说，干国企，不要有任何的非分之想，企业的钱沾不得，你要用它为自己办事，谋私利，那你就死定了。

3. 难以自救现象

这是记者多年在采访中，第一次听到国企厂长讲到这个问题。"国企厂长退下来后，按现在的标准拿 400 多元，只够吃饭，要想生活宽裕一点，必须自己去挣。真正尽职尽责的厂长下台后一般身体不会太好，即使少数身体硬朗、又有本事的人，你也难以有所作为。有关法规明文规定，当国企领导人离任后多少年内都不能从事与本行业相竞争的有关工作。要是不听，那就违法违规了。那我们这些人该怎么办？我怎么维持我的生活？我们奋斗了几十年，难道还要靠小孩来养吗？我要生活，那我只得重新干我以前学过的钳工了。"

吴为的言论实际上代表了相当一批正直的国企经营者的心声，也反映了一个亟待解决的现实问题。目前有关政府部门正在着手解决。

资料来源：周毕文．2004 年全国 MBA 联考管理考试应试对策与模拟试题．北京：人民邮电出版社，2003.

问题：

假设你是一名管理专家，受有关部门委托设计解决方案，你认为这一问题的产生原因是什么？该如何解决？

【案例二】　　　　　　　　施科长没有解决的难题

施迪闻是富强油漆厂的供应科科长，厂里同事乃至外厂的同行们都知道他心直口快，为人热情，尤其对新主意、新发明、新理论感兴趣，自己也常在工作里搞点新名堂。

前一阶段，常听见施科长对人嚷嚷说："咱厂科室工作人员的那套奖金制度，是彻底的'大锅饭'平均主义，我看，到了非改不可的地步了。奖金总额不跟利润挂钩，每月按工资总额拿出 5% 当奖金，这 5% 是固定死了的，一共才那么一点钱。说是具体每人分多少，由各单位领导按每人每月工作表现去确定，要体现'多劳多得'的原则，还要求搞什么'重赏重罚，承认差距'哩。可是谈何容易！'巧妇难为无米之炊'呀！总共就那么一点点，还玩得出什么花样？理论上是说要奖勤罚懒，干得好的多给，一般的少给，差的不给。可是你真的不给试试看？不给你造反才怪呢！结果实际上是大伙基本上拉平，皆大欢喜；要说有那么一点差距，确定分成三等，不过这差距也只是象征性的。照说这奖金也不多，有啥好计较的？可要是一个钱不给，他就认为这简直是侮辱，存心丢他的脸。唉，难办！一个是咱厂穷，奖金拨的就少；二是咱中国人平均主义惯了，爱犯'红眼病'。"

最近，施科长却跟人们谈起了他的一段有趣的新经历。他说："改革科室奖金制度，我琢磨好久了，可就是想不出啥好点子来。直到上个月，厂里派我去市管理干部学院参加一期中层管理干部培训班。有一天，他们不知打哪儿请来一位美国教授，听说还挺有名，他给咱们作了一次讲演。"

"那教授说，美国有位学者，叫什么来着？……对，叫什么伯格，他提出一个新见解，说是企业对职工的管理，不能太依靠高工资和奖金。又说，钱并不能真正调动人的积极性。你说怪不？讲金钱万能的美国，这回倒说钱不那么灵了。这倒要留心听听。"

"那教授继续说，能影响人积极性的因素有很多，按其重要性，他列出了一长串单子。我记不太准了，好像是，最要紧的是'工作的挑战性'这个洋名词。照他解释，就是指工作不能太简单，轻而易举地就完成了，要艰巨点，得让人动点脑筋，花点力气，那活才有干头。再就是工作要有趣，要有些变化，多点花样，别老一套，太单调。他说，还要给自主权，给责任，要让人家感到自己有所成就，有所提高。还有什么表扬啦，跟同事们关系友好融洽啦，劳动条件要舒服安全啦什么的，我也记不准，记不全了。可有一条我是记准了：工资和奖金是摆在最后一位的，也就是说，最无关紧要。"

"你想想，钱是无关紧要的！闻所未闻，乍一听都不敢相信。可是我细想想，觉得这话是有道理的，所有那些因素对人说来，可不都还是蛮重要的吗？我于是对那奖金制度不那么担心了，还有别的更有效的法宝呢。"

"那教授还说，这理论也有人批评，说那位学者研究的对象全是工程师、会计师、医生这类高级知识分子，对其他类型的人未见得合适。他还讲了一大堆新鲜事。总之，我这回可是大开眼界啦。"

"短训班结束，回到科里，正赶上年末工作总结讲评，要发年终奖金了。这回我有了新主意。我那科里，论工作，就数小李子最突出：大学生，大小也算个知识分子，聪明能干，工作积极又能吃苦，还能动脑筋。于是我把他找来谈话。"

"别忘了我如今学过点现代管理理论了。我于是先强调了他这一年的贡献，特别表扬了他的成就，还细致讨论了明年怎么能使他的工作更有趣，责任更重，也更有挑战性……瞧，学来的新词儿，马上用上啦。我们甚至还确定了考核他明年成绩的具体指标，最后才谈到这最不要紧的事——奖金。我说，这回年终奖，你跟大伙儿一样，都是那么多。我心里挺得意：学的新理论，我马上就用到实际里来了。"

"可是，小李子竟发起火来了，真的火了。他蹦起来说：'什么？就给我那一点？说了那一大堆好话，到头来我就值那么一点？得啦，您那套好听的请收回去送给别人吧，我不稀罕。表扬又不能当饭吃！'"

"这是怎么一回事？美国教授和学者的理论听起来那么有道理，小李也是知识分子，怎么就不管用了呢？把我搞糊涂了。"

资料来源：胡宇霞．管理学原理导学．北京：中央广播电视大学出版社，2008.

问题：

1. 例中所提到的激励理论，是指管理学中的哪个激励理论？按照这个理论，工资和奖金属于什么因素？能够起到什么作用？

2. 科长用美国教授介绍的理论去激励小李，结果碰了钉子，问题可能出现在什么地方？根据案例提示的情况，说出你的理由。

3. 认为富强油漆厂在奖金分配制度上存在的主要问题是什么？可以用什么办法解决？

**【案例三】**　　　　　　　　　　**不加薪，就跳槽吗？**

在周一的主管会议上，公司人事部高经理提出一项临时议题，缘由是该厂制造部章经理对本年度的收入及经常加班不发钱表示不满，公开提出"不加薪，就跳槽"的要求。

高经理提出："如果我们一口回绝，那么章经理便会甩手而去，生产部经理的职位就会空缺。"总经理也表示，训练一个新的接班人需要几个月的时间，生产力必然会受影响。显然寻找新人是一件吃力又花钱的事。与会吴董事听了以后，便询问刘总经理的意见。

刘经理说："员工以离职相威胁是一件不忠的行为，将来极有可能再为了高薪而离职，管理当局若屈服于威胁，肯定会产生一些副作用。如果哪个企业的职工干多少活，拿多少钱，这个企业一定很难发展。员工干工作不能斤斤计较。"

资料来源：世界经理人网，http：//www.ceconlinebbs.com/FORUM_POST_900001_900004_826822_0.HTM。

问题：

1. 该问题可以用哪个理论解释？反映的是什么问题？
2. 管理者和员工应该如何对待上面所反映的问题？
3. 作为企业应该如何处理上面所反映的问题？

**【案例四】**　　　　　　　　　　**企业薪酬需要保密吗？**

现在很多企业，尤其是外资企业，对员工的薪资情况实行保密政策，这给企业的人力资源管理带来了一定的方便，但也会带来一些问题。

张彬去年进入一家颇有名气的外资公司。他对这份工作非常满意，一方面公司的上上下下都很和谐，气氛非常轻松，工作虽累却挺舒心；另一方面薪水也不错，底薪有3 000元，还会有一些奖金。

张彬一门心思扑在工作上，经常加班加点，有时还把工作带回家做。比如说，上次湖北的一个设备安装项目，在张彬的努力下只用了原定计划三分之一的时间就完成了，为公司节约了大量开支。项目负责人为此还专门写了一份报告表扬张彬。同事们都很佩服他，主管也很赏识他。

年终考核，人力资源主管对张彬的成绩予以了高度的肯定，并告诉张彬：公司将给他加薪15%。听到这个消息，张彬高兴坏了。这不单是钱的问题，更是公司对他的业绩与能力的肯定。

同年进入公司的李斯却高兴不起来，因为他今年的业绩并不好。午饭时两人聊了起来，李斯唉声叹气地说："张彬，你今年真不错，不像我这么倒霉，薪水都加不了，干来干去还是3 900元，什么时候才有希望啊。"猛然间张彬才知道，原来李斯的底薪比自己高出整整900元！即使加薪15%，自己的底薪也才3 450元，仍比李斯少450元！张彬对李斯并没意见，可他想不通，即使不论业绩，同样的职务，李斯的学历、能力都不比他高，公司怎么会这样做呢？他想也没想就往人力资源部跑去……

资料来源：中国企管网，http：//www.themanage.cn/201010/383661.html。

问题：

1. 试推测并描述一下张彬在与李斯谈话前后的不同感受。

2. 案例中发生的问题用何种理论加以解释最合适，请阐述该理论的内容。

**【案例五】 黄工程师为什么要走**

助理工程师黄大佑，一个名牌大学高材生，毕业后工作已8年。他于4年前应聘调到一家大厂工程部负责技术工作，工作勤恳负责，技术力强，很快就成为厂里有口皆碑的"四大金刚"之一，名字仅排在一号种子厂技术部主管陈工之后。然而，工资却同仓管人员不相上下，夫妻小孩三口尚住在来时住的那间平房。对此，他心中时常有些不平。

黄厂长，一个有名的识才老厂长，"人能尽其才，物能尽其用，货能畅其流"的孙中山先生名言，在各种公开场合不知被他引述了多少遍，实际上他也是这样做的。4年前，黄大佑调来报到时，门口用红纸写的"热烈欢迎黄大佑工程师到我厂工作"几个大字，是黄厂长亲自吩咐人秘部主任落实的，并且交代要把"助理工程师"的"助理"两字去掉。这确实使黄大佑当时心情很好，工作也更卖力。

两年前，厂里有指标申报工程师，黄大佑属有条件申报之列，但名额却让给一个没有文凭、工作平平的老同志。他想问一下厂长，谁知，他未去找厂长，厂长却先来找他了："黄工，你年轻，机会有的是。"去年，他想反映一下工资问题，这问题确实重要，来这里其中一个目的不就是想得到高一点工资，提高一下生活待遇吗。但是他几次想开口，都没有勇气讲出来。因为厂长不仅在生产会上大夸他的成绩，而且，曾记得，有几次外地人来取经，黄厂长当着客人的面赞扬他："黄工是我们厂的技术骨干，是一个有创新的……"哪怕厂长再忙，路上相见时，总会拍拍他的肩膀说两句，诸如"黄工，干得不错"，"黄工，你很有前途"之类。这的确让黄大佑兴奋，"黄厂长确实是一个伯乐。"此言不假，前段时间，他还把一项开发新产品的重任交给他呢，大胆起用年轻人，然而……

最近，厂里新建好了一批职工宿舍，听说数量比较多，黄大佑决心要反映一下住房问题。谁知这次黄厂长又先找他，还是像以前一样，笑着拍拍他的肩膀："黄工，厂里有意培养你入党，我当你的介绍人。"他又不好开口了，结果家没有搬成。

深夜，黄大佑对着一张报纸招聘栏出神。第二天一早，黄厂长办公台面上压着一张小纸条：黄厂长，您是一个懂得使用人才的好领导，我十分敬佩您，但我决定走了。

资料来源：胡林龙. 现代管理学. 北京：航空工业出版社，2003.

问题：

1. 根据亚伯拉罕·马斯洛的理论，住房、评职称、提高工资和入党对于黄大佑来说分别属于什么需要？

2. 根据公平理论，黄大佑的工资和仓管员的不相上下，是否合理？

3. 根据有关激励理论分析，为什么黄厂长最终没有留住黄大佑？

**【案例六】 宏伟服装公司的激励**

汪明明是宏利服装公司的人事经理，最近她刚刚兼职学习完MBA的所有课程并且获得了某著名学府的MBA学位。在MBA学习的过程中，她对管理中的激励理论，特别是亚伯拉罕·马斯洛和弗雷·德里克·赫茨伯格的理论相当注意。在她看来，亚伯拉罕·马斯洛的清晰的需求层次和弗雷·德里克·赫茨伯格的激励因素和保健因素理论的划分非常具有操作性。因此她认为可以立即在公司中实际运用它们。据汪明明了解的可靠信息，宏利公司的工资和薪资水平在服装行业中是最好的。因此，她认为公司在激励下属时应该集中在弗雷·德里克·赫茨伯格的激励因素上。

经过多次会谈，她说服公司高层管理者。公司总裁授权她去制订工作计划并且放手让她去推行。在这种情况下，汪明明开始制订关于强调表彰、提升、更大的个人责任、成就以及使工作更有挑战性等各种计划，并且在组织里开始推行。但是计划运转了几个月后，她迷惑了，发现结果和她的期望相差甚远。

首先是设计师们对计划的反应很冷漠。他们认为他们的工作本身就是一个很具有挑战性的工作。他们设计的服装在市场上很畅销就是对他们工作成绩的最大肯定，而且公司通过发放奖金的方式对他们的工作已经给予肯定。总之他们认为所有这些新计划都是浪费时间。有一个和汪明明比较熟悉的设计师甚至和她开玩笑地说："明明，你这些玩意儿太小儿科了，你是不是把我们当成小学生了，我看你理论学得太多了。"

裁剪工、缝纫工、熨衣工和包装工的感受是各式各样的。有些人在新计划的实行过程中受到了表扬，反映良好；但是另一些人则认为这是管理人员的诡计，要让他们更加拼命地工作，同时又不增加任何工资。而且很不幸的是，这些人占大多数，甚至偏激一些的工人开始叫嚷要联合罢工来争取自己的权益。

汪明明万万没有想到事情会发展到这个地步。原来很信任和支持她的高层管理者也开始怀疑她的计划，批评她考虑不周全。

资料来源：胡宇霞. 管理学原理导学. 北京：中央广播电视大学出版社，2008.

问题：

1. 你认为新计划失败的主要原因是什么？（　　　）

    A. 高层管理者没有参与计划的制订和实施

    B. 企业员工对双因素理论缺乏了解

    C. 员工不配合

    D. 她忽视了各层次员工需求不同的事实

2. 根据亚伯拉罕·马斯洛的需求层次理论，你认为设计人员的主导需求和一线工人的主导需求有何不同？（　　　）

    A. 设计人员不关心表扬、赏识等，说明他们的主导需求不是自我实现

    B. 大多数一线工人更关注报酬，因此他们的主导需求是生理需求

    C. 设计人员和一线工人都不太关注社会需求

    D. A 和 B

3. 根据案例提供的信息，你认为汪明明对需求层次理论的理解错误最可能是（　　　）。

    A. 她认为保健因素不重要，激励因素重要

    B. 她认为激励因素和保健因素是独立发挥作用的

    C. 她认为保健因素达到行业最高水平就足够了

    D. 她认为只有激励因素可以发挥激励作用

4. 根据企业中不同员工的不同反应，我们可以认为（    ）。

    A. 设计师和大多数一线员工都是经济人

    B. 设计师是社会人，大多数一线员工是经济人

    C. 设计师是自我实现人，大多数一线员工是经济人

    D. 设计师是自我实现人，大多数一线员工是社会人

5. 汪明明面对这种结果很苦恼，为此她请教了一位资深顾问。如果你是这位顾问，你认为下列做法哪个更可取？（    ）

    A. 进行培训，帮助员工了解双因素理论，增进对新计划的认可

    B. 停止该计划，采用调查表调查各层次人员的需求情况，以及他们对新计划的评价

    C. 争取高层管理者的支持，继续推行新计划

    D. 安抚一线员工，给予一定的物质补偿

（六）材料分析题

    直到 20 世纪 80 年代末以前，加薪就像圣诞节的来临一样是可以预测和永恒不变的，每年都会有。现在不再是这样！报酬的增加被一次性的奖金或股票所替代。过去用工资形式来表现的表扬越来越多地被荣誉榜、电影票、老板的感谢信这些无法兑现的方式所取代。例如，联邦快递公司在最近一年内送出 5 万多封这样的感谢信。

    当传统的加薪越来越少，甚至完全消失时，"好样的！"这样的称赞方式代替了它们。1993 年美国对 3 200 家公司的调查发现，60% 的公司使用非现金的认可奖励，而 1988 年只占 20%。调查还表明，14% 的公司采用一次性奖金而不是年度加薪。这些奖金可以为公司节省开支，因为他们不属于员工永久性工资的一部分。

    资料来源：中华考试网，http://www.examw.com/kaoyan/zykc/mnst/42893/。

    问题：

    请你根据亚伯拉罕·马斯洛的需求层次理论分析这种激励方式改变的原因。

# 第十一章 组织沟通

## 一、教学案例

### 怎样才能使信息上下畅通

张中是某大学化学系的系主任,他最近非常烦躁,因为系办公室的秘书们老是出差错。例如,上星期,人事秘书未经他签字同意就把一份关于要求给某职工转正的报告送交校人事处,而事实上他当时是吩咐办公室主任要向人事处提出该职工的工作安排问题;一个月前,他要求办公室把教师的工作量统计出来,以便发放这学期的酬金,但至今还没有看到统计报表;学校昨天召开各系主任会议,布置下学期的工作,通知登在学校下发的每周会议安排上,但办公室没有通知他,导致他因缺席而受到了校长的批评等。张中不希望再发生类似事件。

资料来源:邢以群.管理学.杭州:浙江大学出版社,1997.

问题思考:

张中应采取哪些措施解决上述问题?

## 二、作业与思考题

### (一) 名词解释题

1. 管理沟通
2. 平行沟通
3. 双向沟通
4. 非语言沟通
5. 沟通网络
6. 选择性接受
7. 冲突
8. 谈判
9. 下行沟通
10. 链式沟通

### (二) 单项选择题

1. 在组织系统内依据组织明文规定的原则进行的信息传递和交流是 ( )。
   A. 纵向沟通　　　B. 复杂沟通　　　C. 正式沟通　　　D. 简单沟通

2. 在组织沟通过程中,与层次不同的业务部门之间的沟通称为 ( )。
   A. 下行沟通　　　B. 上行沟通　　　C. 横向沟通　　　D. 链式沟通

3. 正式沟通的形态除了链式沟通、环式沟通、Y式沟通、轮式沟通外,还有( )沟通。
   A. 离心式　　　B. 向心式　　　C. 半封闭　　　D. 全通道式

4. 沟通中的障碍主要有三大类,它们是主观障碍、客观障碍和( )障碍。
   A. 沟通渠道　　　B. 沟通人员　　　C. 沟通工程　　　D. 沟通方式

5. 王先生前些年下岗后，自己创办了一家公司。公司开始只有不到 10 个人，所有人都直接向王先生负责。后来，公司发展很快，王先生就任命了一个副总经理，由他负责公司的日常事务并向他汇报，自己不再直接过问各部门的业务。在此过程中，该公司沟通网络的变化过程是（　　）。

  A. 由轮式变为链式　　　　　　　　B. 由轮式变为 Y 式

  C. 由链式变为 Y 式　　　　　　　　D. 由链式变为圆式

6. 信息沟通网络是由各种沟通途径所组成的结构形式，它直接影响到沟通的有效性及组织成员的满意度。以下四种沟通网络形式中，最能使组织士气高昂的沟通网络形式是（　　）。

  A. 轮式沟通网络　　　　　　　　　B. 链式沟通网络

  C. 环式沟通网络　　　　　　　　　D. Y 式沟通网络

7. 管理需要信息沟通，信息沟通必须具备的三个关键要素是（　　）。

  A. 传递者、接收者、信息渠道　　　B. 发送者、传递者、信息内容

  C. 发送者、接收者、信息内容　　　D. 发送者、传递者、接收者

8. 著名管理学家切斯特·巴纳德说过："高层次管理人员的首要作用，就是发展并维持意见沟通系统。"在实践中，进行意见沟通需要一定技巧，通常不能采取的技巧是（　　）。

  A. 该告诉职工的全部告诉

  B. 让下级明了他在领导心目中的地位

  C. 不要经常称赞下级

  D. 要明白上行沟通效率永远不会太高

9. 在一个项目经理第一次被分配承担项目的过程中，他遇到了高技术团队成员之间的争执。该项目经理如何最佳地处理这一冲突？（　　）

  A. 他应该倾听不同的讨论，确定哪种观点是最佳选择并执行那种观点

  B. 他应该推迟进一步的讨论，与每一个当事人谈话，然后确定最佳方案

  C. 他应该倾听不同观点，鼓励合理的讨论并促成一致意见

  D. 他应该帮助团队把精力集中在他们各自观点中相同的地方，并通过使用放松技术和共同关注团队来达成一致

10. 据资料表明，语言表达作为管理沟通的有效手段，可分为三种类型：体态语言、口头语言、书面语言。它们所占的比例分别为：50%、43%、7%。根据这一资料，你认为下述哪种观点是正确的？（　　）

  A. 这份资料有误，因为文件存档时，最常用的是书面语言

  B. 体态语言太原始，大可不必重视它

  C. 人与人之间的沟通，还是口头语言好，体态语言太费解

  D. 在管理沟通中，体态语言起着十分重要的作用

11. 某重要会议的开会通知已经提前通过电话告知了每位会议参加者，可是到开会时，仍有不少人迟到甚至缺席。试问，以下有关此项开会通知沟通效果的判断中，哪一种最有可能不正确？（　　）

A. 这里出现了沟通障碍问题，表现之一是所选择的信息沟通渠道严肃性不足

B. 这里与沟通障碍无关，只不过是特定的组织氛围使与会者养成了不良的习惯

C. 此项开会通知中存在信息接受者个体方面的沟通障碍问题

D. 通知者所发信息不准确或不完整可能是影响此开会通知沟通效果的一个障碍因素

12. 人际沟通中会受到各种"噪音干扰"的影响，这里所指的"噪音干扰"可能来自（　　　）。

A. 沟通的全过程　　　　　　　　　　B. 信息传递过程

C. 信息解码过程　　　　　　　　　　D. 信息编码过程

13. 公司质管部经理老吕在质量管理的总体目标、步骤、措施等方面与公司主要领导有不同看法。老吕认为，质量管理的重要性在公司上下并未得到充分重视。公司领导则认为，他们是十分重视产品质量问题的，只是老吕的质量控制方案成本太高且效果不好。最近一段时间，这种矛盾呈现激化现象。一天上午，老吕接到公司周副总的电话，通知他去北京参加一个为期10天的管理培训班，而老吕认为自己主持的质改推进计划正在紧要关头，一时脱不开身，公司领导应该是知道这个情况的，他们作出这样的安排显然是不支持甚至是阻挠自己的工作。因此，老吕不仅拒绝了领导的安排，还发了一通脾气。公司周副总也十分恼火，认为老吕太刚愎自用，双方不欢而散。你认为这里出现的沟通失败的最主要原因是什么？（　　　）

A. 周副总发送的信息编码有问题

B. 信息传递中出现了噪音

C. 老吕对于周副总的反馈有问题

D. 老吕对于信息的译码出了问题

14. 吴总经理出差两个星期才回到公司，许多中层干部及办公室人员，马上就围拢过来。大家站在那里，七嘴八舌一下子就开了一个热烈的自发办公会。有人向吴总汇报近日工作进展情况，另有人向吴总请求下一步工作的指示，还有人向吴总反映公司内外环境中出现的新动态。根据这种情况，你认为下述说法中哪一种最适当地反映了该公司的组织与领导特征？（　　　）

A. 链式沟通、民主式管理　　　　　　B. 轮式沟通、集权式管理

C. 环式沟通、民主式管理　　　　　　D. 全通道式沟通、集权式管理

15. 下列各种沟通方式中，集中化程度高、解决问题的速度快、领导能力强的是？（　　　）

A. 轮式　　　　　B. 链式　　　　　C. Y式　　　　　D. 环式

16. 管理界有这么一种主张："如果你想表扬某人，最好形成文字；而如果你想批评某人，那么只需要打个电话说一下就可以完事了。"按照这种主张，不同的强化方式各应采取何种沟通方式？（　　　）

A. 正强化宜采取书面沟通方式，负强化宜采取口头沟通方式

B. 正强化宜采取书面沟通方式，一般性的批评宜采取口头沟通方式

C. 正强化宜采取口头沟通方式，负强化宜采取书面沟通方式

D. 正强化宜采取口头沟通方式，惩罚宜采取书面沟通方式

17. 比较链式与全通道式两种信息沟通网络的各自特点，可以得出以下结论。（ ）

　　A. 链式网络采取一对一的信息传递方式，传递过程中不易出现信息失真情况

　　B. 全通道式网络由于采取全面开放的信息传递方式，具有较高的管理效率

　　C. 全通道式网络比链式更能激发士气，增强组织的合作精神

　　D. 链式网络比全通道网络更能激发士气，增强组织的合作精神

18. 假设你召集下属开会，研究解决领导所布置的一项紧急任务，结果发现其中有一位比较啰唆的人大讲特讲与主题无关的教条理论，耽误很多时间。你认为如何应付这种情况为好？（ ）

　　A. 任其讲下去，让其他与会者群起而攻之

　　B. 不客气地打断其说话，让别人发言

　　C. 有策略地打断其讲话，指出时间很宝贵

　　D. 允许其畅所欲言以表示广开言路

19. 某公司财务部门经常运用数量分析技术评价资本投资方案，但并非每次都选择最佳方案。事实上，有时财务部门更倾向于排在第三或第四的次佳方案。财务总监说财务部门最终是根据主观判断而非数量分析来确定最佳投资意向。下列说法最准确的是（ ）。

　　A. 在资本投资的经济效益极不确定的情况下，这种决策方式是合理的

　　B. 这种决策方式是非理性的、直觉型的决策方式

　　C. 这种决策方式无法使组织利润最大化

　　D. 这种决策方式是有限理性决策模式的一个实例

20. 某大型制造公司的一个分公司的工作绩效一向比其他分公司高。这个分公司的管理人员都是从内部提拔上来的，很少出现意见相左的情况。最近，该分公司的利润和市场占有率均下降。总公司的高级管理人员询问管理顾问，是否可以引入外部管理人员以制造冲突，从而解决经营恶化的情况。最合适的回答应该是（ ）。

　　A. 意见不同而产生的冲突是一种机能失调，在这种情况下鼓励冲突可以说是在冒险

　　B. 如果冲突能够得到有效的控制，可以鼓励冲突的产出

　　C. 该分公司的管理人员共事已经很长时间，应允许他们自己解决问题

　　D. 外部来的管理人员可以带来新的方法，对该分公司的经营有利，出现一些冲突不会产生不利影响

21. 假设你是某公司销售部经理，有一天你接到一位客户的电话，该客户在电话中要求你提前3天交货。你经过一番考虑后告诉对方，若要维持原来的产品质量便无法提早交货，若要提早交货则无法维持原来的产品质量，但对方坚持提前交货。在这种情况下，你认为怎么做比较好？（ ）

　　A. 告诉对方："很抱歉，你的要求不合理。尽管我们也希望能满足你的要求，但事实上我们办不到。"

B. 告诉对方："只有一种情况可以在不降低产品质量的前提下提早交货，那便是开夜班赶工。不知你是否愿意承担这笔额外的成本？"

C. 告诉对方："我们可以提前3天交货，但无法保证产品质量，你是否愿意接受质量较差的产品？"

D. 告诉对方："提前交货是否那么重要，按原来的交货时间交货是否可以。"

22. 下列沟通方式中，哪一种方式有利于分权？（    ）

    A. 链式沟通                     B. 全通道式沟通

    C. 轮式沟通                     D. 环式沟通

23. 如果在一个组织中，存在着许多非正式群体，各群体相互之间看法分歧，但这些群体内部的凝聚力却很强。这样，当这些群体对该组织的高层领导的态度很不一致时，对该组织的工作效率及员工满意度可作如下推断（    ）。

    A. 工作效率与员工满意度均很高

    B. 工作效率取决于群体目标与组织目标的一致性，员工满意度很高

    C. 工作效率高，员工的平均满意度适中但满意度高低相当分散

    D. 平均工作效率低，员工满意度很高

（三）简答题

1. 简述冲突的二重性及对待冲突的三种观点。

2. 如何实现有效沟通？

3. 简述谈判的基本方法及有效谈判的条件？

4. 简述非正式沟通的特点及优缺点？对待非正式沟通应采取的立场和对策是什么？

5. 为什么必须重视理解沟通？理解沟通的过程包含哪些相关要素？阐述倾听、反馈、授权、训导和冲突管理、谈判等人际交往技能的核心内容。

6. 简述沟通的作用及过程？

7. 沟通的障碍有哪些？如何克服沟通障碍？

8. 简述沟通渠道的性质。

9. 管理人员应该怎样对待企业内部的冲突？解决组织冲突的方法有哪些？

（四）案例分析题

### 沟通方式之暗示的运用

"暗示"是用含蓄、间接的方式对人的心理和行为产生影响，使其主动地接受一定的观点或信念的一种方法。那么，如何有意识地、科学地运用暗示进行沟通，以促进企业管理呢？下面是暗示在企业管理中运用的实例。

一、宣传材料透出的信息——把什么样的"家底"交给职工

两个同处一地的困难企业，产品品种、产量、质量、市场定位都相差无几，在扭亏脱困工作中，两家企业都将"家底"向职工敞开。此后，A厂群情振奋，上下一心，生产逐步走上良性循环；而B厂却人心涣散，生产经营形势江河日下，最终"关门大吉"。

为什么处境相同的企业会得到如此不同的结局呢？答案有很多，但我们仅从两家

企业发给职工的宣传材料中便可觅得一些端倪：A 厂的材料以数据的形式将企业的设备、产品、财务等情况客观地向职工公开，又以大量篇幅介绍了产品市场前景、设备潜力、企业合作意向等，并着重介绍了企业近期规划，使职工在了解企业困难情况的同时，看到企业为摆脱困境所采取的积极措施，增强了战胜困难的信心。而 B 厂的宣传材料却连篇累牍地充斥着诸如"负担过重、设备老化、工艺落后……""虽……但企业已到了破产的边缘"等丧气话，无意中透露出这样的信息：我们已经尽了最大的努力，但企业实在是不行了！形成文字的东西尚且如此，领导在大会小会上的即兴发言就更难以把握了。在频繁接受这样的暗示后，职工的思想情绪怎能不受影响？长此以往，企业不破产才是怪事！

当然，这样说并不表示应当向职工隐瞒实情，更不是要欺骗、愚弄职工。关键是企业应当清楚，要向职工传达一种怎样的信息。对于有利于企业发展的，要说深说透，重点强调；而对那些不利于企业发展的事实则应进行适当的技术处理，以淡化负面暗示。与此同时，还应当针对企业现状积极开展工作，以激发员工的生产积极性。这将大大有助于增强企业的凝聚力，为企业最终脱困打下坚实的基础。

二、皮格马利翁效应——你希望员工成为怎样的人

古希腊神话中有这样一则故事：有位叫皮格马利翁的国王，把自己全部的热情和希望投注于自己雕刻的美丽少女雕像上，对其产生了爱恋之情。日复一日，为他的真情所感，雕像居然活了，皮格马利翁如愿以偿地与之结成伉俪。

神话传说当然不足为信，但以这位国王名字命名的"皮格马利翁效应"却向我们揭示了这么一个有趣的心理现象：暗示者有意无意地通过各种态度、表情与行动，把暗含的期望微妙地传递给被暗示者，一旦对方出现与期望相同的行为，便会强化暗示者的期望，刺激进一步的期望行为，使被暗示者向暗示目标逐步接近。如此反复循环，形成正向反馈，最终会使被暗示者达到或超越期望目标。

老李奉命调任电机维护班班长。这个班是车间有名的后进班组，纪律松散，工作效率低下，人员关系紧张。老李到任后欣喜地发现，班组成员虽有这样那样的毛病，但却都有一个共同的优点：头脑灵活。从这一点入手，他带着大伙儿搞技改、挖潜力，对工作出色的职工给予奖励并要求车间通报表扬。慢慢地，这个班的设备运转率、完好率开始直线上升，车间上下逐渐对这个班组改变了看法。在厂里开展的合理化建议活动中，他们又夺得六项大奖，成为全厂之最。厂工会、职工读书自学领导小组以及车间都给予他们嘉奖。荣誉纷至沓来，班组成员再也不愿继续散漫下去，主动遵守各项规章制度，大家都在一门心思搞工作，人际关系也自然缓和起来。终于，这个昔日的落后班组一跃成为全厂闻名的模范班组。

员工表现得如何，在很大程度上取决于领导者对他们的期望，这也是一种沟通。如果您希望员工个个出类拔萃，那么，请多注视他们的闪光点，多给他们一些关爱，您一定会如愿以偿的。

三、"厂长令"带来的恶果——如何引导职工正确对待工作

某厂新开发的产品存在两个问题：一是外观设计不合理，难以吸引消费者；二是产品内在设计尚不完善，影响产品的功能扩展。在分析了产品滞销的原因后，厂长认

为内在设计虽有问题，但却不影响基本功能，而且解决这一问题的难度较大。因此，为了尽快打开销路，厂长决定首先对外观设计进行改进。

技术开发部的孙工程师却认为，改进外观确能暂时打开销路，但紧接着用户便会因产品无法进行功能扩展而不满，势必影响以后的销售。在据理力争未果的情况下，他未经领导许可，开始对影响产品功能扩展的问题进行攻关。经过一段时间的奋战，这一问题终于得到圆满解决。此时孙工程师却犯了一个致命的错误——擅自下达改进产品的生产计划书。此举造成企业原材料的部分报废，厂长大为发火，一纸"厂长令"将孙工调至生产线做操作工，全厂为之哗然。从那以后，只要有人琢磨着要改进什么，便会有人提醒："是不是想当第二个老孙？"

在孙工程师的身上确实存在一些问题，他打乱了企业管理的程序，超越了自身的职责范围，给企业造成了一定的经济损失……所有这些都是应当严厉批评的。但他急企业所急的出发点、勤奋扎实的工作作风却是值得肯定的，而且改进后的产品在功能上上了一个档次，对于企业的长远发展无疑是极有意义的。但厂长不问青红皂白的"厂长令"却想向职工透露了这样一条错误的信息：领导没有交代的事情千万干不得，否则"吃不了兜着走"！如此一来，谁还愿意思考如何改进工作呢？

资料来源：胡林龙．现代管理学．北京：航空工业出版社，2003.

问题：

1. 结合有关沟通的理论，分析暗示是不是一种有效的沟通方式。

2. 结合上面的几个示例，你认为在什么情况下，使用暗示的方法沟通的效果比较好？

3. 在人际关系中，你会经常应用暗示的方法吗？你认为效果如何？

# 第十二章 控制原理

## 一、教学案例

### 利奇连锁店的控制系统

利奇是一家总公司设在波士顿的全国性超级连锁店，在全国范围内有 150 家分店。该店的集中控制是由总公司高级管理人员把全国划分为不同地区，每一地区委任一位主任；同时，每一地区又分为几个小区，小区设经理和副经理，副经理负责协助经理每月拜访商店，地区主任评估该地区所有商店的经营管理状况，包括财务状况、清洁卫生、为顾客服务、营业记录、货品陈列、执行公司政策和程序等，发现问题立即给店经理提醒注意改进。店内的每一部门，如日用品、食品等都有其经理人直接对商店经理负责，其他员工主要是高中毕业生，从事体力劳动，如装货卸货、摆设商品、清洁商店等。所有的员工，从助理经理以下，在雇佣一段时间后必须成为合同工。

总公司以每一地区可能的销售额为基础，为每个商店建立利润定额。为了配合限额压力，总公司不但给地区主任下达利润指标，而且通过地区主任传递给商店的经理以便保证利润目标的达成。虽然没有写好的书面政策，但当限额未能达成时，商店经理和地区主任被辞退是经常的事。

付永和是一家商店的经理，他相信民主的管理方式是最好的控制方式，通过民主方式建立团队，最好的团队是管理者成为团队的一分子。他个人每天开门和关门并且实地帮助员工做体力工作。付永和公平地对待下属，相应地，他也获得了回报。员工尊重他，可以经常加班加点地工作，而又不要奖金。虽然他们知道付经理所承受的营业额的压力，但自从经理假设自己是团队的成员以后，他们从未直接感觉到这种压力。结果，这家商店在这个地区内是销售情况最好、利润最高的。然而，一些所谓"重要的"顾客开始向地区主任抱怨，付经理从来不坐在办公室里，并且以为他比较喜欢体力劳动而不喜欢管理工作。结果，付永和同小区经理一起被辞退了。理由是不执行总公司的规定。

代替付永和先生的刘庆堂先生上任后的第一件事是把开门和关门的事交给商店的副经理去做，并且把来自总公司的利润指标压力加在每个员工身上，把利润指标分解给每个员工。他自己则主要是监督和指导。于是，员工之间开始相互竞争起来，谁也不愿意丢掉自己的饭碗。当刘经理在场时，他们拼命地表现，唯恐经理没有看见自己在工作。刘经理不在时，有些员工开始偷懒，他们认为经理不通情达理。有时副经理还会下达一些与经理不一致的指示，这就使员工更加紧张。员工开始抱怨，但没有人理睬。在地区主任来考察访问时，他注意到存货遗失和商品损坏增加的现象，同时员工病假也增多了。但刘经理却说这是临时性问题，因为刚来，员工有个适应过程。

资料来源：孙健敏. 管理. 北京：中信出版社，1998.

问题思考：

1. 就这个案例来看，集权化是否为控制的最佳方法？

2. 付永和与刘庆堂的控制技巧各有什么利弊？你更喜欢哪一种？为什么？

3. 除了利润指标的压力和处罚外，总公司还有什么控制手段可以保证各商店既有高额利润，又能执行规章制度？

## 二、作业与思考题

### （一）名词解释题

1. 控制                    2. 前馈控制

3. 同期控制                4. 反馈控制

5. 平衡计分卡              6. 零基预算法

7. 经营安全率              8. 控制趋势原理

9. 管理信息系统

### （二）单项选择题

1. "亡羊补牢，犹未为晚"，可以理解成是一种反馈控制行动。下面各种情况中，哪一组更为贴近这里所表述的"羊"与"牢"的对应关系？（    ）

    A. 产品合格率与质量保证体系    B. 企业规模与企业利润

    C. 降雨量与洪水造成的损失    D. 医疗保障与死亡率

2. 持续不断的"救火"，解决现场中出现的紧急问题，这意味着管理者应该开始着手考虑以下何种行为了？（    ）

    A. 修正控制标准    B. 组织更多的人员采取纠正行动

    C. 衡量实际绩效    D. 认真分析问题产生的原因

3. "治病不如防病，防病不如讲卫生"。根据这一说法，以下几种控制方式中，哪一种方式最重要？（    ）

    A. 预先控制    B. 实时控制    C. 反馈控制    D. 前馈控制

4. 所有权和经营权相分离的股份公司，为强化对经营者行为的约束，往往设计有各种治理和制衡的手段，包括：①股东们要召开大会对董事和监事人选进行投票表决；②董事会要对经理人员的行为进行监督和控制；③监事会要对董事会和经理人员的经营行为进行检查监督；④要强化审计监督；等等。这些措施是（    ）。

    A. 均为事前控制

    B. 均为事后控制

    C. ①事前控制，②同步控制，③、④事后控制

    D. ①、②事前控制，③、④事后控制

5. 大地公司为大宾馆、高档写字楼等提供各色盆景、景观植物，品种多达上千种。为了更牢固地站稳市场，公司总经理要求公司外派业务员密切关注他们所负责的宾馆、写字楼的整体布局与风格调整，用户结构变化与否，大型商务活动计划等，为此还设计了专门的信息表，规定这些表多长时间必须填一次，填好后交给一个部门，该部门

如何处理这些调查表等。这一措施是（　　　）。

    A. 组织措施　　　　B. 计划措施　　　　C. 销售措施　　　　D. 控制措施

6. 控制结果的控制是（　　　）。

    A. 直接控制　　　　B. 间接控制　　　　C. 前馈控制　　　　D. 现场控制

7. 某公司销售部经理被批评为"控制得太多，而领导得太少"。据此，你认为该经理在工作中存在的主要问题最有可能是什么？（　　　）

    A. 对下属销售人员的疾苦没有给予足够的关心

    B. 对销售目标任务的完成没有给予充分的关注

    C. 事无巨细，过分亲力亲为，没有做好授权工作

    D. 没有为下属销售人员制定明确的奋斗目标

8. 奔达公司生产一种新型自行车，为赢得市场，做了精心的策划工作，同时也准备根据市场反馈情况及时调整有关部门的经营策略，如价格策略、宣传策略等。对此，你认为下列哪一项措施最有利于改进对新型自行车市场销售业绩的反馈控制？（　　　）

    A. 加强原材料的进货检验

    B. 提高公司对新产品销售变动影响因素的分析能力

    C. 改进销售公司的通信条件

    D. 加强销售宣传工作

9. 控制工作得以开展的前提条件是（　　　）。

    A. 建立控制标准　　　　　　　　B. 分析偏差原因

    C. 采取矫正措施　　　　　　　　D. 明确问题性质

10. 某公司杨经理通过质量部门提交给他的报告和报表对产品质量进行控制。这种控制属于何种类型的控制？（　　　）

    A. 现场控制　　　　B. 前馈控制　　　　C. 反馈控制　　　　D. 预防控制

11. 小张下岗后开了一间小型餐饮店。他知道，要取得经营成功，除了要有可口的饭菜外，周到的服务和与顾客良好的关系也是非常重要的。为此，他采取了如下措施：①在店内显眼的位置挂一本顾客意见簿，欢迎顾客提出意见和批评；②让领班严密地监视服务人员的行为，并对棘手问题的处理提供协助和建议；③在员工上岗之前进行工作技能和态度的培训；④明确规定半年后要对服务质量好的员工给予奖励。以下（　　　）是正确的？

    A. ④和①一样，都属于同期控制

    B. ①是反馈控制，②是同期控制，③是前馈控制

    C. ④和②都属于同期控制

    D. ③属于激励措施，不属于控制措施

12. 控制工作的哪项原理强调主管人员应只注意重要的偏差？（　　　）

    A. 控制关键点　　　　　　　　　B. 直接控制

    C. 例外情况　　　　　　　　　　D. 反映计划要求

13. 控制依据的基本标准是（　　　）。

    A. 实物标准　　　　　　　　　　B. 费用标准

    C. 资金标准　　　　　　　　　　　　　D. 可考核标准

14. 管理控制的基本目的是（　　　）。

    A. 维持现状　　　　B. 打破现状　　　　C. 改变现状　　　　D. 实现创新

15. 为了维持现状需要解决的问题是（　　　）。

    A. 急性　　　　　　B. 慢性　　　　　　C. 长期　　　　　　D. 经济

16. 企业要打破现状需要解决的问题是（　　　）。

    A. 急性　　　　　　B. 慢性　　　　　　C. 短期　　　　　　D. 偶发性

17. 按纠正措施的环节划分的三种类型，其中作为控制工作基础的是（　　　）。

    A. 直接控制　　　　B. 同期控制　　　　C. 前馈控制　　　　D. 反馈控制

18. 通过预算，特别是现金和流动资金预算来控制财政资金的控制方式为（　　　）。

    A. 反馈控制　　　　B. 间接控制　　　　C. 直接控制　　　　D. 前馈控制

19. 按照措施环节分类，利用标准成本分析方法进行控制属于（　　　）。

    A. 同期控制　　　　B. 反馈控制　　　　C. 前馈控制　　　　D. 直接控制

20. 下列控制工作原理中，强调主管人员应注意重要的偏差是（　　　）。

    A. 控制关键点原理　　　　　　　　　　B. 直接控制原理

    C. 例外情况原理　　　　　　　　　　　D. 反映机会要求原理

21. 控制工作包括三个基本步骤，这就是确立标准、衡量成效以及（　　　）。

    A. 纠正偏差　　　　B. 发现偏差　　　　C. 制定制度　　　　D. 调整目标

22. 控制工作的关键是（　　　）。

    A. 制定标准　　　　　　　　　　　　　B. 纠正偏差

    C. 做好善后工作　　　　　　　　　　　D. 数量控制

23. 控制工作的类型有：现场控制、（　　　）和前馈控制。

    A. 过程控制　　　　B. 结果控制　　　　C. 反馈控制　　　　D. 程序控制

24. （　　　）的指导思想认为，合格的主管人员出的差错最少，能够察觉到正在出现的问题，并能及时采取纠正措施。

    A. 间接控制　　　　B. 直接控制　　　　C. 简单控制　　　　D. 复杂控制

25. 组织结构的设计越是明确完整，所设计的控制系统越是符合组织机构中职责和职务要求，就越有助于纠正脱离计划的偏差。这就是（　　　）原理。

    A. 组织有效性　　　　　　　　　　　　B. 组织明确性

    C. 组织适应性　　　　　　　　　　　　D. 组织反馈性

26. 为了进行有效控制，在根据各种计划来衡量工作成效时需要特别注意具有关键意义的因素。这是管理控制的（　　　）原理。

    A. 控制趋势　　　　　　　　　　　　　B. 例外控制

    C. 控制关键点　　　　　　　　　　　　D. 直接控制

27. 在每个预算年度开始时，将所有还在进行的管理活动都看作重新开始的预算控制方法称为（　　　）。

    A. 外推预算法　　　　　　　　　　　　B. 简明预算法

C. 零基预算法　　　　　　　　　　D. 模型预算法

28. 控制的主要目的是（　　　）。

　　A. 提高企业的整体素质　　　　　　B. 改善组织的外部环境

　　C. 确保组织目标的实现　　　　　　D. 保证组织不出现偏差

29. 进行控制时，首先要建立标准。关于建立标准，下列四种说法中哪一种有问题？（　　　）

　　A. 标准应该越高越好　　　　　　　B. 标准应考虑实施成本

　　C. 标准应考虑实际可能　　　　　　D. 标准应考虑顾客需求

30. 下面哪一项不属于有效控制应具备的特征？（　　　）

　　A. 客观性和可接受性　　　　　　　B. 明确的成果导向

　　C. 及时性　　　　　　　　　　　　D. 依赖统计过程和数据

31. 与控制职能密不可分的一个管理职能是（　　　）。

　　A. 计划职能　　　B. 组织职能　　　C. 领导职能　　　　D. 指挥职能

32. 生产性企业全面质量管理的典型例子是（　　　）。

　　A. 在销售前检查产品质量，对质量不达标的产品送去返修

　　B. 在产品设计上下工夫，尽可能减少产品缺陷

　　C. 对零部件进行质量检验，尽可能早地查出产品的缺陷

　　D. 定期检修机器，减少因机器问题导致的产品的缺陷

（三）简答题

1. 简述管理控制的基本类型及各自的优缺点。

2. 简述控制系统的特点及构成要素。

3. 简述控制工作的基本原理。

4. 简述企业实施有效控制的基本条件。

5. 请比较事前控制、现场控制和事后控制的侧重点。

6. 简述财务分析的内容。

7. 简述全面质量管理的含义和内容。

8. 简述零基预算的基本思想。

（四）论述题

1. 简述控制的过程，并说明如何进行有效的控制。

2. 试述计划与控制的关系。

3. 公司总部如何对分公司进行管理以利于双方创造价值？

4. 要使控制工作发挥有效作用，在建立控制系统时必须要遵循哪些基本原理？各自的主要内容是什么？

（五）案例分析题

【案例一】　　　　　　　　　西湖公司的控制方法

西湖公司是李先生靠 3 000 元创建起来的一家化妆品公司。公司开始只经营指甲

油，后来逐渐发展成颇具规模的化妆品公司，资产已达 6 000 万元。李先生于 1984 年发现自己患癌症之后，对公司发展采取了两个重要措施：①制定了公司要向科学医疗卫生方面发展的目标；②高薪聘请雷先生接替自己的职位，担任董事长。

雷先生上任后，采取了一系列措施推进李先生为公司制订的进入医疗卫生行业的计划：在特殊医疗卫生业方面开辟一个新行业，同时开设一个凭处方配药的药店，并开辟上述两个新部门所需产品的货源、运输渠道。与此同时，他在全公司内建立了一个严格的控制系统：要求各部门制订出每月的预算报告，每个部门在每月月初都要对本部门的问题提出切实的解决方案，每月定期举行一次由各部门经理和顾客参加的管理会议。要求各部门经理在会上提出自己本部门在当月的主要工作目标和经济来往数目。同时他特别注意资产回收率、销售边际及生产成本等经济动向。他也注意人事、财务收入和降低成本费用方面的问题。

由于实行了上述措施，该公司获得了巨大成功。到 20 世纪 80 年代末期，年销售量提高 4%，到 1990 年销售额达到 20 亿元。然而 20 世纪 90 年代以来，该公司逐渐出现了问题。1992 年公司出现了有史以来的第一次收入下降趋势，商品滞销，价格下跌。主要原因是：①化妆品市场的销售量已达到饱和状态；②该公司制造的高级香水，一直未能打开市场，销售情况没有预测的那样乐观；③国外公司对本国市场的占领；④公司在国际市场上出现了不少问题，如推销员的冒进得罪了推销商，公司形象未能很好地树立。

雷先生也意识到公司存在的问题，准备采取有力措施以改变公司目前的处境。他计划要对国际市场方面进行总结和调整，并领导公司开始研制新产品。他相信用大量资金研制的医疗卫生工业品不久也可进入市场。

资料来源：刘俊生. 现代管理理论与方法. 北京：中国政法大学出版社，1995.

问题：

1. 雷先生在西湖公司采用了哪些控制方法？

2. 假设西湖公司原来没有严格的控制系统，雷先生在短期内推行这么多控制措施，其他管理人员会有什么反应？

3. 就西湖公司目前的状况而言，应怎样健全控制系统？

**【案例二】**　　　　　　　　　　　　**计划与控制**

王雷担任某厂厂长已经一年多了，他刚看了工厂今年实现目标情况的统计资料。厂里各方面工作的进展出乎他的意料。记得他任厂长后的第一件事就是亲自制定工厂的一系列工作目标，例如为了减少浪费、降低成本，他规定在一年内要把原材料成本降低 10%～15%，把运输费用降低 3%。他把这些具体目标告诉了下属相关负责人。现在年终统计资料表明，原材料的浪费比去年更严重，浪费率竟占总额的 16%；运输费用则根本没有降低。

他找来相关负责人询问原因。负责生产的副厂长说："我曾对下面的人强调过要注意减少浪费，我原以为下面的人会按我的要求去做。"运输方面的负责人说："运输费用降不下来很正常，我已经想了很多办法，但汽油费等费用还在涨，我想，明年的运输费可能要上升 3%～4%。"王雷了解原因并作了进一步分析之后，又把这两个负责人召集起来布置第二年的目标任务：生产部门一定要把原材料成本降低 10%，运输部门即使是运输费用要提高，也绝不能超过今年的标准。

资料来源：杨娅婕．管理学理论与实务．昆明：云南大学出版社，2010.

问题：

王雷的控制有什么问题？怎样才能实现他所提出的目标？

【案例三】

张正几天前被任命为一家国有化妆品公司的总经理。他很快就发现这家公司存在很多问题，而且其中的大多数问题都与公司不适当的管理控制有关。例如：他发现公司各部门的预算是由各部门自行制定的，前任总经理对各部门上报的预算一般不加修改就签字批准；公司内部也没有专门的财务审核人员，因此对各部门预算和预算实施情况根本就没有严格的审核。在人事方面，生产一线人员流动率大，常有人不辞而别，行政工作人员迟到早退现象严重，而且常有人在工作时间利用公司电话炒股票。

公司对这些问题都没有采取有效的控制措施，更没有对这方面的问题进行及时调整或解决。不少中层管理者还认为，公司业务不景气，生产人员想走是很正常的，行政工作人员在没什么工作可做的情况下，迟到早退、自己想办法赚点钱也是可以理解的，对此没有必要大惊小怪。

张正认为，要改变公司的面貌，就一定要加强资金、人员等方面的控制，为此需要制订出一个综合控制计划。

问题：

为了改变公司的面貌，这个综合控制计划应包括哪几个方面的内容？在实施的过程中又会遇到什么问题？

# 第二部分
## 实　训

# 实训一　调查走访
## ——管理者的职责与技能

## 一、实训项目

访谈一位你认为成功的管理者，了解他（她）的职位、工作职责，特别是胜任该职务的知识基础、管理素质与技能，以及目前工作中所面临的严峻挑战。

## 二、实训目标

1. 使学生结合实际，加深对管理职能的感性认识与理解。
2. 初步培养认知与自觉养成现代管理者素质的能力。
3. 初步认识管理者所处的环境和面临的挑战。

## 三、实训内容与要求

与同学一起参观本课程实训基地企业，学生自愿组成小组，每组 6 ~ 8 人。在调查访问之前，每组需根据课程所学知识，经过讨论制定调查访问的主题，并把具体步骤和主要问题计划好。具体可参考下列问题：

1. 企业中主要有哪些管理工作？属于哪种管理层次？
2. 这些管理工作的职责和权利分别是什么？
3. 做好这些管理工作多需要哪些知识基础和技能？如何培养？

## 四、成果与检测

调查访问结束后，组织一次课堂讨论。讨论需澄清下列问题，教师根据各小组表现进行评估打分。

1. 所调查企业的管理工作分类表。
2. 所调查企业的管理者素质分析书面报告，800 字左右。
3. 所调查企业面临的管理挑战，如调查者是一名管理者应如何应对，课堂口头评述（3 分钟左右）。

以上问题均以小组为单位进行，各小组在讨论的基础上，每个同学把自己调查访问所得的重要信息如照片、文字材料、影音资料等制作成宣传册展出存档。

# 实训二 策划与决策训练

## 一、实训目标

培养编制计划能力；培养策划能力；培养统筹规划的能力。

## 二、实训形式

1. 模拟公司的决策进行公司开业活动策划。

2. 在调研的基础上，运用创造性思维，策划一项活动，制订计划书。

3. 既可以小组为单位，每组 6～10 人，由学生推荐的组长主持，又可按照模拟公司的分组进行活动策划。

4. 搜集汇总以后进行策划方案的宣讲。

## 三、实训要求

1. 所策划的活动的内容与主题，既可以由教师统一指定，又可以由学生自选。选题尽可能与所学专业业务相关。

2. 应通过调研取得较为充分的材料。

3. 要运用创造性思维，所策划的活动一定要有创意。

4. 要科学地规划有关要素，计划书的结构要合理、完整。

5. 撰写策划书是计划职能的基本手段，是未来就业的重要技能，一定要高度重视，积极参与。

## 四、成果与检测

1. 每个人都要起草一份策划书。

2. 共同为模拟公司起草一份策划书或计划书。

3. 各组派代表发言；各组分别对其他各组评分，并指出成功与不足；各组对组员进行评分。

4. 由教师与学生共同对各公司的策划创意与计划编制进行评估，确定成绩。

# 实训三　目标管理训练

## 一、实训资料

**东南企业（集团）有限公司利润中心经营者聘用暨目标责任书**

以下是东南企业（集团）有限公司（企业名称做了掩饰处理）的目标责任书原本：为了进一步落实投资者与经营者之间的权利义务关系，由投资者提供经营者所需的资产（含场地、设施、设备、流动资金），经营者对给定资产实施保值增值经营；同时为了有效地抵御经营风险，依法承担社会赋予的企业责任，资产投入方将对经营者进行企业内部监督管理。结合行业市场经营实际情况，经过甲乙双方磋商，甲方（东南企业集团有限公司）确定聘用乙方为集团下属企业 A 的经营者。其任期内目标责任如下：

（一）甲方交付乙方经营的资产

1. 资产总额：375 万元。

其中，固定资产净值：283 万元。

流动资产：92 万元。

2. 债权：58.8 万元。

债务：206.49 万元。

（二）经营者经营目标及待遇

1. 年营业指标：700 万元。

2. 年上缴指标：57.5 万元（注：指由企业 A 上缴给集团公司的金额）。

3. 年利润：－5 万元（计算方式按财务规则）。

4. 年终应交还的资产总额：327.45 万元。

5. 年终账面债权债务额：

债权：58.8 万元以下

债务：206.49 万元以下（以审计结果为准，债权、债务如有异常，应向集团公司书面提交合理的解释报告）。

6. 必须足额缴纳职工必需的各种险金；承担社会和企业各种规定费用并完税。

7. 乙方薪资福利待遇参照甲方《任期目标责任制工资实施方案》执行；乙方在任职期内，对所交付经营中的人、财、物等资源按经营需要有使用权。

（三）经营者任期内责任（与经营直接相关的量化责任）

1. 乙方在经营期内，特别要做好以下工作：

（1）必须于当月 10 日前上缴上月职工的"五险一金"，并报送员工（含临时工）人数等统计表。

（2）经营者自协议签订 7 日内，必须将年经营额、上缴指标、年利润额在年度 12 个月中分别兑现的预算报送经营管理部。经营管理部综合行业市场淡旺季状况分析，确认或调整乙方预算。

（3）必须于当月 10 日前上缴上月的经营指标额。

（4）生产经营过程中，生产性企业必须建立生产中各环节明细账和日记账，建立生产经营中的月产量、月库存、月投放市场商品报表；经营性企业建立营销往来业务台账、月度营销台账、利润台账，并在每月结束后的 5 日内，向经营管理部上报。

乙方在生产经营中，未经集团公司批准严禁将流动资金相互拆借。

2. 按上缴指标额的 10% 向甲方缴纳经营责任风险金（其中风险金限额下限不低于 1 万元，上限不超过 5 万元，并按活期银行利息年终结付）。

（四）年终考核兑现与违约责任

1. 经营者在协议有效期（2002 年 1 月 1 日至 2002 年 12 月 31 日）结束时，经过甲方综合评定，并经甲方业务审计、财务检查并验清所归还的剩余资产后，经营者责任才正式终结。

2. 经营者经过甲方审计后，实现规定的各项指标者为合格经营者，既不承担其他责任也不享受其他权利；经营者经过审计后超过其各项规定指标的，为增值经营者，就增值部分甲、乙双方进行二次分配；超过上缴指标的增值利润部分（税后），甲方留取 25%，乙方留取 75%，所留部分经营者自己确定与其企业职工之间的再分配方案。

3. 经营者经审计后未实现年度各项规定指标的，为亏损经营者，按亏损额（利润）的 5% 冲减其风险金，直到冲完为止。

4. 在经营期间，因不可抗力或甲方明示原因，所造成的经营亏损，依照规定程序报集团公司审批减免。

5. 经营者在经营期间，如违反上述规定中的任何一款，乙方自愿按相关条款接受行政或经济处罚；如违反国家法规法令或甲方企业管理规章制度，甲方有权会同有关部门给予经济和行政处罚，情节严重违法的将追究其法律责任。

（五）本聘用暨责任书有效期

二〇〇二年一月一日至二〇〇二年十二月三十一日。

（六）本聘用暨责任书经签订后生效

一式三份，乙方留存一份，办公室存档一份，经营管理部留存一份。

| 甲方： | 乙方： |
| --- | --- |
| 代表人签字： | 代表人签字： |
| 年　月　日 | 年　月　日 |

## 二、实训目的

通过认真阅读并分析东南企业（集团）有限公司利润中心经营者聘用暨目标责任

书，掌握目标责任书的形式及内容要求，深刻理解目标管理的基本思想及实质。

## 三、实训要求

仔细阅读上面的目标责任书，从确保目标实现，促进企业健康运行的角度，分析并回答以下两个问题：

1. 此目标责任书存在的问题。
2. 提出改进建议。

# 实训四　招聘模拟

## 一、实训目标

培养人员招聘的能力；训练应聘的能力与心理素质。

## 二、实训内容与形式

1. 把教室模拟成招聘现场。

2. 角色扮演的情景设定：根据模拟公司的工作计划建立组织结构，各模拟公司组织招聘各部门负责人（班级统一制订编制或职数）；各模拟公司招聘由总经理主持，公司成员均为招聘组成员；每名学生可向不超过三家公司（不含本公司）应聘；各公司根据每个应聘者的表现决定是否聘任；招聘程序按课程讲授内容进行。同学们先在课下进行精心准备，在课上完成角色扮演。

## 三、实训要求

1. 各公司要制订招聘计划，包括招聘目的、招聘岗位、任用条件、招聘程序，特别是聘用的决定办法。

2. 每个人要写出应聘提纲或应聘讲演稿，特别要体现出应聘的竞争优势。

## 四、成果与检测

以公司为单位，组织招聘活动。全班公司分为两大组，第一节课前几家公司招聘，后几家公司的成员应聘；第二节进行轮换；聘任由招聘公司成员集体投票决定（得多数票者应聘成功）；在两轮聘任结束后，按应聘成功的岗位数多少决定同学们的竞聘成果。

# 实训五　组织机构设计

## 一、实训项目

开发区管委会组织机构设计。

## 二、实训资料

根据浙江省人大 1995 年 4 月份公布的《杭州之江国家旅游度假区管理条例》，区管委会的权限为：

1. 编制度假区的总体规划和发展计划；

2. 制定并组织实施各项行政管理措施；

3. 审批或审核报批度假区内的投资建设项目；

4. 负责度假区的规划、建设管理以及土地的征用、开发，土地使用权的出让、转让和房地产管理工作；

5. 负责度假区的园林绿化、环境保护工作；

6. 负责度假区的财政、税务、审计、物价、统计、劳动、人事、治安和工商行政管理工作，受托监管国有资产；

7. 管理度假区的旅游业务、对外经济技术合作和其他涉外经济活动；

8. 处理度假区涉外事务；

9. 统一规划管理度假区的市政公用基础设施；

10. 保障度假区内的企业依法自主经营；

11. 协调管理有关部门设在度假区的派出机构的工作；

12. 杭州市人民政府授予的其他职权。

## 三、实训目的

培养学生进行公司组织机构设计的能力；培养学生运用管理理论知识分析解决实际问题的能力，提高学生的实践技能。

## 四、实训要求

根据以上 12 条权限，拟定管委会的机构设置方案，并运用学过的管理理论，在搜集资料的基础上，按照管理学的相关知识，设计开发区的组织机构。

# 实训六　组织变革管理训练

## 一、实训项目

公司组织结构与组织变革。

## 二、实训目的

学会运用组织变革理论，培养和提高组织结构变革技能。

## 三、实训内容与形式

下面是某制造业工业公司所设置的一部分职位的名称和配备的人数，请你设计一份组织结构图来说明相互间的报告关系：

设计工程师、生产计划专家、审计室、技术主任、财务副总裁、财务主管、董事长、环境工程师、工业关系专家、总裁、安全主管、信用贷款经理、销售预算主任、营销副总裁、主任会计、会计（3名）、广告经理、人事副总裁、顾客服务代表、装运与验收人员（若干）、工厂厂长、设备维护专家、质量管理主任、总裁助理、地区销售经理（3名）、车间主任、销售人员（10名）、工作技术人员、采购主任、技术与研究副总裁、研究开发主任、工厂安全总监、生产副总裁、设备维修主管、工长（23名）。

三年后，该公司由于机构臃肿，人浮于事，企业陷入困境，于是他们进行组织变革，重新调整组织结构，请你根据上述组织结构图再设计一份新的组织结构示意图。

## 四、实训组织

以模拟公司为单位，先讨论内容和组织结构关系，再分个人按内容与形式要求设计。

## 五、成果与检测

1. 运用本章原理说明组织结构设计和调整组织结构的理由。
2. 由教师、学生（模拟公司主管）组成评定组，评定设计优缺点。

# 实训七　杰出领导者的特质描述

## 一、实训项目

凭直觉挑选出三位你认为优秀的领导者（如朋友、亲属、政府官员、知名公众人物等），分析与探讨你觉得这些人成为优秀领导者的原因。

## 二、实训目标

1. 比较凭直觉得出的领导特质和领导理论中的领导特质。

2. 具备良好特质的人不一定会成为优秀的领导者，但优秀的领导者都具有一些良好的特质，让学生初步培养并自觉养成一些良好的特质。

## 三、实训内容与要求

对挑选出的三位杰出领导者，分别列举出你认为他们优秀的原因。将三个人的列表进行比较，如果有的话，哪些特质是三个人共同具备的？老师将引导学生针对相应列表展开关于领导特质的讨论。学生讲出自己的看法，老师将其记录于黑板上，引导学生思考要想成为一名杰出的领导者，该如何培养一些良好的特质。

## 四、成果与检测

列表内容记录结束后，组织一次课堂讨论。讨论需澄清下列问题，教师根据学生表现进行评估打分。

1. 哪些特质总是出现在学生的列表中？

2. 这些特质更多的是行为导向还是特质导向？

3. 在何种情景下，这些特质是有用的？

4. 如果有的话，这项练习表明了领导的哪些特性？

以上问题均以学生个体为单位进行，让部分学生代表口头评述，教师最后点评，在讨论的基础上，每个同学把自己概括提炼的文字材料信息汇总之后上交存档。

# 实训八　企业财务管理控制训练

## 一、实训资料

宏发公司是一家小型企业，创办初期效益较好，销售利润率可高达 7.6%。后来公司大力扩张，销售额上去了，利润水平却不理想。企业经营情况如表 8-1 所示。

表 8-1　　　　　　　　　　　　宏发公司利润表　　　　　　　　　　单位：万元

| 项目 | 2004 年 |
|---|---|
| 一、主营业务收入 | 10 379.46 |
| 　减：主营业务成本 | 8 432.54 |
| 　　　主营业务税金及附加 | 51.92 |
| 二、主营业务利润 | |
| 　加：其他业务利润 | 15.46 |
| 　减：营业费用 | 498.56 |
| 　　　管理费用 | 330.85 |
| 　　　财务费用 | 481.75 |
| 三、营业利润 | |
| 　加：投资收益 | 26.56 |
| 　　　补贴收入 | 0 |
| 　　　营业外收入 | 3.18 |
| 　减：营业外支出 | 4.26 |
| 四、利润总额 | |
| 　减：所得税 | 209.86 |
| 五、净利润 | |

1. 计算该企业主营业务利润、营业利润、利润总额、净利润，并填于表 8-1 横线上。

2. 计算该企业营利水平，主要计算销售利润率、成本费用利润率、与上一年相比销售利润率增长百分比。

3. 评价其经营绩效。

## 二、实训目标

在实践中理解收入、成本、利润等基本财务指标含义；学会利润计算方法，会简单评价企业经营绩效。

## 三、实训要求

每个人认真阅读分析案例，并搜集有关材料；中小企业实地调查与访问；网上搜集资料进行分析。

## 四、成果与检测

1. 每组提交一份调查报告，对管理者的分类和技能进行详细分析。

2. 每份报告应包含调查方式、调查的企业名称、控制类型、控制方法、控制效果等。

3. 各组派代表发言；各组分别对其他各组评分，并指出成功与不足；各组对组员进行评分。

4. 各组派代表发言，分别对其他各组评分，并指出成功与不足。

# 实训九　企业管理系统调查

## 一、实训目标

1. 感知控制过程与方法。
2. 了解管理信息系统。
3. 树立全面质量管理观。

## 二、实训内容与要求

1. 各组选择校园临近的一家企业，学校图书馆、教务处、后勤处、学生管理中心、院办公室等，围绕资源信息系统运行，质量目标、控制与质量问题分析，考核方法等进行调查。
2. 利用课余时间实施调查，写出调查报告。

## 三、成果与检测

1. 以小组为单位提交调查报告。
2. 课堂报告：各组陈述，交流体会。
3. 由教师根据调查报告及课堂报告表现综合评分。

# 第三部分
## 综合自测题

## 一、单项选择题

1. 假设制造一件成品要经过七个流程，需要七层上游厂商提供原材料和配件。如果第一个月，客户向 A 公司下的订单是 100 件，为了防止缺货风险，保证安全库存，A 公司会要求上游厂家 B 公司提供 105 件。然后，A 公司的上游厂商 B 公司也为了保险，要求他的上游厂家 C 公司提供 110 件。如此类推，到了最上游的第七层厂商 C 公司时，他所提供的数量可能达到 200 件。10 个月下来，随着时间与上下游的累积效应，这个数字将会与实际需求相差很远，导致最后一层厂商 C 公司损失惨重，可能受损 100 倍。而整个供应链，也会因为有一段受损而全部受损。就这一假设现象，以下哪种说法最有道理？（　　）

　　A. 这一假设在现实中可能不成立，信息社会中，C 公司可以通过市场调查发现真实需要量

　　B. 这一假设现象是因为信息不对称、决策不透明导致的，但现实中解决起来并不容易

　　C. 这一假设现象可以通过提高企业学习能力，达到信息共享、决策协调来改善

　　D. 以上说法都有道理

2. 英荷壳牌石油公司企划之一阿里·德赫斯在《长寿公司》一书中记述了这样一个故事：在英国有一个由来已久的牛奶递送系统，送奶工开着小卡车把瓶装的牛奶送到各家各户的门口。20 世纪初的时候，奶瓶都没有盖子，鸟很容易就能吃到瓶口的乳脂。山雀和红知更鸟这两种普通的英国鸣禽，学会了从瓶口吸食乳脂，从而"开发"了一种新的丰富的食物资源。后来，在第二次世界大战期间，英国的送奶工用铝箔封住了奶瓶口。到 20 世纪 50 年代，英国全部的山雀——大约有 100 万只——学会了如何刺穿铝箔封口，以重新获得这种丰富的资源。与此相反，红知更鸟再也吃不到可口的乳脂了。即使一只红知更鸟学会了如何刺穿奶瓶封口，但这种本领也不会传给其余的红知更鸟。因为山雀是群居的鸟类，而红知更鸟则保持各自的领地互不穿越。阿里·德赫斯想通过这则故事告诉我们什么道理？（　　）

　　A. 创新对一个组织来说，十分重要，特别是集体创新

　　B. 随着时代的推进，组织中个人英雄主义已被领导团队所代替

　　C. 建立学习型组织，是企业长寿的重要因素

　　D. 一个组织的文化很重要，对组织生存起到决定性作用

3. 某公司曾发生过这样一件事情：一天上午，某公司技术部经理安排工程师赵工把一份技术资料进一步修改完善，这份重要的技术资料第二天要在最后一轮竞标中使用。技术部经理安排完工作，又到其他部门去协调第二天的竞标事宜。时间过了不久，赵工接到总经理的电话，总经理召见。在总经理办公室里，总经理向赵工讲述了自己刚刚想到的对公司未来技术发展的构想，并强调其重大意义，最后要求赵工尽快拿出具体方案。赵工诚惶诚恐地接受任务后，立即着手制订具体方案。晚上快下班的时候，技术部经理来找赵工要第二天的技术资料时，发现赵工不但没有完成，而且还在忙着干其他工作。他十分恼火，对赵工进行了严厉斥责，提出扣其奖金。赵工也非常委屈，

大声申辩："我正在完成总经理交代的工作，你凭什么扣我奖金？"结果，第二天因为准备不充分而竞标失败。受到众人的指责，技术部经理对总经理心存不满，一腔怨气，对赵工怒气冲冲，满腔怒火；赵工对技术部经理也从此失去了恭敬。有形的损失造成了，无形的内耗开始了。产生这一问题的根本原因是什么？（　　　）

  A. 赵工没有及时向技术部经理汇报总经理的工作安排

  B. 赵工受放大效应影响没有分清工作轻重缓急

  C. 技术部经理督查不力，没有及时发现下属工作内容的改变，领导失控

  D. 总经理违反统一指挥原则，对赵工越级指挥

4. "三个和尚没水喝"说明的是人浮于事，可能反而不如人少好办事。但是反过来，如果"三个和尚"都很负责，结果也许会造成水满为患。这两种不同的说法表明（　　　）。

  A. 管理工作的有效性需要考虑内外部环境各部分的整体效应

  B. 即使管理无方，人多还是比人少好办事

  C. 在不同心态作用下会产生不同的群体合作结果

  D. 纵使管理有方，也不一定是人多好办事

5. 假定请你主持召开一个由公司有关"智囊"参加的会议，讨论公司发展战略的制定问题。如果在会上听到了许多与你不同的观点，而且你也知道这些意见有失偏颇是因为发言者掌握的资料不全。对此你认为最好采取哪一种做法？（　　　）

  A. 视情况谈谈自己对一些重要问题的看法

  B. 既然是智囊会议，就应允许畅所欲言

  C. 及时提供资料，证明这些意见是错误的

  D. 及时打断这些发言以发表自己的高见

6. 张斌的专业是艺术设计，却在公司的生产部门工作。近来销售部的经理提出把所有印刷品的设计任务都交给张斌来做，包括宣传手册、产品目录、海报，甚至报纸或杂志上的广告。张斌很想有这样一个发挥自己艺术设计专长的机会。而他所在的生产部门经理了解到他想离开的想法后说："你是我们这儿很有价值的一位员工，我想我们肯定能做些什么，让你留下来。公司有一个大的营销部门并不意味着我的部门就不能做一些专业的营销工作。我给你一些附带的工作，比如，为我们的产品设计包装，怎么样？这不就能发挥你的艺术特长了吗？"如果你是该公司总经理，刚刚在某高校进修了管理学课程，你会如何看待这件事？（　　　）

  A. 生产部门经理为了迎合张斌的喜好，对部门的工作进行了一些不太恰当的调整

  B. 生产部门经理为了挽留人才，调整部门工作，符合因人设职的管理原则

  C. 生产部门经理没有学过亚伯拉罕·马斯洛的需要层次论

  D. 待不了多长时间，张斌一定会因为不满意而离开的

7. 在某条交通流量很大的公路上，由于山洪暴发，交通受阻，被困的几十辆汽车的司机们很快自愿地组合起来。有的拿起手机通知交通部门请求援助，有的去寻找清理工具，有的去安排食宿，大家在统一的指挥下，有条不紊、齐心协力地开展工作。

对于上述司机们的行为和活动，你最倾向于以下哪一种评价？（　　）

　　A. 他们只是一个临时性的群体，与企业中的非正式组织没有什么不同

　　B. 当紧急事件产生时，人们会自动地组合起来，并快速地进行有效的分工。企业领导如果经常营造出紧急事件，一定会提高组织的工作效率

　　C. 受困的司机中大部分都具有奉献精神，否则就不可能有这样的情况发生，因此在招聘员工时应把员工的奉献精神放在首位

　　D. 这些司机事实上已经形成了一个组织，因为他们为实现共同目标而组合成了有机的整体

　　7. 甲公司在并购乙公司后，仅派两名管理人员到乙公司，帮助其加强内部管理并负责把好产品质量关，并对乙公司生产的产品用自己的商标品牌进行销售，结果迅速扭转了乙公司多年亏损的局面。这一例子表明（　　）。

　　A. 只要有了强大的品牌优势，购并同类亏损企业是很容易取得成功的

　　B. 拥有较强的内部管理与质量控制能力是甲公司取得并购成功的关键

　　C. 乙公司如果能够加强内部管理与质量控制也能取得经营的成功

　　D. 为保证并购能为企业带来满意的结果，需要并购双方多层面的有效整合

　　8. 某企业为强化重大决策贯彻落实工作的质量与效益，建立了一个旨在能全面、迅速、准确地反映各有关部门、个人工作进展情况的信息系统。但该系统投入使用一段时间后发现，必要的信息总不能按时输入。当事人抱怨说，输入这些信息对他们来说很麻烦，没有时间输入。他们的工作开展情况表明（　　）。

　　A. 为顺利开展管理控制工作，必须把信息系统的性能提高到一个起码的水平

　　B. 为顺利开展管理控制工作，企业还必须进行必要的工作流程与规范的调整，并通过严格制度管理或文化改进等措施来巩固这种调整

　　C. 为顺利开展管理控制工作，必须尽量减少对信息系统的依赖

　　D. 为顺利开展管理控制工作，企业必须经历一个混乱的时期

　　9. 我国某有限责任公司由甲、乙、丙三方出资建立，出资金额分别为100万元、50万元、50万元。三年后，该公司破产，债务达500万元，而公司资产为50万元。甲、乙、丙分别有个人财产300万元、150万元和50万元，公司破产后，会发生以下哪种情况？（　　）

　　A. 除去以公司资产赔偿的50万元以外，其余的450万元债务应视出资比例分摊：甲负担225万元，乙负担112.5万元，丙负担112.5万元

　　B. 除去以公司资产赔偿的50万元以外，其余的450万元债务应视出资比例和个人偿债能力进行分配，从而乙负担150万元，丙倾其所有负担50万元，同时甲要为丙负连带偿还责任，即甲共需支付250万元个人财产来偿还公司债务

　　C. 该公司债权人只能从公司资产中获得赔偿，即不超过50万元

　　D. 除去以公司资产赔偿的50万元外，其余的450万元债务由甲、乙、丙三方各自平均负担150万元

　　10. 随着管理在现代社会中地位的提高，管理工作职业化成为客观的必然趋势，但这需要很多先决条件。其中之一是（　　）。

  A. 有高素质的管理者

  B. 有高质量的管理者培训环境

  C. 有发育完全的经理市场

  D. 服务完善的"猎头公司"的存在

11. 据报道，2001 年 9 月 11 日欧洲各大股市开盘后即出现暴跌，而金价暴涨。当日《金融时报》100 种股票平均价格指数收盘时猛跌 287.7 点，创造了自 1987 年 10 月份以来单日跌幅最高纪录，这主要说明（  ）。

  A. 人们普遍对美国经济的前景担忧

  B. 欧美经济的相关系数达到相当高的程度

  C. 可以说此特例让我们真实见证了经济全球化的影响

  D. 以上答案都对

12. 在当前发达市场经济国家所关注的公司治理问题中，很多人认为作为代理人，经理人员有其自身的偏好目标，为了使他们的目标不与最大化股东收益的公司目标相冲突，对它们进行激励是完全必要的，而工作报酬则是主要的激励手段。问题是支付多少报酬才能产生激励？对经理人支付高薪的理由是（  ）。

  A. 对公司经营的贡献更大

  B. 公司经理人员承担更高的风险，对公司的获利有重大影响

  C. 保持本公司对优秀经理人员的吸引力，与同行业其他公司争夺人才

  D. A + B + C

13. 现有甲、乙两个投资方案，甲方案固定投资 80 万元，生产产品的单位变动成本为 100 元；乙方案固定投资 50 万元，生产产品的单位变动成本为 110 元，单位产品价格均为 150 元。若计划产量达到 15 000 个时，产品均能售出。则根据两个方案的保本获利能力，可以认为（  ）。

  A. 甲方案优于乙方案

  B. 乙方案优于甲方案

  C. 两个方案均无法保本，都不可行

  D. 两个方案保本和获利能力相同

14. 一项研究结果表明，一线管理者将 80% 的工作时间用于沟通。而在其所有的沟通活动中，有 45% 的时间用于"听"，30% 的时间用于"说"，16% 的时间用于"读"，9% 的时间用于"写"。根据这一研究结果，下列哪一种说法是不正确的？（  ）

  A. 在沟通活动中，一线管理者 45% 的时间在接收信息，30% 的时间在发送信息

  B. 这一研究结果表明一线管理者的主要职能是领导，比如指导和指挥

  C. 一线管理者进行口头沟通的时间比书面沟通的时间多了两倍多

  D. 有效的沟通是一线管理者开展管理工作的基础

15. 美国管理大师彼得·德鲁克说过："如果你理解管理理论，但不具备管理技术和管理工具运用能力，你还不是一个有效的管理者；反过来，如果你具备管理技巧的

能力，而不掌握管理理论，那么充其量你只是一个技术员。"这句话说明（　　）。

    A. 有效管理者应该既掌握管理理论，又具备管理技巧与管理工具的运用能力

    B. 是否掌握管理理论对管理者工作的有效性无足轻重

    C. 如果理解管理理论，就能成为一名有效的管理者

    D. 有效的管理者应该注重管理技术与工具的运用能力，而不必注意管理理论

16. 管理学是一门软科学，人们对"管理"一词本身也有不同的理解。这里有两种不甚规范但耐人寻味的解释：一种是"管理就是你不管，下属就不理你"；另一种解释是"管理就是先理（梳理）然后才能管"。对这两种解释，你的看法是（　　）。

    A. 前者代表了典型的集权倾向，后者反映出一种民主的气氛

    B. 两种解释都片面强调了管理工作中的控制职能，只是思考和表达角度不同而已

    C. 后一种更科学，因为强调了"理"，但也有不妥，似乎"理"好了，就不需要管了

    D. 前者可应用于基层管理，后者可应用于高层管理

17. 作为一名中层管理人员，要肩负许多方面的管理职责。下列几项职责中，哪项通常不属于中层管理者的工作范围？（　　）

    A. 与下级谈心，了解下级的工作感受

    B. 亲自制定有关考勤方面的规章制度

    C. 经常与上级部门沟通，掌握上级部门对自己的要求

    D. 对下级的工作表现给予评价并及时反馈给本人

18. 曾有某高技术企业的总裁，其个人并未接受过相关高技术教育及人事相关领域经营的背景，只接受过 MBA 教育，但他具有在其他非高技术企业成功经营的履历。他上任后，在短短不到 3 年的时间里，就迅速扭转了该公司多年亏损的局面，完成了当初董事会提出的盈利目标。这一事例说明（　　）。

    A. 企业高层管理者不需要专业知识和技能，有管理经验就行了

    B. 成功的管理经验具有通用性，可以不分行业地加以成功移植

    C. 企业核心领导的管理水平会对企业的发展产生不可估量的作用

    D. 这只是一种偶然发生的现象，可能是该总裁正好遇到市场机会

19. 某公司高层决策者对人力资源部提出目标，要求经过努力必须在一定时间内为公司各关键岗位提供人才。对于这一要求，你认为以下哪一种评价最有道理？（　　）

    A. 时间不明确，在实际中难以操作

    B. 关键岗位提法欠具体，范围认可困难

    C. 合格人才的标准不清楚，需详加说明

    D. 需综合考虑以上说法反映的问题

20. 一家企业因为要上一个新的项目，急需筹措资金。他们想到了向银行贷款。企业的厂长找到财务科长，向他作了这样的布置："张科长，企业要上新的项目，需要资金，你也知道我们企业目前缺乏这笔资金。请你想办法从银行申请到贷款。"对于该企业厂长的这一指示，你觉得主要在以下哪方面还不够明确？（　　）

A. 贷款目的       B. 贷款地点       C. 向谁贷款       D. 何时贷款

21. 四海家政服务公司是 M 市一家新成立的面向城市居民家庭服务的企业。对于下面所列的各类信息，你认为哪一类最有利于该公司决策层从中确定公司的使命？（　　　）

    A. 一份关于 M 市历史演变的报告

    B. 一份关于 M 市居民日常生活状况的调查报告

    C. 一份关于 M 市产业结构的总结报告

    D. 一份市领导关于 M 市城市建设规划的讲话稿

22. 某企业的总目标是通过向市场提供优质产品来扩大市场占有率。因此（　　　）。

    A. 需要给每个生产工人制定其应承担的增加产量目标

    B. 要求总经理抓好企业产品质量提高的措施落实工作

    C. 应由技术部门负责制订具体的技术改进计划

    D. 应由销售部门负责制订实现企业总目标的具体计划

23. "一件预计可能会出错的事情，往往一定会出错。""一件事情出错，其他事情也跟着出错。"类似的话在揭示人们什么？（　　　）

    A. 决策的制定与实施一定要果断且富有信心，否则就很难实现

    B. 制订计划应树立起权变的意识，问题出现时应立即制订出相应的应变计划

    C. 应变计划的制订是计划工作的一部分内容，应在计划过程中及早予以考虑，不能等到出现问题时再仓促应对

    D. 要注意认真分析事物之间的关联性，以期得到正确的结论

24. 某市某研究所主要研究特种材料。在计划经济时期，该所承担了多项国家下达的科研攻关任务，取得了十分突出的成就，同时形成了良好的协同攻关气氛和机制，造就了一批优秀的技术人才。但改革开放以后，国家任务逐渐减少，直到目前完全取消，因而该所取得的成果也随之减少。为了扭转目前这种局面，从管理上看，你认为该所最需要做的是什么？（　　　）

    A. 强化决策职能，提高环境适应能力

    B. 进一步增强研究所的技术力量

    C. 强化内部协调，提高科研效率

    D. 补充资金以弥补国家投入的减少

25. 某缝纫机生产厂家生产的"蜜蜂"牌家用缝纫机，每台的成本为 3 200 元，其中劳动力与原材料等可变成本为 2 100 元，分担的固定成本为每台 1 100 元。现有一家大型商场要求以每台 3 000 元的价格订购 80 台。对于这笔买卖，你认为该缝纫机生产厂家应采取怎样的态度？（　　　）

    A. 不能接受，因为订购价格远低于正常售价

    B. 不能接受，因为订购价格低于生产成本

    C. 如果生产任务不足时，可以考虑接受订货

    D. 即使生产任务紧也应该接受，因为订购价格远高于可变成本

26. 曾先后担任亨利·福特和克莱斯勒总裁的艾科卡认为个体决策优于群体决策，而有人认为群体决策也有很多优点，并列举如下。如果你是一个学过管理学的 MBA 学员，会认为哪项不可信？（　　）

  A. 群体通常能得出更高质量的决策

  B. 群体做出的决策风险更小

  C. 群体做出的决策更易于被有关人员接受

  D. 群体决策是对参与人员的一种积极性调动

27. 格兰仕公司近年来凭借"价格屠夫"般的市场运作，在行业中已拥有了 70% 的市场占有率，堪称行业龙头企业。而令人意想不到的是，因为一篇名为《莫忽视微波炉的危害》的豆腐块短文，格兰仕公司表示，2002 年 5、6 月份其全国微波炉总销量比去年同期下降了近 40%。这一事件说明组织环境的哪一因素不可忽视？（　　）

  A. 政治和法律环境　　　　　　　B. 社会和文化环境

  C. 经济环境　　　　　　　　　　D. 技术环境

28. 某大学开发出一种基于精神分析原理与中药疗法相结合的舒缓精神压力与生理疲惫的辅助治疗与休闲设备，代号为 X，定位于那些工作强度大、节奏快、精神压力与生理压力大的经理人市场。其基本原理是创造一个独立、封闭、隔音效果极好的空间，在此空间内放一种能够舒缓精神和生理压力、具有保健功效的中药药液，同时播放一种专门设计的能够舒缓神经的音乐。刚开始音乐强度较高，随着顾客精神的放松，身心的宁静，音乐声音逐渐降低，达到似有似无的境界。技术开发者的实验证明，X 产品确实具有一定的效果。其公司得知该技术后，在沈阳、北京等地的星级饭店采用问卷方式，对商务旅行的经理人员做市场调研。其问卷首先简明扼要地介绍了 X 产品的原理，然后提出以下问题：如果让你在桑拿、保龄球、X 产品等之间进行选择，你是否愿意消费 X 产品？如果你愿意消费，你愿意每次为这种消费支付多少费用？问卷调查表明，X 产品市场需求极大，所以公司决定购买技术。以下是对公司的此项决策所做的评论，你认为哪一种更科学？（　　）

  A. 公司决策过程科学，方法正确：X 产品市场前景广阔

  B. 经理人员根本不是公司的客户，购买 X 产品的人（或企业）才是公司的客户。调研对象完全错误，决策存在潜在问题

  C. 调研对象选择虽然正确，但是调研方向不科学，决策存在潜在问题

  D. 此市场调研不全面，调研方法设计不合理，决策存在潜在问题

29. 承担一个重要的新项目使你的公司员工非常兴奋。尽管合同还没有签订，但你的管理层却让你往下进行并开始为项目配置人员，你应该怎么办？（　　）

  A. 等待，直到最后能一分钟再做

  B. 向客户索要一份意向书

  C. 只开始搜集个人简历并且不负责任何资金

  D. 向管理层说明此时这样做不合适

30. 面对动态变化、竞争加剧的世界经济，管理者必须注意考虑环境因素的作用，以便充分理解与熟悉环境，从而能够做到有效地适应环境并（　　）。

A. 进行组织变革　　　　　　　　B. 保护组织稳定

C. 减少环境变化　　　　　　　　D. 推动环境变化

31. 某化工企业的目标是追求尽可能大的长期利润，下列哪一项最可能削弱这一目标？（　　）

A. 资助教育事业

B. 对销售人员采取极具刺激性的激励政策，即大幅度提高销售人员的销售回款提成比例，以便迅速提高企业的销售量

C. 调整组织结构，使之适应管理信息系统的建立

D. 增加职工工资和福利待遇

32. 某公司原先是一家设备制造企业，后为减少企业经营风险，决定向零售业发展。公司的销售部职员均来自企业内部，毫无销售经验，在发展初期销售业绩很差。后来，公司对销售部职员进行了正规的培训，并改进销售部的装饰风格，才逐渐扭转了销售业绩不佳的情况，开始盈利。从中可以得出哪个结论？（　　）

A. 公司的销售计划做得不好

B. 一项战略的成功要依赖正确的战术支持

C. 不能盲目进行多样化经营

D. 销售和生产是企业不可缺少的部分

33. 某生物制品企业运用原有技术优势，开发了一种固定资产投资极大的新产品，投产后非常畅销。几家竞争对手看到该产品的巨大潜力，也纷纷跃跃欲试。此时有资料证实，该产品可以通过完全不同的其他途径加以合成，而投资只有原来的几分之一。该企业顿时陷入一片恐慌之中。从计划的过程来看该企业最有可能在哪个环节上出了问题？（　　）

A. 估量机会、确立目标

B. 明确计划的前提条件

C. 提出备选方案，经过比较分析，确定最佳方案

D. 拟订派生计划，并通过预算使计划数字化

34. 某公司以前主要生产塑料制品，经营状况不理想。后来注意到，影视作品及电视广告中的家庭多使用各色塑料百叶窗，这种现象渐成时尚。于是公司推出了各种款式、尺寸、颜色的百叶窗，取得了不错的经营业绩。该公司的这一调整是对下列哪种环境要素所作的何种反应？（　　）

A. 对技术环境的利用与引导　　　　B. 对经济环境的利用与引导

C. 对社会文化环境的适应　　　　　D. 对经济环境的适应

35. 历史上，福特汽车公司在向市场投放经济实用的艾德舍尔型汽车之前，曾花大力气尽可能收集了大量统计数字。所有的数字都显示，这种型号的汽车正是市场所需要的。可当时顾客购买汽车从量入为出转为凭爱好购买这一情况的变化，却被忽略了。在这种变化被捕获到的时候，已为时已晚——福特已经将这种型号汽车投放市场并招致惨重失败。这个实例说明了什么？（　　）

A. 对市场需求的变化，只要使用适当的统计方法，本来是能够预测到趋势中的

各种转变的，但福特公司因配备的统计分析人员反应不灵敏而招致失败

　　B. 福特公司的失败主要是因为其市场研究人员过于倚重可量化的数字，由此阻碍了他们去觉察现实中出现的变化

　　C. 依赖数量化信息的搜集和处理是理性决策法优越于经验决策法的主要方面，福特公司的失败就在于没有摒弃传统的经验决策法

　　D. 就一项重大决策的质量而言，信息搜集中的问题与信息处理中的问题相比较，后者所起的作用更为重要，上述福特公司的实例就有力地说明了这一点

36. 有家牛奶公司最近推出了送奶上门的新服务项目。平均说来，每个服务人员每天要负责临近 10 个街区住户的送奶任务。交通工具目前仅有三轮车。为减轻送奶员不必要的负担，公司有关人员想预先为各位送奶员安排好最短的驱车路线。计划中发现，每个送奶员实际上平均有 128 条可行的路线可供选择。在这种情况下，送奶路线安排问题属于（　　　）。

　　A. 不确定型决策　　　　　　　　B. 确定型决策

　　C. 风险型决策　　　　　　　　　D. 纯计划问题，与决策无关

37. 相传英国有个名叫霍布森的商人，他在卖马的时候一直说，允许顾客任意挑选马匹，但需要符合一个条件，即只能挑选最靠近门边的那一匹。在比例中，顾客拥有的决策权限（　　　）。

　　A. 很大，因为他可以任意挑选马匹

　　B. 很小，因为他的决策前提受到了严格控制

　　C. 无大小之别，因为这里顾客只是在买马，而不是在做决策

　　D. 无法判断，因为决策权限大小取决于所做决策的类型与重要程度

38. 某投资公司准备对一家儿童卡丁车游乐公司投资，为此要对项目进行可行性论证。在以下各因素中，你认为哪一因素对该项目的未来发展前景最无关联影响？（　　　）

　　A. 家长对培养儿童勇敢精神的重视程度

　　B. 政府对儿童游乐项目的管理政策

　　C. 初步选定的供应商生产的卡丁车的质量水平

　　D. 其他游乐项目对儿童的吸引力

39. 下列哪种情况属于非程序性决策？（　　　）

　　A. 餐厅里的一位服务员因工作不慎，将饮料溅到一位顾客的衣服上，顾客非常恼火，要求赔偿，经理就从餐厅的开支中拨出一笔钱作为顾客的洗衣费

　　B. 一位顾客因产品质量问题向企业提出索赔，企业需要决定是否同意赔偿

　　C. 随着规模的扩大，企业决定仿照同行其他企业，将现行的直线职能型组织结构改为事业部制

　　D. 企业流动资金发生短缺，选择筹资渠道

40. 我国国有企业实行公司制，主要目的是（　　　）。

　　A. 将企业都改名为公司　　　　　B. 通过股权多样化筹集资金

　　C. 转换经营机制，增强企业活力　D. 吸引外资，实行合资经营

41. 某集团公司主要根据综合增长率来评判其成员企业的业绩，并规定：综合增长率＝销售增长率＋（2×利润增长率）。现有属于该集团的某企业，预计今年的销售增长率与利润增长率分别为15%与8%。最近，为了提高综合增长率，该企业领导决定投资100万元以加强促销和降低成本。据初步估计：在促销上每增加投资10万元可分别提高销售增长率0.5%和利润增长率0.25%；在降低成本上每增加投资20万元可提高利润增长率1%。这样，如果由你来决定分配这100万元投资，你同意以下哪种观点？（　　）

    A. 全部投在加强促销上要比全部投在降低成本上好

    B. 如果对该投资进行科学分配，可以实现较高的综合增长率

    C. 全部投在降低成本上要比全部投在加强促销上好

    D. 无论怎样分配，都只能提高综合增长率10%

42. 制约企业长期发展的主要问题为（　　）。

    A. 人才队伍的素质与投入精神    B. 资金的筹措与运用

    C. 产品所处的生命周期阶段    D. 组织结构合理与否

43. 某企业原先重大战略决策的基本过程是由各部门（如财务部、销售部、生产部、人事部等）独立把各自部门的情况写成报告送给总经理，再由总经理综合完成有关的战略方案。后来，企业对此过程作了些调整。这就是：总经理收到各部门呈上的报告后，有选择地找些管理人员来磋商，最后由自己形成决策。再后来，总经理在收到报告后，就把这些报告交给一个由各部门人员共同参与组成的委员会，通过委员会全体成员的面对面讨论，最终形成有关决策。对此你的看法是（　　）。

    A. 这种处理方式的改变对企业战略决策以及其他方面的工作没什么影响

    B. 这种处理方式的改变可以大大提高企业决策的效率

    C. 这种处理方式的改变增加了信息沟通的范围，可带来更多的成员满意感

    D. 这种处理方式的改变提高了企业上下信息沟通的效率

44. 一家生产塑料玩具的企业开张一年多后，遇到了以下四个意想不到的问题，你认为其中哪一个为最关键？（　　）

    A. 管理费用高出预算5%

    B. 洪水导致企业部分厂房被淹、停产一个月

    C. 银行贷款利率调高2%

    D. 其产品被技术监督局确认为有损儿童健康

45. 某公司有三级管理层：公司总部、产品部（共有12个产品部）和各职能部门。由于公司的产品种类越来越多，总裁感到难以继续对所有产品部进行有效的领导。为此，提出以下组织变革方案，请选出你认为最可行的方案。（　　）

    A. 在公司总部和产品部之间增加一个按产品大类组成的管理层

    B. 更换一位能力更强的公司总裁

    C. 淘汰几种产品

    D. 各产品部实行自主管理

46. 某大型证券公司将其所有活动组成了银行部、一级市场部、二级市场部、行政

业务部等部门。其中，行政业务部下设有国内业务部和海外业务协调部。按公司高层管理部门的计划，公司将在今后五年内在全国各大城市及亚洲、欧洲、北美设立证券业务分公司。由此可见（　　　）。

    A. 该公司目前采取的是职能型组织结构，5 年后仍将维持这一结构

    B. 该公司目前按地区原则组织活动，5 年后将改为按业务性质组织活动

    C. 该公司现在采取职能及地区型组织结构，5 年后将改为按国家安排业务活动

    D. 该公司现在按业务性质组织活动，5 年后将改为地区型组织结构

47. 讲求经济效益已成为当前各项经济建设乃至一切工作领域的中心问题。在这里，经济效益是指（　　　）。

    A. 活劳动与物化劳动消耗的比较　　　　B. 投入和产出的比较

    C. 活劳动消耗和劳动占用的比较　　　　D. 劳动占用和物化劳动消耗的比较

48. 一家公司生产了一种单价为 2 万元的家用电热饮水器。市场评价其使用性能确属一流，但却颇为滞销。估计该公司此次开发新产品失败的原因主要是（　　　）。

    A. 未能令广大消费者了解该产品的优点

    B. 只注重产品技术性能，忽视市场价格承受力

    C. 人们习惯用煤气煮开水喝

    D. 产品性能和结构仍未尽如人意

49. 某企业生产的工业原料要经过中间商进行销售。G 市的一个中间商包揽了该企业在该市全部产品的销售业务，条件是从销售额中提取 5% 的佣金。那么，这家中间商是生产企业的（　　　）。

    A. 零售商　　　　　　　　　　　　　B. 批发商

    C. 批发兼零售商　　　　　　　　　　D. 以上三种都有可能

50. 产品策略就是要考虑本企业能为顾客提供怎样的产品和服务来满足他们的要求。以下四项中，哪一项与产品策略关联甚少？（　　　）

    A. 产品品牌和商标　　　　　　　　　B. 产品的目标市场

    C. 产品的交货期　　　　　　　　　　D. 产品的生产贷款

51. 面对激烈竞争的外部环境，大型企业的领导最应该关心的是（　　　）。

    A. 经营利润　　　B. 产品质量　　　C. 企业形象　　　　D. 生产成本

52. 某合资企业刚成立不久，该企业引进了世界一流的设备，并招收了一大批专业人才，可谓人才济济，兵强马壮。然而，该企业的经营业绩却一直不佳，职工的工作积极性普遍不高，并且连连发生管理人员和技术人员辞职的事件。从管理的角度看，你认为该企业最有可能在哪一方面存在问题？（　　　）

    A. 计划职能　　　B. 组织职能　　　C. 领导职能　　　D. 控制职能

53. 在行动或工作之前预先拟订组织目标和行动方案是管理的（　　　）。

    A. 计划职能　　　B. 组织职能　　　C. 领导职能　　　D. 控制职能

54. 有这样一个真实案例：四年前可口可乐在巅峰，百事可乐在谷底，他们同时换总裁，四年以后百事可乐进入巅峰，可口可乐跌到谷底。两个杰出的世界级企业，在同一时间换人，四年后竟有这么不同的表现。可口可乐的总裁是学财务出身的，他管

理能力很强，之所以被列为接班人，是因为在他之前的总裁领导能力很强，想以此互补。相反，百事可乐的总裁是行销出身，他在 1991 年、1992 年时是在百事可乐集团下面的一个公司作总裁，后来生了一场大病，从死亡线上爬起来后，他就重新思考到底做这件事背后的本质是什么？于是，他把总裁的职位辞掉，去开一个学校帮百事可乐培养领导人，到后来百事可乐的总裁身体欠佳，他自然而然地就被提拔为百事可乐的总裁，之后百事可乐业务蒸蒸日上。这件事不能说明以下哪一说法？（　　）

    A. 行销出身的人比学财务出身的人更适合当总裁

    B. 管理者和领导者是有区别的

    C. 公司总裁往往决定着公司的命运，所以应该慎重选择

    D. 管理能力很强的人不一定适合做企业一把手

55. 六西格玛管理的实质是（　　）。

    A. 对过程的持续改进　　　　　　　B. 对工艺的重组改造

    C. 对人员的培训提高　　　　　　　D. 对环境的融合适应

56. 一家公司生产了一种售价为 1 500 美元的激光捕鼠器。该产品的捕鼠效果及使用性能堪称一流，但结果没有销出几件产品。这家公司开发该新产品失败的原因是（　　）。

    A. 未能令广大消费者了解该产品的优点

    B. 只注重产品性能，而忽视消费者的价格承受能力

    C. 人们不需要捕鼠

    D. 产品结构和功能仍未尽善尽美

57. 一家生产洗面奶的企业，在原材料价格上涨、其他竞争者都对产品提价的情况下，仍然维持原来的产品售价，因此出现了亏损。企业为扭转亏损局面，采取了减少单位产品包装容量的做法。对此，如下论断哪个是不正确的？（　　）

    A. 这是一种获得竞争优势的做法　　B. 这是一种欺骗消费者的做法

    C. 这是一种对价格变动的反应　　　D. 这是一种变相提价的做法

58. 对企业来说，所谓市场大小通常是指（　　）。

    A. 产品数量多少　　　　　　　　　B. 交易场所大小

    C. 产品市场需求多少　　　　　　　D. 市场范围大小

59. 产品处于投入期时，企业应该（　　）。

    A. 迅猛进攻，抢占先机　　　　　　B. 谨慎从事，逐步探索

    C. 先试探，再进攻　　　　　　　　D. 见机行事，不墨守成规

60. 祥龙公司原是一家以生产经营床上用品为主的大型企业。该公司生产的床单和枕巾从 20 世纪 60 年代开始就受到欢迎，但近年来效益持续下滑。据分析，困扰公司高层领导的问题主要是：公司主要产品的市场需求发生了重大变化；公司在产品开发、制造、销售等环节存在严重的沟通障碍；对主要竞争者的行为缺乏有效的反应。据此，公司高层管理部门当前首先应采取的措施为（　　）。

    A. 重新明确公司业务定位　　　　　B. 进行组织机构调整

    C. 加强公司产品开发能力　　　　　D. 加强人力资源管理

61. 石油勘探业和普通餐饮业的进入壁垒的区别是（　　）。

　　A. 石油勘探业的进入壁垒比普通餐饮业高

　　B. 石油勘探业的进入壁垒比普通餐饮业低

　　C. 两个行业的进入壁垒都比较高

　　D. 两个行业的进入壁垒都比较低

62. 任何商品的交易都不可能没有价格，价格的变化直接影响顾客的购买行为。影响价格的主要因素有三个，它们是（　　）。

　　A. 产品成本，市场需求，竞争状况　　　B. 产品成本，市场需求，产品质量

　　C. 产品成本，市场需求，产品性能　　　D. 产品成本，产品质量，产品性能

63. 为了保证企业管理控制系统的有效运行，从根本上来说，管理者应该长期关注的主要是对有关人员（　　）。

　　A. 严加管制　　　　　　　　　　　　B. 奖惩得当

　　C. 友好相处　　　　　　　　　　　　D. 增加其对组织目标的认同感

64. 为建立产品的品牌优势，保证产品有稳定的市场占有率，以下哪一种做法能从本质上解决问题？（　　）

　　A. 扩大知名度　　　　　　　　　　　B. 重视形象塑造

　　C. 建立品牌忠诚　　　　　　　　　　D. 增加销售人员数量

65. 人们把在短时间内迅速扩张、壮大的企业称为羚羊型企业。但人们普遍认为，随着我国市场经济的逐渐成熟，这种羚羊型企业将会越来越少。这主要是由于（　　）。

　　A. 羚羊型企业作为优秀企业毕竟是少数

　　B. 羚羊型企业作为发展快的企业毕竟是少数

　　C. 能提供如羚羊型企业那样快速发展的外部市场机会越来越少

　　D. 羚羊型企业作为成熟企业毕竟是少数

66. 国际上大型兼并重组不断产生，这表明（　　）。

　　A. 兼并重组有利可图　　　　　　　　B. 强强联合，应付竞争

　　C. 大型企业要获得垄断力量　　　　　D. 企业在追赶潮流

67. 为了提高我国轿车工业发展的规模经济性，你认为在市场经济条件下以下各项国家产业政策中哪一项最具可操作性？（　　）

　　A. 强制关闭达不到经济生产规模的厂家

　　B. 通过行政干预对达不到经济规模的厂家实行联合经营

　　C. 在限制轿车进口数量的同时，努力扩大国内轿车市场的需求

　　D. 积极扶持规模大的厂家，努力提高其轿车的市场竞争力

68. 制造企业过量库存造成"积压资金，占用仓库"的被动局面。为改变这种局面，向零库存或尽可能减少库存的目标努力，可以采取的最有效方法为（　　）。

　　A. 积极开拓产品需求市场

　　B. 定期清仓核资，处理积压物品

　　C. 推行定额库存，超额受罚

D. 以上方案均欠妥，应采取其他的有效方法

69. 自动化新技术的应用可能会造成大量剩余的劳动力和中基层管理者；机器人技术的出现与电脑的广泛应用会对人的心理造成某种压力；生物工程和信息技术的发展与应用还将产生许多法律、伦理等方面的社会问题。你认为（　　　）。

A. 上述问题，都是技术问题

B. 上述问题，与管理无关

C. 上述问题，都是管理者在进行管理工作时应当重视的问题

D. 上述问题，很难界定

70. 在历史上有一典故，美国爱迪生通用电器公司由于在 19 世纪末及时开发和应用爱迪生发明的电灯技术，在短短几年内，就彻底战胜了煤气灯、电弧灯，取得了极大的成功。美国爱迪生通用电器公司很快就成为电力、电信方面的庞大垄断性企业集团，而德国西门子公司由于没有及时采用这一新技术而一度受挫。可爱迪生反对交流电技术，看不到交流电技术的巨大潜力和发展前景，未及时转向采用交流电的技术系统，导致他晚年在交直流之战中惨败。因此，美国爱迪生通用电器公司中的"爱迪生"三字不见了，被合并改名为美国通用电器公司。假如你是一位首席执行官，你认为不正确的看法是（　　　）。

A. 新技术的不断发展变幻，对企业组织决策能力提出了更高的要求

B. 管理者应该不怕风险，具有乐观主义者的态度，这样就可化险为夷

C. 新技术的采用虽然可能带来极大的收益，但风险也很大，并非一件易事

D. 管理者应该具有胆识和远见，善于洞察机遇，并能正确估量风险，做出及时正确的决策

71. 徐某因业务素质好，被人事部门任命为厂设备科副科长。徐某到任后，经常下到车间，与工人一起干具体工作，潜心钻研业务，成绩显著。但他对车间工作的协调和指导缺少办法，工作抓不住重点，而且车间管理人员对徐某也有意见，认为徐某不信任他。对徐某的这些情况，上下都有议论。你认为造成这种局面的原因是（　　　）。

A. 徐某不专心本职工作

B. 车间管理人员权力欲望过大

C. 人事部门的任命违反了决策中的科学原则，只考虑该职位的业务素质，而没有考虑该职位所应具有的管理素质

D. 以上选择都不是

72. 某企业有一笔钱，若将这笔钱放在银行，可以获得 20 万元的预期收益；如果投放债券市场，可以获得 50 万元收益，但仅有 60% 的把握，若失误，将亏损 10 万元；若将这笔钱贷给相关企业，可以获得 40 万元的利润，若贷款企业到期不能及时还款，将影响企业的生产，企业为此将损失 15 万元，发生这种情况的可能性为 10%。你作为这家企业的首席执行官，如何决策？（　　　）

A. 存放银行，获益稳定　　　　B. 贷给相关企业，获得较高收益

C. 投放债券市场，获得风险收益　　D. 将这笔钱一分为三投放

73. 业务好的林工程师接到领导赋予他的一项工作任务，任务量大又很紧急。领导

说若忙不开，随便找几个同事来帮忙。林工找甲，甲说有任务在手边；找乙，乙说不熟悉相关业务；找丙，丙说领导并未作交代。林工只能自己完成，结果未能按时完成任务。这说明（　　）。

    A. 该组织协调欠佳        B. 林工的领导授权时分工不明确

    C. 一个好汉也要三人帮       D. 以上都正确

74. 拿破仑曾分析过法国骑兵与木马日克骑兵之间作战的情形。法国骑兵骑术不精但纪律严明；木马留克骑兵骑术和剑术都很精湛，但缺乏纪律性和组织性。两军对垒时，2 个木马留克兵绝对能打赢 3 个法国兵；100 个法国兵与 100 个木马留克兵势均力敌；300 个法国兵能战胜 300 个木马留克兵；1 000 个法国兵则总能打败 1 500 个木马留克兵。这个例子说明了管理的一个什么原理？（　　）

    A. 组织的整体力量大于单独个人力量的简单相加

    B. 集体努力的结果比个人单独努力时的结果总和要大

    C. 系统的整体功效大于各子系统功效之和

    D. 上述三项都是

75. 某机床厂铸造车间主任最近发现，由于工人工作时的漫不经心，导致铸件的报废率逐月上升。为了让工人认识这种情况的严重性，你认为该车间主任采取哪一种方法最为有效？（　　）

    A. 把车间工人招集起来，痛斥一顿

    B. 将废品堆放在工人经常路过的地方，让他们看看自己的"杰作"

    C. 将问题的严重性写在车间的布告栏上，公开讨论

    D. 登记每一个工人的报废情况，然后分别与他们讨论降低废品率的办法

76. 国内经济管理界"新理论""新概念""新模式"层出不穷，时髦但不持久，这给许多力求取得卓越成绩的实际管理人员增加了无形压力。这种现象在国外也同样存在，到底是管理实践确实需要这么多的"新东西"，还是管理理论界不甘寂寞，人为"创新"？对此，管理学界有许多争议，以下是其中的一些说法，请问你最赞同以下哪一种说法？（　　）

    A. 在环境变化的情况下，不可能"一招鲜吃遍天下"，所以管理理论必须以这种方式推陈出新

    B. 万变不离其宗，管理的核心仍离不开如何建立选人、引人、用人、育人、留人机制

    C. 管理要出奇制胜，这样才有可能让竞争对手无所适从，所以管理模式必须创新

77. 前些年山东大邱庄投资 200 万元建了个铁丝厂，可生产的铁丝没人要，刚建的工厂就要倒闭。吃一堑，长一智，大邱庄开始注意行情。他们四处打探，终于了解到市场上急需做家具的铁管，于是抓住机会把铁丝转产为铁管，结果产品畅销，经济腾飞。这个案例反映了以下这些观点中哪一点是不正确的？（　　）

    A. 信息不是一种经济资源，尽管他可以为企业带来不可估量的财富

    B. 一条信息可能被许多人利用，谁抢先利用，谁就处于有利地位，这说明信息

是一特殊经济资源

  C. 要了解到准确的市场行情不容易，但对有用信息的及时利用更不容易，后者说明了企业家是稀缺资源

  D. 信息是无形的财富，因此可以说"金银有价，信息无价"

78. 某咨询专家受托对某公司经理人员的领导风格进行评价，并提出相应建议使经理人员改进管理行为，进而改善人际关系或生产效率。维修部经理特别独裁，该部门人员流动率很高，许多员工心怀不满，但该部门生产效率却相当高。为改善该经理的领导质量，咨询专家最可能提出的建议是（  ）。

  A. 该经理应劝阻员工离职以提高维修业务的效率

  B. 该经理应像重视业务一样重视员工的个人需要

  C. 该经理应增加人手，弥补由于熟练工人流失而造成的效率损失

  D. 对维修部门来说，独裁是最佳的领导方式，该经理的领导行为不必改变

79. 新星电器厂有五个事业部，分别生产和销售洗衣机、冰箱、冷柜、空调、微波炉，尽管各事业部积极性很高，却出现了一些新的问题：第一，五个事业部各作各的广告，各搞各的公关，浪费了资源，造成内耗；第二，信息不能共享；第三，售后服务不能统一调配力量；第四，各自封闭操作，总经理很难获得五个事业部的信息，有被架空的危险。对此，有关部门提出了四个解决方案，请你选择一个最好的方案（  ）。

  A. 成立销售公司，统一组织销售，各事业部把产品卖给销售公司，不再负责销售

  B. 按原方案进行，每月召开一次事业部经理的协调会，解决矛盾

  C. 在市场部下组建全国八个地区的销售中心，负责本地区各事业部产品销售、公关、广告、服务活动的协调和监督，而销售的权利和责任仍在事业部

  D. 按原方案进行，由市场部派出巡视员，到各地解决矛盾，进行协调

80. "多米诺比萨饼公司"在英格兰地区的一家分店，由于生面团用光而出现断档，致使该公司"30分钟以内送到"的供应保证落空，失信于消费者。为此，地区经理买了1 000条黑纱让他手下的全班人马佩带以示哀悼。对该地区经理的这种做法，你的看法是（  ）。

  A. 该经理希望借助耻辱心理激励下属更加努力工作，不再出现类似的失误

  B. 这样做会打击下属的积极性，没有什么可取之处

  C. 这种做法符合当地的风俗习惯，不足为奇

  D. 商场如战场，企业失去顾客如同失去生命，这种做法顺理成章

81. 河南省某烟厂连年亏损，原因之一是超过80%的职工有偷拿成品烟的现象，这已成经为一种不良风气。新上任的王厂长开会研究解决偷烟问题的办法，大家提出了四种方案，请你选择效果最好的方案（  ）。

  A. 严格治厂，规定凡偷拿成品烟者，一律下岗

  B. 加大罚款力度，规定偷1包烟，罚10包烟的钱，即偷一罚十

  C. 先大造舆论，抨击偷烟行为，提倡"敬业爱厂"精神，党员、干部带头

"不拿厂里一支烟"。随着偷烟人数的减少，逐步加大对偷烟者的惩罚力度

　　D. 设立举报箱，对举报者给予重奖，将偷烟者罚款的大部分奖给举报者

82. 某 S 公司是一家刚起步的公司，面临着新产品如何进入市场的问题。公司生产的产品是一种全新的营养品，但与市场上已有的产品有很大不同。公司决定先集中力量在周边的大城市搞"广告轰炸"，在这点上公司上下意见一致，但在广告的侧重点上，大家有争议。你认为广告侧重点应放在以下哪种因素上？（　　）

　　A. 企业形象及公司名称

　　B. 产品商标

　　C. 产品包装

　　D. 本公司产品与其他产品的区别

83. 假设你是某公司的经理，刚刚招聘了一名很有希望的年轻下属，并在工作上给了他许多指导和关心。可现在，你听到一些小道消息，说其他职员认为你对这位年轻人过于关心。这时，你应该怎么办？（　　）

　　A. 给这个年轻人安排一项重要工作，让他向其他职员证明他的能力

　　B. 疏远这个年轻人，接近其他职员，以证明你是公平对待每个人的

　　C. 重新评价这个年轻人的能力和潜力，据此决定下一步应该怎样做

　　D. 不理会小道消息，继续现在的做法

84. 某民营企业老总觉得，自己的企业之所以能够从无到有，在短短的 8 年时间里迅速发展壮大，最终成为行业排名第一的企业，主要是因为自己多次承接了一些特别客户提出的许多同行厂家均不愿承接的业务。据事后分析，当初该企业承接的这些业务要么数量较少，要么价格太低，要么交货期或质量要求太高，被同行中许多有实力与品牌影响的厂家认为无利可图而放弃。通过这一企业发展事例，可以得出结论（　　）。

　　A. 一个企业的发展关键在于要敢于做人家不敢做的事

　　B. 选择好的业务切入点对于企业的长期发展意义重大

　　C. 在迅速变化的环境中抓住市场机遇是企业头等大事

　　D. 积累能够满足客户各种要求的能力是企业成功的关键

## 二、多项选择题

1. 哈罗德·孔茨认为，管理活动具有若干职能，它们分别是计划以及（　　）。

　　A. 决策　　　　　　　　　　B. 组织

　　C. 人员配备　　　　　　　　D. 指导与领导

　　E. 控制

2. 组织内部一般包括五个要素，这些要素除了物和技术、机构外，还包括（　　）。

　　A. 人　　　　　　　　　　　B. 竞争者

　　C. 信息　　　　　　　　　　D. 系统

　　E. 目的

3. 组织作为社会系统中的子系统要受到环境因素的影响，这些因素有（    ）。

    A. 行业                    B. 供应商

    C. 人力资源             D. 资金资源

    E. 市场

4. 彼得·德鲁克将管理者所扮演的角色分为若干大类，它们包括（    ）。

    A. 管理一个组织的角色        B. 竞争者的角色

    C. 管理管理者的角色         D. 协调者的角色

    E. 管理工人和工作的角色

5. 管理的具体环境包括顾客以及（    ）。

    A. 社会稳定性            B. 供应商

    C. 竞争者               D. 经济发展速度

    E. 社会科技状况

6. 除弗雷德里克·温斯洛·泰罗以外，科学管理理论的其他代表人物还有（    ）。

    A. 卡尔·巴思            B. 亨利·甘特

    C. 弗兰克·吉尔布雷思      D. 亨利·法约尔

    E. 乔治·埃尔顿·梅奥

7. 亨利·法约尔的管理职能包括（    ）。

    A. 计划                  B. 组织

    C. 指挥                  D. 协调

    E. 控制

8. 组织目标具有层次性，多层次目标主要有（    ）。

    A. 环境层                B. 组织层

    C. 个人层               D. 基本层

    E. 控制层

9. 目标的作用包括作为考核业绩的客观标准，以及（    ）。

    A. 指明管理工作方向       B. 激励作用

    C. 凝聚作用           D. 明确责任作用

    E. 建立体系作用

10. 系统与权变理论的追求是（    ）。

    A. 最大限度的生产率       B. 最大限度的满意

    C. 不是最大，而是满意或适宜   D. 是生产率与满意并重

    E. 经济发展高速化

11. 目标管理的基本过程包括（    ）。

    A. 建立完整的目标体系    B. 组织实施

    C. 检查和评价         D. 反馈

    E. 建立保证体系

12. 目标管理的局限性主要包括（    ）。

A. 宣传不够                    B. 参与不够

C. 目标期限短                  D. 协调性不足

E. 存在不灵活的危险

13. 美国战略管理学家迈克尔·波特提出了著名的竞争战略，这些战略包括
（        ）。

A. 成本领先战略                B. 差异化战略

C. 风险型战略                  D. 市场渗透战略

E. 集中化战略

14. 在企业的外部环境分析中，存在若干竞争力量，其中包括（        ）。

A. 替代品的开发                B. 潜在竞争者的进入

C. 供应商的议价能力            D. 购买者的议价能力

E. 现有企业间的竞争

15. 计划工作的程序包括估量机会、确定前提条件、拟订可供选择的方案以及
（        ）。

A. 确定目标                    B. 评价各种备选方案

C. 选择方案                    D. 拟订派生计划

E. 编制预算

16. 企业战略的层次包括（        ）。

A. 社会层                      B. 个人层

C. 公司层                      D. 事业层

E. 职能层

17. 预测的种类很多，按不同对象大致可以分为（        ）。

A. 生产预测                    B. 销售预测

C. 经济预测                    D. 技术预测

E. 社会和政治预测

18. 按照对决策对象的内容分类，可以将决策分为（        ）。

A. 程序化决策                  B. 非程序化决策

C. 风险型决策                  D. 时间序列决策

E. 德尔菲法决策

19. 组织的背景性特征包括（        ）。

A. 规模                        B. 组织技术

C. 环境                        D. 组织目标和战略

E. 组织文化

20. 影响管理幅度的因素包括（        ）。

A. 上下级的素质与能力          B. 计划的完善程度

C. 面临变化的激烈程度          D. 授权情况

E. 专家意见的集中程度

21. 部门划分应当遵循以下原则：精简原则、任务平衡原则、检查与执行部门分立

原则以及（　　　）。

A. 弹性原则　　　　　　　　　　B. 下级服从上级原则

C. 等级链原则　　　　　　　　　D. 纪律原则

E. 目标实现原则

22. 通常将组织结构分成两大类，其中，属于有机式的有（　　　）。

A. 直线制　　　　　　　　　　　B. 职能制

C. 直线职能制　　　　　　　　　D. 矩阵制

E. 事业部制

23. 委员会的优点除了有利于加强沟通联络、代表各方利益、利于主管人员成长之外，还具有（　　　）。

A. 规模适中　　　　　　　　　　B. 集思广益

C. 协调作用　　　　　　　　　　D. 避免权力过于集中

E. 激发主管人员积极性

24. 影响组织结构选择的因素有（　　　）。

A. 技术因素　　　　　　　　　　B. 外界环境

C. 组织规模　　　　　　　　　　D. 组织生命周期

E. 组织战略

25. 根据存在的基础不同，通常将权力分为以下方面，即制度权、专长权以及（　　　）。

A. 个人影响权　　　　　　　　　B. 处置权

C. 分配权　　　　　　　　　　　D. 强制权

E. 奖赏权

26. 组织变革的动因有以下方面（　　　）。

A. 国家产业结构调整　　　　　　B. 政府政策改变

C. 科学技术发展　　　　　　　　D. 组织自身成长

E. 人员条件变化

27. 一个组织中未来主管人员的需要量基本取决于（　　　）。

A. 组织的特征　　　　　　　　　B. 组织的严密程度

C. 组织计划　　　　　　　　　　D. 组织规模与复杂程度

E. 主管人员流动率

28. 主管人员考评的基准主要包括（　　　）。

A. 管理者的个人品质特征　　　　B. 可考核的目标

C. 完整性原则　　　　　　　　　D. 组织发展的要求

E. 管理的基本原理和原则

29. 一个合理的考评制度应当具备以下要求（　　　）。

A. 一致性　　　　　　　　　　　B. 完整性

C. 可控性　　　　　　　　　　　D. 激励性

E. 结构性

30. 职务轮换的方法包括（　　）。

    A. 非主管工作的轮换　　　　　　　B. 主管与非主管职位的轮换

    C. 在主管职位间轮换　　　　　　　D. 与其他组主管职位的轮换

    E. 事先未规定的主管职位间轮换

31. 领导工作包括以下不可缺少的因素，它们是（　　）。

    A. 领导者　　　　　　　　　　　　B. 被领导者

    C. 主观因素　　　　　　　　　　　D. 客观环境

    E. 领导风格

32. 领导工作的基本原理包括（　　）。

    A. 指明目标　　　　　　　　　　　B. 协调目标

    C. 命令一致　　　　　　　　　　　D. 直接管理

    E. 沟通与激励

33. 团队形成的支持条件主要有（　　）。

    A. 团队的所在组织　　　　　　　　B. 指导委员会

    C. 团队的领导和成员　　　　　　　D. 团队的结构

    E. 团队的推进者

34. 团队的发展阶段表现为（　　）。

    A. 形成阶段　　　　　　　　　　　B. 协调阶段

    C. 震荡阶段　　　　　　　　　　　D. 规范阶段

    E. 执行阶段

35. 有效沟通的原则有（　　）。

    A. 对等性原则　　　　　　　　　　B. 准确性原则

    C. 完整性原则　　　　　　　　　　D. 及时性原则

    E. 策略运用非正式组织原则

36. 戴维·麦克利兰的激励需要理论认为，人的基本需要包括（　　）。

    A. 对物质的需要　　　　　　　　　B. 对安全的需要

    C. 对权力的需要　　　　　　　　　D. 对社交的需要

    E. 对成就的需要

37. 伯尔赫斯·费雷德里克·斯金纳将强化归为以下类型，那就是（　　）。

    A. 正强化　　　　　　　　　　　　B. 积极强化

    C. 惩罚　　　　　　　　　　　　　D. 逃避性学习

    E. 消失

38. 伯尔赫斯·费雷德里克·斯金纳认为，应用强化手段强化下属行为时要遵行以下原则：建立目标体系、及时反馈与及时强化，以及（　　）。

    A. 稳定动机　　　　　　　　　　　B. 使奖励成为真正的强化因素

    C. 研究与满足需要　　　　　　　　D. 多用不定期奖励

    E. 奖惩结合，以奖为主

39. 威廉·J. 雷定提出的"多维构面理论"指出，领导风格具有的类型包括

（    ）。

  A. 任务导向        B. 关系导向

  C. 职务导向        D. 目标导向

  E. 领导效能

40. 间接控制方法的前提假设是（    ）。

  A. 工作成就是可以计量的

  B. 人们对工作成就具有个人责任感

  C. 查找偏差原因所需的时间有保证

  D. 出现偏差可以预料并能及时发现

  E. 有关部门或人员将会采取纠正措施

41. 管理理论的形成和发展大约经历了以下几个阶段（    ）。

  A. 早期管理活动阶段      B. 早期管理思想的萌芽阶段

  C. 管理理论形成阶段      D. 现代管理阶段

  E. 未来管理阶段

42. 行为科学在第二次世界大战以后的发展主要集中在（    ）。

  A. 关于人的需要和动机的理论

  B. 关于管理中的"人性"的理论

  C. 关于领导方式的理论

  D. 关于企业中非正式组织以及人与人之间关系的理论

  E. 关于系统的理论

43. 现代管理理论在对人的看法上，将人看作（    ）。

  A. 经济人         B. 社会人

  C. 复杂人         D. 现代人

  E. 机器人

## 三、简答题

1. 简述社会效益与经济效益的关系。

2. 简述管理的效益取决的因素。

3. 简述跨国公司管理的发展阶段。

4. 企业文化是如何影响管理活动的？

5. 管理国际化对管理的基本要求。

6. 实现"六西格玛目标"的六步法。

7. 业务再造的主要特点有哪些？

8. 简述我国国有企业实行股份制的主要好处。

9. 简述组织与外部环境的关系。

10. 管理追求"1＋1＞2"的协同效应，影响协同效应的因素有哪些？

11. 简述企业再造理论。

#### 四、论述题

1. 企业如何对多元化经营实施有效管理？

2. 请结合管理学和经济学的有关理论，分析企业组织一体化经营的原因以及可能由此产生的问题。

3. 试述企业在行业竞争中的四种不同的地位及各种地位的特点与相应的竞争策略。

4. 论述管理在社会发展中的作用。

5. 试分析比较美国和日本企业管理的差异。

6. 试述企业的现代化经营思想及其重要意义。

7. 试述企业组合的基本原因及其对企业发展的影响或作用。

8. 试述宏观经济状况的变化对企业经营的影响，及企业应采取的对策。

9. 结合你所看到的、听到的，或者是你体验到的，运用所学的知识谈谈作为一个企业领导者应当具备哪些素质？

10. 有人说，从管理的发展阶段角度看，现在已经进入"知识管理"时代。你对这种观点有何见解？

11. 在现代管理活动中，社会责任问题已是组织与管理者不可回避的问题。请列举主要的赞同与反对在管理中承担社会责任的论据，并具体指出企业与管理者应承担什么社会责任？

12. 试述如何实现管理工作的人员活性化？

13. 论现代管理学在实践中应有的主要观点。

14. 美国有两位学者在调查了一些企业管理实践后指出：企业如欲取得长期的成功，必须只干自己熟悉的事。你是否同意这个观点？请说明理由。

15. 交流与沟通在组织管理中是一项很重要的任务，据统计，大多数基层主管要将自己 50%～60% 的时间用于与下级进行意见交流。请阐述交流的主要形式，以及在组织交流中应注意的因素。

16. 试述沟通的原则，并举例说明在组织中如何发挥有效沟通的作用。

17. 为什么说资源是有限的？资源的有限性对管理有什么影响？

18. 如果行业中存在数量很多的相互竞争的企业，则企业在做出改变价格的策略时一般需要考虑哪些因素？

19. 制造业企业应如何处理生产的规模经济性和市场需求日趋多样性之间的关系？

20. 说明我国实行股份制的企业通常存在的主要问题。

21. 知识经济给管理学带来哪些新观念？管理者如何应对经济全球化？

22. 管理者是万能的还是象征的？管理者如何适应管理变化的新形势？

23. 如何评价管理工作的有效性？

24. 新港造船厂有两位车间主任，上班提前到岗，下班后工人都走了，他们还逐一熄灯关门，起早贪黑，活没少干，但任职的管理工作却不够理想。厂长王业震将他们免职，有人提出异议，王厂长却说："这样的同志可以当组长、工长，甚至劳动模范，却不能当称职的车间主任。"你是否同意王厂长的做法，请运用管理学知识说明你的观点。

25. 蒋华是某新华书店邮购部经理。该邮购部每天要处理大量的邮购业务,在一般情况下,登记订单、按单备货、发送货物等都是由部门中的业务人员承担的。但在前一段时间里,接连发生了多起 A 要的书发给了 B,B 要的书却发给了 A 之类的事,引起了顾客极大的不满。今天又有一大批书要发货,蒋华不想让这种事情再次发生。他应该亲自核对这批书,还是仍由业务员们来处理?

26. 你是否同意"经营业绩好的企业管理水平一定高;反之,管理水平高的企业经营业绩一定好"这一观点?请给出理由。

27. 试述现代管理的特点。

## 五、案例分析题

### (一) 海尔的业务流程再造

多元化和规模增长给海尔带来的问题日趋尖锐。库存和应收账款两项指标的开始上升,让张瑞敏闻到了海尔(实际上也是中国家电业)前面的"冰山"气息。他下定决心对海尔施以"业务流程再造"的大手术。

进入 20 世纪 90 年代中期后,海尔多元化的格局愈加明显,规模增长非常快。到了1997、1998 年,海尔集团主体下面有四个事业本部,分别做集团的主导产品冰箱、冷柜、空调和洗衣机。这几个本部分别有自己的采购、销售、财务。

张瑞敏介绍道:"最初搞多元化时就是简单地想把做冰箱成功的观念、文化和管理模式变成一种模块,移植到冰柜、空调、洗衣机身上。但是每一个企业又是一个个体,总归有它的个性和独特性,不可能完全和冰箱一样,即使完全和冰箱一样,操作这么多冰箱厂和操作一个冰箱厂又不一样。于是,你开始让它们各自发展,但真正要发展的时候,问题就多了,各个公司主观上都想干好,但客观上会有一些碰撞。"

从上市公司青岛海尔的报告中可发现,从 1997 年到 1999 年,青岛海尔的应收账款周转率由 11.11 次逐年下降到 4.96 次,存货周转率也由 6.96 下降到 5.97,这意味着应收账款在销售收入中的比例越来越大,库存日渐严重。

如何在海尔曾经引以为傲的"联合舰队"机制上医治"大企业病",从 1997 年到1998 年,张瑞敏想了一年。

他考虑了几点,一是不能变成像以前计划经济下老国企集团那样统一核算的经济体,以集团控制所有,也就是说既要让内部不各自为政,还要在市场上非常灵活,有竞争力;二是要从整个系统上根本解决库存和应收账款问题。

这两年才紧随 ERP(企业资源规划)进入中国企业界视野,而且绝大多数只是在被咨询和软件公司贩卖概念的 BPR(业务流程再造),被张瑞敏大胆拾起。

在这以前,海尔的管理曾以日本松下、美国通用公司为师。这次,张瑞敏发现,唯独在业务流程再造上,没有可以学习的对象。但是,仍然没有任何咨询顾问被请入"海尔王国",帮助其进行这项全球业界失败率高达 80% 的工程。张瑞敏的理由是,外人对海尔的了解速度跟不上海尔的变化。

　　当张瑞敏把哈默在 1993 年出版的《流程再造》一书中的部分内容复印下来给集团中高层传阅时，这才是海尔内部绝大部分干部第一次接触到"流程再造"的概念。

　　在 1998 年 9 月 8 日的集团中层干部例会上，张瑞敏正式提出了"市场链"流程再造概念及建立内部"模拟市场链"机制的思路。

　　"市场链"的第一步，就是从组织上把以前内部各自采购、各自制造、各自销售而分散的资源整合为一个整体，统一为"海尔"品牌服务。而这主要是通过建立四大推进本部来完成的。其中，海外推进本部在 1998 年 12 月 14 日第一个建立。由被认为将来最有可能接任张瑞敏的柴永森领衔，统一海尔品牌的出口。紧接着，物流推进本部、商流推进本部、资金流推进本部相继建立。物流和商流一头一尾分别肩负着整合全球供应链资源和全球客户资源的使命，而资金流则保证集团资金的统一流进流出。

　　仅是这个框架就整合了一年多。1999 年 11 月，最关键的概念——"订单信息流"被推出，它是带动物流和资金流运转的中心。也就是说，海尔要求，只有在市场上获取了有价值（达到海尔利润率要求）的订单之后，物流、资金流才开始围绕着订单运转，由于完全按订单生产，产品进入商流后，就可以做到集团要求的现款现货。原来各自有一套采购和销售流程的产品事业部，在新的流程中的角色只是位于集团物流和商流之间的订单执行者，也就是负责设计和生产。

　　张瑞敏承认，他最初对海尔再造并没有一个非常明细完整的方案。"一开始我们提出'业务流程再造''市场链'，只是认定这个大方向是对的，究竟每一步怎么走，不是一切料事如神、预先算好的。可以说每天都围绕着这个大的目标在胡思乱想。哪有定格？真的没有！"张的作风是坚决反对关起门来搞研究。

　　2000 年 10 月 6 日，张瑞敏带着他实践了两年的案例——建立"市场链"，去瑞士洛桑国际管理学院（IMD）讲课。讲完了之后，IMD 一位教授问张瑞敏："您为什么要打破企业的平衡？平衡与秩序是很多经理人力求达到的状况，并且我们一直认为已形成制度的东西对企业的平衡与发展是很必要的啊！您打破平衡的哲学思想究竟是什么呢？"

　　"我们追求的是有序的非平衡结构。只要这个企业每天是开放的，每天和外界交换信息，那么这个企业不可能平衡。一旦进入一个所谓的平衡阶段，效率低下、办事缺乏速度等大企业病随之就会产生。"张瑞敏说。

　　流程再造三年多以来，海尔的组织结构已被打破了 40 次，重建了 40 次。

　　当这架名为"海尔"的战车在颠簸中去冲锋陷阵时，有人表示无法理解，有人感到不安。"为什么要把做得好好的全部打破呢？好像横着切了一刀，当时大家都掉不过弯来。"一位海尔内部员工说。

　　即使在强力推进流程再造一年后，也有很多干部公开或私下抱怨："不是卖得很好吗？瞎折腾什么啊？这一搞全搞别扭了。"海尔高层管理者有人直接问他："你以前不是说集团像联合舰队吗？现在这样一搞，我们都不存在了。"

　　张瑞敏说："如果说以前是联合舰队，你也只是个小舢板，不可能让每条船自己靠岸后自己买菜，自己去补充给养，就像麦当劳、沃尔玛一样，它们进货一定是总部统一。但我们不是统一分配，如果你个人能力大，你可以从规定的渠道多拿货、多赚钱。

如果实在不能接受的话，就请另谋高就吧！"

海尔内部对"张首席"的信任、海尔文化的坚不可摧，在流程再造初期5个月内冰箱等产品销售大幅下滑时得到了考验。那时，"没有惊慌失措，只是研究怎么来解决，防止集团内出现连锁反应，"张瑞敏说，"就像一个人开刀之后，躺在床上等伤口愈合，那不叫病。"业绩很快就反弹回来了。

可以说，十多年来，海尔的成败得失系于张瑞敏一个人的大脑。外界对庞大海尔的每一步都依赖于一个人的决策感到不安。张瑞敏对这些看法不以为然。他说："任何事情到最后当然需要一个人拍板。反过来说，如果他们已经不信任企业领导，那这个领导人也再没有资格待在这个位置上了。"

在2002年2月海尔集团中层干部会上，张瑞敏总结了2011年的考评情况："从考评的结果看，有两个值得深思的问题。一、我们每年都对干部有升有降，但是今年降的占了很大比例……二、所有这13人当中，除了×××之外，都是对海尔做出过很大贡献的，都在海尔被评过优秀、先进、标兵，有的还被评为过功臣。另外，他们都是非常的努力，但努力归努力，贡献归贡献，这些都属于过去了，现在要看的是市场效果，效果不行，不可能因为过去做了很多的工作就可以迁就。"

张瑞敏自豪于海尔造的是人，而不是产品，事实上，眼下人的素质的发展与突破跟不上张瑞敏对海尔再造的要求，恰恰是张瑞敏感到困扰却也无奈的地方。

"一开始，我也没有想到流程再造会要这么长时间。原来我想最多三年一定要完成，现在看还有很长的距离，设定的目标，认为这个月或者这两个月应该完成的，但到时候就是完不成，就是困难。"张瑞敏说，"表面上看，可能是基础工作、计算机管理很多东西不到位，但本质上是人的问题，人的问题从表面上看是素质问题，但深层次上看又是自我挑战能力。人的本性可能是有惰性的，但你现在必须战胜自我、天天创新，不要说下面的人，有时我自己都感到压力巨大。"

如果说组织结构这件"衣服"尚算好换，脱了就可以，但好比"器官"的海尔员工如何改造？建立"市场链"，给了员工一个创新的空间，但如何使他们在这个空间里始终保持一个特别强的自我挑战状态，能够不断有创新的激情？

海尔内部现在大力推行的SBU（英文"策略事业单位"的简称），是继内部模拟市场链后，将"企业"概念进一步缩小到每一个人身上的举措。记者见到物流推进本部钢板采购经理张永劭的《SBU经营效果兑现表》。在这个表上，列出了张永劭个人的经营收入、经营成本及费用、经营效果和个人兑现等项目，特别是成本及费用，列得极为详细，包括港杂费、保险费、仓储费、工资福利费、办公费、利息费等16小项。

"企业的资产分解到员工身上，比方说，你使用企业的桌子、电脑等都不是无偿使用的，让员工的收入和表上的各项指标完全挂钩。企业有三万名员工，就有三万张表，这样企业每个人都必须创新，让每个人都成为一个公司，每个人都当老板，每个人都去整合资源，特别是整合所有人力资源，包括内部、外部的，只要在世界范围内都可整合！这样，整个企业就非常有力量。"张瑞敏这样认为。

目前，海尔在张瑞敏的领导下，还在进行着进一步的变革。

资料来源：周毕文.2004年全国MBA联考管理考试应试对策与模拟试题.北京：人民邮电出版

社，2003.

问题：

1. 张瑞敏最初想把做冰箱成功的观念、文化和管理模式变成一种模块，移植到冰柜、空调、洗衣机身上，但是并没有收到预期的效果。这最能说明什么？（　　）

　　A. 理想与现实总是有很大差距的，不足为奇，很正常

　　B. 管理本身具有科学性和艺术性，只有二者有机的统一才能成功

　　C. 实践中权变理论的理念很重要，领导者要考虑特定环境因素

　　D. 冰箱制造与冰柜、空调、洗衣机制造有共性，更有个性，不可盲目仿效、学习

2. 海尔集团正在进行一场变革——业务流程再造，你认为这会对其组织结构产生什么样的影响？（　　）

　　A. 产生巨大影响，由事业部制改成一种管理理论界尚未研究归纳的一种模式

　　B. 产生巨大影响，由传统事业部制改成一种新型推进本部制

　　C. 形式上产生影响，但本质上，基本的事业部制没有改变

　　D. 由事业部制改成了学习型组织结构模式，工作分工更加专业化、细致化

3. 十多年来，海尔的成败得失系于张瑞敏一个人的大脑，现在正在进行的业务流程再造中，张瑞敏也是力排众议，一意孤行。张瑞敏应该是一个典型的明星式企业家，社会上对这一类型的企业家的看法众说不一。你如何客观看待？（　　）

　　A. 企业变革时期需要一个拥有领袖魅力、集权、专制的领导者

　　B. 明星式企业家因为过分树立自身形象，其人在其政兴，其人亡其政衰，企业都没有好的结局

　　C. 企业成败得失系于一个人，决策风险很大，应该以委员会的形式进行企业决策，降低个体决策风险

　　D. 张瑞敏的确是商界才俊，实践证明海尔企业也是成功的，无须争论

4. 海尔正在进行的业务流程再造是一种什么样的变革？（　　）

　　A. 显著的，根本的，被迫的

　　B. 风平浪静的，循序渐进的，平衡的

　　C. 急流险滩的，主动的，应变的

　　D. 前无古人的，大刀阔斧的，危机四伏的

5. 海尔集团的未来发展将会是什么样的？（　　）

　　A. 在张瑞敏的领导下，必将像以往一样再创辉煌，为国企树立一个变革的典范

　　B. 只要全体员工齐心协力，共同担负起相应的责任来，一定会得到快速发展

　　C. 在张瑞敏的领导下，在全体员工共同努力下，海尔集团会如期进入世界500强

　　D. 就像在雾中行走，可能因变革而取得巨大成功，也可能因变革而失去现在的成功

（二）聚科公司的新型管理

有些企业能够提高职工的参与管理而转危为安，聚科公司就是这样一个成功的典

范。该公司过去的许多管理制度都是在权威式的管理思想指导下制定出来的，职工没有提出意见的机会，即使有时职工的意见能够提出来，也得不到应有的重视。这样做的结果，使得职工的流动率很高，正式或非正式的罢工事件层出不穷，缺勤率高达8%，产品的退货率达4.5%，公司的营业状况每况愈下。

在这种情况下，该公司领导不得不改弦易辙，设法改革原有的管理制度。经过反复讨论之后，该公司在"通过职工参与管理来改进工作"的思想指导下，建立了一些新的管理制度，实施了一些新的举措。

首先，公司领导向全体职工印发了一本简明易懂的职工手册，这本手册有条有理地讲解了该公司的宗旨、目标和各项政策与措施，使每个职工了解到远景规划、具体要求和公司领导对他们的期望。

其次，公司对公司高级管理人员的人选做出了新规定。过去公司一般都是从公司外选聘高级管理人员（如总经理和副总经理等），而新的制度规定，公司高级管理人员一般应从公司内部表现突出、能力强的职工当中选拔。

公司还新成立了一个工程管理部，这是一个富有朝气的部门，该部除了负责工程方面的改进工作之外，还经常派人到各车间去观察各项作业的流程，听取工人的意见。这个部门的工作，加强了公司内部各部门之间的联系与协调。公司还建立职工出勤奖励制度，对于全勤和出勤较好的职工给予奖励。作为公司领导和职工之间沟通意见的渠道，公司办公室负责出版了一份内部刊物，公司领导的新精神和职工的各种意见都能在这个刊物上得到反映。每当公司领导要采取一些重要措施时，公司领导都会向职工的家庭发出信件，目的是使职工及其家属了解这些重要措施的主要内容及其意义。这就是公司与职工家庭之间的通信制度。

以往该公司的申诉案件多得不胜枚举，许多案件都是由于领班对劳资协定不了解而产生的。为了解决这些问题，公司建立了"抱怨"登记制度，这样许多抱怨事件在演变成为费时而不费钱的申诉案件之前就能够得到合理解决。公司现在按月召开"职工参与管理会议"。参加会议的代表按下列办法产生：先通过抽签方式抽出初选人员，然后再由总经理和高级主管从中任意挑选20名参加会议。公司规定，每个月参加会议的人员不得重复，因此在一年中有四分之一的职工至少都有一次机会当面向高级主管畅谈自己对公司工作的各种意见。

由于采取了以上措施，聚科公司的工作发生了以下一些重大变化：全公司产量增加了37%；公司直接参加生产的职工减少了20%，间接职工减少了37%，高级主管人员从26人减少为18人；建立这些制度、采取这些措施以来，从未发生过罢工事件，职工申诉案件由以往平均每年45件减为5件；缺勤率由8%降为3.2%；产品退货率由4.5%降为目前，聚科公司仍在积极设法让职工参与企业的管理。

资料来源：豆丁网，http://www.docin.com/p-305629556.html。

问题：

1. 印发职工手册的根本作用在于（　　　　）。

　　A. 使职工了解公司领导对他们的期望

　　B. 使职工正确理解公司的目标

C. 使职工能够自觉地将个人目标与公司目标正确地结合起来

D. 以上都是

2. 公司新规定，高级管理人员一般应从公司内部表现突出、能力强的职工当中选拔，做此规定的理由是（      ）。

    A. 以前从外部招聘的高级管理人员都不理想

    B. 从内部提拔的人与公司彼此互相都了解

    C. 能够激发公司员工的上进心，提高职工的士气

    D. 获得当初对被提拔者的培训投资的回报

3. 公司新成立的工程管理部行使的主要是哪种职权？（      ）

    A. 直线职权                B. 职能职权和参谋职权

    C. 职能职权                 D. 参谋职权

4. 公司内部出版刊物，作为公司领导与职工沟通的渠道。这是一种什么样的沟通方式？（      ）

    A. 正式沟通                B. 非正式沟通

    C. 非语言沟通             D. 横向沟通

5. 公司职工和高级主管人员的减少，说明（      ）。

    A. 有人可能不适应公司的这种变化而离开了，比如不能保证全勤等

    B. 公司内部适合担当高级主管之职的人太少，所以不能只由内部提升，特别是对于高级主管的人选

    C. 人员减少了，但效率却提高了

    D. 各级管理者的管理幅度都变小了，这是改革后出现的新问题

**（三）HT 公司的跳跃腾飞与未来发展**

HT 公司创建于 1958 年，是直属邮电部的全民所有制骨干企业，中国邮电工业总公司（PTIC 集团）的核心成员厂。经过多年的艰苦创业与不断探索，尤其是近年来，充分利用改革开放的大好时机，依托科技与人才的优势，积极调整产品结构，自觉深化企业改革，企业已从一家邮电设备的修配厂，一跃发展成为以研制、开发、生产经营移动通信、程控交换、激光照排、数字传输、无线通信为主的多种电子通信设备的专业厂家。

从 1958 年建厂到 1979 年，HT 公司的经营一直是在计划经济模式下进行的。企业没有明确的经营战略，1980 年后，邮电部的生产计划指标已远远不能满足企业的生产能力，拥有 3 000 多万元生产能力的 HT 公司只拿到了 90 万元的计划生产指标，此时 HT 公司的决策者决定开发产品档次不算太高，但颇有市场需求的电视机、电风扇和电源接插件。这一决策充分利用了企业的资产存量，1984 年企业的人均劳动生产率达到 16 031 元，销售收入为 2 785 万元，均比 1980 年增加了一倍。这一决策的重要性，还在于增强了 HT 公司全体员工的市场营销意识与营销能力。

在技术、资金有了一定积累的条件下，企业决策者认为，随着家电行业同行竞争者的增多，企业的产品如没有特色就很难获利，因此在 1985 年后，HT 公司积极寻求

有较高技术档次的新产品，其中主要是积极参加了电子部组织的激光照排项目的合作攻关。这一努力使 HT 公司形成了"以激光照排为主、数字特高频与移动通信为辅"的"一主多辅"的经营格局，对提高 HT 公司的技术能力与今后的技术引进起点，起了较为关键的作用。

20 世纪 80 年代末期，HT 公司生产经营的产品（如无线电高频设备）大部分为模拟制式，尽管当时还拥有一定的市场，但从长远来看，产品结构已趋老化，市场面临衰退。在这关键时刻，HT 公司的高层决策者清醒地看到，改革开放是大势所趋，随着世界经济的发展，通信必然要实现数字化、全球化。决策者还敏锐地预测到，作为国家重要基础设施的邮电建设将会以高于 30% 的速度超前发展，电话会大面积普及且会出现固定电话向移动电话转移的新需求。而当时国家通信建设急需的移动通信、万门程控等现代通信设备一度主要依靠直接进口。美国的摩托罗拉、瑞典的爱立信、日本的 NEC 等国际大公司均致力于抢占中国的大市场。鉴于这一情况，HT 公司的高层决策者根据企业所拥有的技术水平与国内的大市场，果断地提出了"高新技术起点、多渠道技术引进、高速度形成规模经营"的经营战略，并由做出了两个具有超凡胆识的决策：一是尽早与世界著名的无线通信产品制造商——美国的 M 公司签订蜂窝电话手持机与基站系统设备技术引进合同；二是冒险加盟 UJD04 型数字程控交换机的合作攻关。

这两项决策的制定与实现，从根本上改变了 HT 公司的产品结构，企业发展出现了新的生机。1992 年 HT 公司提前完成了"八五"原定计划，实现销售收入 4 亿元，1993 年销售收入猛增至 15 亿元，1996 年实现销售收入 40 亿元，全员劳动生产率高达 86.2 万元，与 1958 年建厂时相比，国有资产增加了 200 余倍。HT 公司开拓了一条值得国有大中型骨干企业借鉴的自强奋进、跳跃发展的成功之路。

目前，HT 公司在发展中面临着技术风险（目前 HT 公司移动电话手持机、基站系统有 80% 的关键部件还依赖进口，这种依赖在近几年还将进一步加重。由于自主的研究与发展的投入还较少，HT 公司的技术发展方向还受制于国外公司）。HT 公司的自主开发能力与跳跃发展的产业规模和经济指标不匹配。

HT 公司的经营风险也很大，随着市场经济的进一步发展，对通信设备的需求将会越来越大，而通信产品的高利润，将吸引越来越多的国内企业加入通信行业。同时，国外大公司会进一步进入中国市场，因此，市场竞争会更加激烈。

资料来源：蒋丽君. 管理学原理. 杭州：浙江大学出版社，2004.

问题：

1. HT 公司生产电视机、电风扇和电源接插件是（    ）。

    A. 经营战略错误           B. 产品选择错误

    C. 市场分析错误           D. 适应市场需求的正确决策

2. HT 公司与 M 公司合作的意图主要是（    ）。

    A. 获得制造技术           B. 获得管理技术

    C. 获得营销网络           D. 获得开发技术

3. 总而言之，HT 公司跳跃发展的秘诀是（    ）。

    A. 政府支持           B. 国外公司的支持

C. 科技、人才的支持　　　　　　　D. 超前认识

4. 从本案例看，HT 公司的经营风险主要是（　　　）。

  A. 高水平人才少　　　　　　　　B. 产品单一

  C. 未来产品方向不明　　　　　　D. 对国外公司的依赖

5. HT 公司在未来发展中，最重要的战略行动是（　　　）。

  A. 选择新的国际大公司合作　　　B. 自主开发新的通信产品

  C. 加强产品营销　　　　　　　　D. 强调资本经营

## （四）苏南机械有限公司

  苏南机械有限公司是江南的一个拥有 3 000 多名职工的国有企业，主要生产金属切削机械。公司建立于新中国成立初期，当初只是一个几十人的小厂。公司从小到大，经历了几十年的风风雨雨，为国家做出过很大的贡献。20 世纪 80 年代，公司取得了一系列令人羡慕的殊荣：经主管局、市有关部门及国家有关部委的考核，公司各项指标均达到了规定的要求，因此被光荣地评为国家一级企业；厂里的当家产品，质量很好，获得了国家银质奖。随着外贸体制改革，逐渐打破了国家对外贸的垄断，除了外贸公司有权从事外贸外，有关部门经考核，挑选了一部分有经营外贸潜力的国有大中型企业，赋予它们外贸自主权，让它们直接进入国际市场，从事外贸业务。公司就是在这种形势下，得到了上级有关部门的青睐，获得了外贸自主权。

  进入 20 世纪 90 年代，企业上上下下都感到日子吃紧，虽然经过转制，工厂改制成了公司，但资金问题日益突出，一方面公司受"三角债"的困扰，另一方面产品积压严重，销售不畅。为此公司领导多次专题研究销售工作，大部分人都认为，公司的产品销不动，常常竞争不过一些三资企业和乡镇企业，问题不在产品质量，而主要是在销售部门的工作上。因此，近几年公司对销售工作做了几次大的改革，先是打破了只有公司销售部门独家对外进行销售的格局，赋予各分厂（即原来的各车间）对外销售权，还另外组建了几个销售门市部，从而形成一种竞争的局面，利用多方力量来推动销售工作，公司下达包括价格浮动幅度在内的一些指标来加以控制。与此同时，公司对原来的销售科进行了充实调整工作，把销售科改为销售处，以后又改为销售部，现在正式改为销售公司。在人员上也作了调整，抽调了一批有一定技术、各方表现均不错的同志充实进销售公司。这样一来，从事销售工作的人员增加了不少，销售的口子也从原来一个变成了十几个。当初人们担心，这样会造成混乱，但由于公司通过一些指标加以控制，所以基本上没有出现这种情况，但是销售工作不景气的状况却没有发生根本性的改变，这是近年来一直困扰公司领导的一大问题。

  与此同时，公司的外销业务有了长足的发展。当初公司从事外销工作的一共只有五六个人，是销售科内的一个外销组，以后公司获得了外贸自主权，公司决定成立进出口部专门从事外销工作，人员也从原来的几个发展到了今天的 30 个。除了 12 个人在外销仓库，18 个人中有 5 个外销员，5 个货源员，其他的人从事单证、商检、海关、船运、后勤等各项工作。公司专门抽调了老王担任进出口部经理。老王今年 50 岁，一直担任车间、科室的主要领导，是公司有名的实力派人物。在王经理的带领下，进出

口部的业绩令人瞩目：1996 年的外销量做到了 450 万美元，1997 年达到 500 万美元，1998 年计划为 650 万美元，1 到 9 月份已达到了 500 多万美元，看来完成预定的计划是不成问题的。

成绩是显著的，但问题矛盾也不少。进出口部成立以来，有三件事一直困扰着王经理：一是外销产品中，本公司产品一直上不去。公司每年下达指标，要求进出口部出口本公司一定量的产品，如 1998 年的指标是 650 万美元的外销量，其中本公司的产品应达 350 万美元。公司的理由是：内销有困难，进出口部要为公司挑担子，虽然做本公司产品对进出口部没多大利润，但这关系到全公司 3 000 人的吃饭问题。因此，进出口部只得接这项任务，王经理再将指标分解给外销员，即每人做 70 万美元的本公司产品，可结果总是完不成。王经理和外销员都反映，完不成的责任不在进出口部，因为订单来了，本公司分厂不能及时交货，价格也有问题，所以只能让其他厂去做，进出口部做收购，这样既控制价格、质量，又能及时交货。讲穿了，做本公司的产品，进出口部要去求分厂，而做外购是人家求进出口部，好处也就不言而喻了。公司对进出口部不能完成本公司产品的出口任务一直有意见，进出口部与各分厂的关系也搞得很僵，而且矛盾还在发展之中。二是外销员队伍的稳定问题。近几年已有几位外销员跳槽，而且跳出去的人据说都"发"了，有的自己开公司做贸易，有的跳到别的外贸公司，因为他们是业务熟手，手中又有客户，所以都享有很高待遇，一句话，比在原来公司好多了。这又影响了现在的外销员。公司虽然在工资、奖金上向外销员作了倾斜，但他们比跳槽的收入还差一大截，因此总有些人心不定，有的已公开扬言要走，王经理也听到一些消息，说是有的人已在外面悄悄干上了。面对这样的状况，王经理心里万分着急，他知道，培养一个好的外销员不易，走掉一个外销员，就会带走一批生意。他深知问题的严重性，也想了好多办法，想留住人心，比如搞些活动，加强沟通等，但收效甚微。该怎么办呢？这是王经理一直在思考的问题。

资料来源：芮明杰. 管理学：现代的观点. 上海：上海人民出版社，1999.

问题：

1. 本来 1998 年公司完成外销任务是不成问题的，为什么完不成任务？

2. 为什么公司有大量销售人员外流，应如何留住他们？

（五）前景内燃机公司的激励问题

前景内燃机公司最高层主管人员长期忧虑的一个问题是：生产车间的工人对他们的工作缺乏兴趣。其结果就是产品质量不得不由检验科来保证。对于那些在最后检验中不合格的产品，公司找到的唯一方法就是在一个特别的车间内设置一个由技术高的工匠组成的班组，安排在生产线的最后，在那里解决质量问题。由于这种方法费用高，而且发现的质量问题大多是装配时不小心等可以事先预防的差错造成的。因此，公司中很多人对使用这种事后处理的方法不满意。当然，也有的差错是由于设计不合理造成的。

在公司总裁的催促下，分公司总经理召集他的主要部门主管开会研究如何解决这个问题。生产经理刘伟断言，这些问题是工程设计方面的事情。他认为，只要工程设计中仔细设计部件和整体结构，许多质量问题就不会出现。他又责怪人事部门没有更好地挑选工人，没有让用人部门参与到员工选拔工作中来。他特别指出装配工人的流动率每月高达5％以上，且星期一的矿工率经常达到20％。他的见解是：用这样的劳动力，没有一个生产部门能够有效地运作。

总工程师王选认为，部件和整机结构都设计得很好。如果标准要求再严格一点儿，生产就会非常困难和费时，成本也会大幅度提高。

人事经理刘彦从多方面来说明人事问题。首先，她指出，由于本公司有强有力的工会，她的部门对公司雇佣和留用工人很少有或根本没有控制权。其次，她观察到车间的工作是单调和非常辛苦的。所以公司不应该期望工人对这种工作除了领取工资外还会有什么兴趣。但是刘彦说，她相信公司可以想办法提高工人的兴趣。如果工人承担的工作范围能够扩大的话，必然会出现高质量的工作以及较低的缺勤率和流动率。当问到她的建议是什么时，她推荐公司做两件事：一是要工人掌握集中操作技能，而不是只做一项简单的工作。二是工人每星期轮流换班，从生产线的一个位置换到另一个位置，这样可以为工人提供新的和更有挑战性的工作。

这些建议被付诸实行。令所有人感到意外的是：工人对新计划表示极大的不满。一个星期后，装配线关闭罢工。工人们声称：新计划只是一种管理上的诡计，使他们要做比以前更多的工作，并且训练他们去替代其他工人而不增加任何工资。

资料来源：21CN 教育网，http：//edu.21cn.com/imba/g_30_74026-1.htm。

问题：

1. 从案例中我们可以看到，该企业的产品质量控制不够。管理控制主要有三大类，你认为该企业在产品生产过程中没有采用哪类控制？（　　　）

　　A. 现场控制　　　　B. 反馈控制　　　　C. 前馈控制　　　　D. A 和 C

2. 针对企业的产品质量问题，企业的高层领导专门开会讨论解决方案，在会议上大家见解不一致，典型的看法有以下四种。你认为哪个看法更可取？（　　　）

　　A. 根本原因是工人缺乏兴趣和责任感，因此应该首先从提高工人的责任心和归属感入手

　　B. 为了让工人负起责任来，应该制定详细的工作规范，要求他们严格执行

　　C. 在生产过程中的每个工序都安排检验员进行检验，及早发现问题及早解决

　　D. 由于一些质量问题是设计原因造成的，应该着眼于提高设计人员素质

3. 从案例中我们发现企业各个部门对质量责任和产生的原因都有不同的看法和争执，这些争执反映了什么问题？（　　　）

　　A. "经济人"的假设是正确的，人总倾向于推卸责任

　　B. 企业各个部门之间协调得不好

　　C. 企业中长期存在的难以调和的矛盾此时激化了

　　D. 企业各部门很难达成统一的意见

4. 从案例中我们可以判断，该公司采用的划分部门的方式主要是（　　　）。

　　A. 按职能　　　　　　　　　　B. 按产品

　　C. 按地区　　　　　　　　　　D. 按业务性质

5. 从案例中我们可以看出，人事经理刘彦试图通过改变工作方式和扩大工作范围来提高工人的兴趣。这种方式属于双因素理论中的什么因素？（　　　）

  A. 保健因素

  B. 激励因素

  C. 改变工作方式是保健因素，扩大工作范围是激励因素

  D. 信息不足以作出判断

6. 人事经理刘彦的建议和改进方式并没有取得预期的效果。你认为最可能的原因是什么？（　　　）

  A. 工作方式的改变和工作范围的扩大并没有改变工作本身枯燥乏味的现实

  B. 事先没有和工人进行充分的沟通

  C. 事先没有作充分的宣传

  D. 其他部门的管理者没有予以配合

### （六）明鑫集团的组织结构调整

58 岁的江西明鑫企业集团公司总裁江方终于住进了医院。

次日下午，江总靠在自己的病榻上，将刚才重新浏览了一遍的那份专家组材料放在床头柜上，开始回忆集团的发展历程及集团现行管理组织体系的形成过程。

江西明鑫企业集团公司的前身是江西省农业厅下属的国营明鑫生物制药厂。原厂主要生产生物药品、兽药与抗生素原料，效益平平。1986 年产值为 246 万元，利润为31 万元。1987 年投资建厂生产猪饲料一举成功，当年利润突破百万元。以后该厂利润逐年直线上升，1991 年实现利润逾 1 000 万元。1992 年 6 月经省政府批准，在该厂基础上建立江西明鑫企业集团公司。1993 年国家审定为国家大型二类企业。集团现有职工 1 200 余人，产品涉及饲料、兽药、化肥、绿色食品六个产业，省内外共有生产经营企业、科研机构 20 余个，自有资产总额达 2 亿元，年利润最高超过 4 000 万元，是一个集科、工、贸为一体的大型集团公司。1994 年集团进入全国企业 500 强行列，在江西省最大工业企业中排名第 12 位，在我国国有饲料企业中排名第 1。这个辉煌发展过程的每一步都凝聚了江总的大量心血。

然而进入今年以后，集团的经营开始出现滑坡。现在已经是 10 月份了，集团的效益仍然很不理想。集团所属六个产业共十几家企业，除了饲料厂的盈利水平令江总满意外，其他好几个厂的利润都几乎为零。最令他头痛的是作为集团第二大厂的兽药厂还存在较严重的亏损。正是为了揭开这个谜，两周前江总请江西财经大学专家组进入兽药厂调研。专家组的同志经过深入调查和研究，认为明鑫兽药产业的管理体制不能适应其发展，必须进行改革。这对江总震动很大。受此启发，江总对自己提出了一个新的问题：整个明鑫集团的管理体制是否也到了应该改革的时候了？

当然，对专家组的那份材料，江总也有一点不同看法。他认为，在管理组织结构上，明鑫集团的饲料产业其实和兽药产业是一样的。但饲料厂并未因此亏损，反而成为集团的盈利大户，并且饲料产业荣升为集团的主导产业。为何如此？关键是在饲料产业中，饲料厂与饲料批发市场的关系不同。在饲料产业中，集团所属各饲料厂的产

品都可在集团饲料批发市场销售，但这只占各厂产品销售量的很少一部分。每个饲料厂都不依赖集团饲料批发市场，它们都有自己的销售网络，且大部分产品都是通过这个网络出售的。兽药产业则不同：集团中几个兽药厂的产品全部集中于兽药批发市场销售。集团的饲料批发市场仅仅是集团饲料产业直接面对市场的一个窗口，而兽药批发市场则成为集团兽药产业所有产品通向市场的唯一出口。各兽药厂均未寻求其他销售渠道。他知道，集团兽药产品的这种销售模式是自己当初决定的，这也许是自己当初决策的一次失误吧。

经过三天的思考，江总认为，明鑫集团的管理组织结构必须进行调整，且在反复斟酌后确定了这次调整的四条基本原则：

第一，管理组织结构的调整应该涉及整个集团公司，而不应仅仅包括兽药产业。

第二，外地外省的子公司、联营厂与集团之间的关系是否也包括在这次调整范围之内，要根据最终方案确定。如果方案可行则把它们纳入调整范围；反之，则将它们暂搁一边，待方案实施完善后再作考虑。

第三，调整后的集团管理组织结构必须有利于提高管理效率和各种信息传递与反馈，有利于明确各部门、各单位的责任、权限与分工协作关系，能够充分调动集团、企业等各方面生产经营的积极性与创造性。

第四，调整后的集团管理组织结构必须能够明显地改善集团目前存在的各种缺陷，使整个集团公司能有效地组织各项生产经营活动，各个企业单位今后的减亏增盈工作能够取得突出成效。有关集团管理组织结构调整的具体方案，江总准备在认真听取各位副总、各企业主要负责人和公司聘请的各有关专家教授的意见以后再确定。

资料来源：智客网，http：//www.21ask.com/htmls/v423524.html。

问题：

1. 你认为明鑫企业集团的管理组织结构属于哪种类型？它具有哪些优点？又存在哪些不足？为什么？

2. 你认为作为一个企业集团一般应采取什么样的管理组织结构形式？为什么？

3. 你认为明鑫企业集团是否有必要在总部与工厂之间加一"总公司"层次？为什么？

4. 你认为究竟该将总公司还是该将下面的工厂作为经济实体，还是将二者都作为经济实体比较好？各种方案在生产、销售、人事、劳动、财务、税收等方面各将带来什么后果？为什么？

5. 你能否根据案例资料为明鑫集团总裁江方先生设计一个新的明鑫集团管理组织结构框架图，并阐述你的设计思想？

（七）BT公司经营业务的发展与组织

BT集团股份有限公司正成立于1992年8月，注册资本为6 800万元。公司主要从事家用电器的制造和销售，兼营房地产开发、科技开发与咨询、商业贸易、进出口业务等。

BT公司的前身是创办于1968年的一家集体企业，1980年前生产过塑料瓶盖、汽车刹车阀、柴油发电机等产品。1980年该企业开始生产金属风扇，产品曾荣获农业部优质产品称号。1987年该企业被批准为"国家机电产品出口基地企业"，1988年被省政府授予自营进出口权，可直接面向国际市场销售产品以及进口生产所需设备、原材料等。1988年，其工业总产值、销售收入均突破1亿元人民币，出口创汇超过400万美元。1989年和1990年，附属于该企业的BT风扇厂先后被评为省级先进企业和国家二级企业。

为开拓国内庞大的家电市场，这家成绩斐然的乡镇企业，于1990年与外商合资兴办了BT冷气机制造有限公司。1992年3月，经省人民政府批准，以该企业为核心组建了BT电器企业集团。1992年5月，BT集团核心企业改组为一家股份公司，三个月后更名为"BT集团股份有限公司"（以下简称"BT公司"）。

BT公司法人治理结构由股东大会、董事会、监事会、总经理、副总经理、总工程师、总会计师组成。公司总部设有总经理办公室、行政人事部、财务部、经营部、销售部、进出口部、证券部、法律室、广告科、研究所、技术委员会等机构。BT公司下设风扇厂、空调设备厂、家电厂、房产公司、贸易发展公司和节能工程研究开发中心。BT公司还拥有控股和持股的企业，如BT冷气机制造有限公司、WL电机制造有限公司、WL钢铁开发有限公司等。

资料来源：中华考试网，http：//www.examw.com/mba/manage/11715/。

问题：

1. 同属于BT集团的各生产经营单位，如：①风扇厂、空调设备厂、家电厂；②房产公司、贸易发展公司；③BT冷气机制造有限公司、WL电机制造有限公司、WL钢铁开发有限公司。它们各自与BT集团股份有限公司的关系是（    ）。

    A. 均为子公司与母公司的关系

    B. 均为企业内部指挥链上的行政管理关系

    C. 均为具有独立法人地位的企业间的产权连接关系

    D. ①、②类为分厂、分公司与总公司的关系，③类为子公司与母公司的关系

2. 根据案例材料，1992年时，国内市场空调器产销量的总规模达到（    ）。

    A. 2.2亿元　　　　　　　　　　　　B. 30万台

    C. 约142.5万台　　　　　　　　　　D. 约300万台

3. BT公司在1997年开始推行事业部制，这是何种性质的改革？（    ）

    A. 经营权力的下放

    B. 部门划分方式的转变

    C. 部门化方式和经营权力的同时调整

    D. 无法从案例材料中作出判断

4. 从1997年开始推行"五大事业部"改革至1999年下半年重组设立"小家电事业一部"前这段时间内，原设于BT公司总部的一些机构，哪些最可能在此次改革中被调整或撤消？（    ）

    A. 经营部、销售部　　　　　　　　B. 进出口部、广告科

    C. 证券部、法律室　　　　　　　　D. 研究所、技术委员会

5. BT 公司先是设立进出口部，后又设立国外营销公司，这说明其国际化经营进入了如下哪一阶段？（　　）

A. 商品贸易　　　　　　　　　B. 跨国投资
C. 在海外设立子公司　　　　　D. 已经成为一家跨国公司

（八）公司承包经营的失败

K 公司是 1988 年年底成立的一家中法合资公司，主要生产 G 产品。公司总投资为 800 万美元，注册资金为 400 万美元。在当时是一个规模比较大的投资项目，历时一年多才完成了公司的筹建以及全套设备的引进、安装、调试，并于 1990 年年初正式投产。当时，我国正处于经济体制改革时期，关于经营管理模式的讨论中，承包制受到了人们的广泛推崇，社会上甚至流传着"一包就灵"的说法。正是在这样的背景下，K 公司的经营管理最终采用了"承包制"的做法。

K 公司的承包人张先生是该合资公司的外方董事，一位法籍华人。这种形式的承包在当时是第一家，因而显得十分引人注目，被认为是一种大胆的尝试。从张先生个人背景来看，他定居法国 30 多年，在欧洲开有自己的工厂，长期与 G 产品打交道，对 G 产品的生产称得上是行家里手。但由于长期旅居海外，他对国内经营环境不甚熟悉。承包前，他专门请欧洲有关专家，借助计算机对承包方案进行了详尽的测算与分析，最后在董事会上签订了五年期的承包合同。

根据承包合同，公司的目标是投产第一年盈利 150 万美元，以后每年递增 10%。该目标是根据欧洲同行满负荷生产数据提出的。达到这一目标，要求公司投产后的成本必须接近行业的平均水平，价格也要基本达到欧洲市场价格。如果按此目标与国内同类厂家比较，其资金利润率与投资回报率可分别达到 25% 与 50%。这种水平的目标，通常只有在公司成长期期末或成熟期期初，市场环境比较宽松的情况下才可能达到。

合同签订后，张先生自任公司总经理。由于张先生在欧洲有许多业务需要照顾，很少有时间逗留国内，他专门从欧洲聘请了一位熟悉 G 产品生产的专家任常务副总，长驻中国，主管技术与市场。为了帮助常务副总克服语言交流上的困难，又在国内聘请了一位总经理助理。公司的员工主要是面向社会招聘的。

由于合资公司招聘的员工一律采用合同制，使得年纪略大一点的人都望而却步，结果招聘的员工普遍年轻，员工队伍在年龄结构上没有形成优化组合。为了解决这一问题，公司不得不临时变通，从其他单位借调人员进入公司。这一办法虽然解决了员工队伍的年龄结构问题，却使员工队伍的成分变得复杂起来，有全民所有制的，有集体所有制的，有固定合同制的，有临时聘用的，还有退休返聘的。根据国家有关政策，不同身份的职工在医疗保健、退休养老等方面的待遇也有很大差异，致使不同身份的员工对公司的生存和发展态度各异。

K 公司在管理上基本采用欧洲同行的管理方式，机构精简，职能集中，每个员工身兼数职，员工总数很少。工作及工序责任分割十分清晰，谁的工作就由谁负责，既不允许相互推诿，也不允许相互帮助。凡不能完成职务规定工作的人，视为不能胜任，予以撤换；而如果他人帮忙，出了问题就会职责不清。公司内部好像有一条不成文的规定，不应该关心和知道的事，尽量不关心，不打听，包括公司的利润、产品价格、信用状况等，渐渐地在员工心中形成了一种"各人自扫门前雪，休管他人瓦上霜"的想法。

K公司的质量管理完全采用自检方式，公司内不设专门从事质量监督以及质量检测的岗位。公司生产线的工人到实验室自行操作，并进行产品质量测试，在允许的范围内自己作出调整。公司只设一位产品入库及出厂的质量检验员。在工资制度上采取的做法是，与原工龄工资完全脱钩，根据岗位技能采取不同的工资制，其标准由总经理决定，因而要求总经理对员工工作情况的好坏做到心中有数。

在产品市场方面，公司考虑到G产品在国内是一种新型产品，市场需要一个接受的过程，而在国际市场上则已进入成熟期，只要产品质量上乘、性能优良、富有特色，销售一般不会有什么问题。所以，公司认为只要价格适当，将产品销售定位在出口上肯定可行，因而不专设产品经营部，国内销售只委托一家合作单位进行。公司完成员工招聘后，在常任技术副总的带领及培训下，员工很快掌握了操作要领。经过试生产，仅两个月时间，产品质量就达到了设计要求。

经过两个月的努力，第一只集装箱在阵阵鞭炮声中运出公司，成功出口欧洲。公司上下看到了希望，无不为之欢喜雀跃。但好景不长，时隔不久，国外环境发生了变化，已下订单的几家欧洲客户频频传真要求暂缓供货，公司海外市场受阻。同时，另有几家海外客户提出降价要求。总经理助理立即请示远在欧洲的总经理，总经理觉得这与公司原定价格及利润指标有距离，没有同意。公司因此接连数月没有订单。

事情发生以后，起初员工们还可以练练技术或进行设备维修。但直到当年七八月份，外销仍无转机，而且公司委托的内销单位推销效果也不佳。为了加强公司的内销力量，总经理临时决定成立产品经营部，积极组织人员奔赴国内各地进行产品推销。但终因为时已晚，无力回天。年终结算：当年公司亏损达人民币400万元，实际产量只有设计能力的10%。面对这种情况，张先生无奈之下表示希望提前终止承包合同，400万元的亏损，以承包人赔偿100万元人民币告终。

资料来源：233网校，http://www.233.com/mba/guanli/Guide/20080905/081115296.html。

问题：

1. 从整体上来说，该公司承包失败的原因有哪些？其中主要原因是什么？

2. 该公司高层管理人员配备上存在的问题是什么？其中主要问题是什么？

3. 该公司在内部管理上所表现出来的缺点是什么？其中主要缺点是什么？

(九) 春节前的商战

某报1996年2月刊登了这样一篇报道：进入2月份，一场既温情脉脉又充满火药味的促销大战在N市打响。距1996年春节还有半个月，地处N市繁华商业区的X百货商店突然宣布：从2月3日至2月17日，4万多种商品中的80%以上以5~9折优惠出售。消息一传出，立即引起N市各大中型商店的重视。当天，N市其他商场纷纷宣布降价销售。S百货商店、T商场、H商厦等三大商场迅速决定：与X百货商店同步开展5~9折的酬宾销售，并把时间延长到2月29日。S百货商店准备了2 000多万元的商品，T 商场优惠面在 70% 以上，H 商厦 1~4 楼的所有商品，除 10 元以下的商品外，均在降价销售之列。N 市商厦原计划 2 月 10 日左右推出类似的促销活动，现在也被迫将时间提前。在部分大型商场减价的同时，一些中型商场也不甘示弱，纷纷"加盟"商战，如 Z 大厦等商场也从 2 月 4 日起，向顾客推出 5~9 折商品的酬宾活动，有的商场还利用总经销的优势，推出一批特价商品。

据不完全统计，2 月 3 日以来，N 市市区共有 200 多家大中型国有商场和个体商店加入"降价大战"的行列。N 市商界的常规做法是把让利较多的酬宾活动安排在春节后的销售淡季，而今年却在人们公认的节前旺季展开，且势头之强劲超过往年，为什么？

"市场旺季不旺，只好降价促销。"这是商家的普遍回答。而某研究员则认为，各家商场在这段时间之所以搞这么大的动作，主要是元旦与春节两大节日间距比往年更长，商业网点有所增加，而且消费者观念也发生了某些变化，销售比往年显得平淡，商家迫不得已把节后的降价促销改为节前。一些经济界人士认为，眼下的市场表明：居民的消费热点与市场销售出现错位，当前大多数家庭的耐用品已基本齐备，对日常消费品（服装、食品等）需求相对增加，而各大商场的柜台里，家庭耐用品仍占多数，以致出现供过于求的现象，只有采取降价的促销手段。

J 省商业厅的一位同志认为，降价有它的可行性，年前的大幅度降价会推动销售。但也有不少人认为，这种以价格竞争为主的酬宾活动，从形式到内容都缺乏创新，而且各家的促销活动基本在同一时间开始，很可能还是各自守住原来的市场份额，同时还会带来企业的效益滑坡，进而影响国家的财税收入。S 百货商店的一位经理说，各商家闻风而动，无疑是加剧了节前的市场竞争，市场光靠让利是旺不起来的，毕竟老百姓的购买力是有限的。

资料来源：道客巴巴网，http://www.doc88.com/p-249838813279.html。

问题：

1. 其他大中型商场跟随 X 百货商店在节前降价销售，但如果以后其他条件不变且没有采取其他措施，则极有可能出现哪种情况？（    ）

    A. 短期内销售量会大幅度下降　　　　B. 短期内销售量会略有下降

    C. 短期内销售量会大幅度增加　　　　D. 短期内销售量会略有增加

2. 如果 N 市内有某个百货商场的管理者决定，在节前不参与这场以降价为主调的商战，那么这个商场必须具备以下哪个条件？（    ）

    A. 它的规模比 X 百货商店等商场都大

    B. 它的经营成本比 X 百货商店等商场都低

    C. 它的商品比 X 百货商店要更高档

    D. 它的经营方式应更具有特色

3. 在这次降价销售中，H 商厦对价格在 10 元以下的商品不给予折扣，你认为其主要原因是什么？（    ）

    A. 这些商品是畅销货

    B. 这些商品的库存最较少

    C. 这些商品的需求价格弹性较小

    D. 这些商品的需求价格弹性较大

  4. 为什么有些商场可以依托总经销的优势，推出特价商品？（    ）

    A. 因为工贸关系密切，可得到厂家的支持

    B. 因为对市场有一定的垄断，可以在一定程度上控制商品的价格

    C. 因为商品的供应量可以得到保证

    D. 以上各条都可作为理由

  5. 由于 1996 年的元旦与春节两大节日间距拉长，N 市的商业网点增多，对于各个大中型商场而言，会产生什么情况？（    ）

    A. 购买力发生分流             B. 购买力下降

    C. 消费者的观念改变         D. 商品的供应量增加

  6. 案例中某研究员所说的"消费者观念改变"，其隐含的意思是指消费者会产生以下哪种情况？（    ）

    A. 消费者对降价的商品不会再感兴趣

    B. 消费者更趋向购买高档商品

    C. 消费者更注意根据自己的实际需求进行购买

    D. 消费者对耐用品的购买欲望已经降低

  7. 如果案例中反映的一些信息是正确的，那么对于制造耐用品的厂家，今后应如何调整自己的经营策略？（    ）

    A. 调整产品方向，要开始转向生产日常消费的非耐用品

    B. 研究市场需求变化趋势，对现有产品进行更新换代

    C. 尽量降低出厂价，或实行各种价格折扣策略，以吸引各类经销商

    D. 调整市场的地理方向，逐步退出 N 市市场，努力到其他城市进行开拓

  8. 案例中，各方面人士针对 N 市这次商战的有关评论，哪一个是不完全正确的？（    ）

    A. "各商家把节后的降价促销改为节前，实属迫不得已"

    B. "降价销售有它的可行性，节前的大幅度降价会推动销售"

    C. 降价促销"会带来企业效益滑坡，进而影响国家财税收入"

    D. "市场光靠让利是旺不起来的"

  9. 如果你是 N 市某大中型商场的经理，为了应付或避免下一轮的商家之间的价格竞争，现在就应开始研究和采取有关措施。以下措施中，哪一项是最大可取的？（    ）

    A. 要求行业协会出面，签订有关协议，协调各商家的竞争行为

    B. 迅速派业务员到各地广泛采购各类低价商品

    C. 进行销售情况分析，对目前经销的商品结构作一定的调整

    D. 进行经营成本分析，寻找可以压缩成本的环节

  10. 如果在春节后不久，N 市再次发生一次时间相对较长的商战，你能否肯定以下哪种情况最不可能出现？（    ）

A. 市场上将再次出现购买的高潮

B. 有部分商场有濒临破产的危险

C. 有关政府部门将给予干预

D. 有个别商场的市场份额会增加

（十）员工为何对工作不满

阳贡公司是一家中外合资的集开发、生产、销售于一体的高科技企业，其技术在国内同行业居于领先水平。公司拥有员工100人左右，其中的技术、业务人员绝大部分为近几年毕业的大学生，其余为高中学历的操作人员。目前，公司员工普遍对公司不满，辞职率也相当高。

员工对公司不满意始于公司筹建初期，当时公司曾派遣一批技术人员出国培训，这批技术人员在培训期间合法获得了出国人员的学习补助金，但回国后公司领导要求他们将补助金交给公司所有。技术人员据理不交，双方僵持不下，公司领导便找这些人逐个反复谈话，言辞激烈，并采取一些行政制裁措施给他们拖加压力，但这批人没有一个人按领导的意图行事，导致双方矛盾日趋激化。最后，公司领导认为这些人已形成一个非正式组织团体，他们由于共同的利益而在内部达成一致的意见：任何人都不得擅自单独将钱交回。他们中的每个人都严格遵守这一规定，再加上没有法律依据，公司只好作罢。因为这件事造成的公司内耗相当大，公司领导因为这批技术人员"不服从"上级而非常气恼，对他们有了一些成见，而这些技术人员也知道领导对他们的看法，估计将来还会受到上级的刁难，因此也都不再一心一意准备在公司长期干下去。于是，陆续有人开始寻找机会"跳槽"。一次，公司领导得知一家同行业的公司来"挖人"，公司内部也有不少技术人员前去应聘，为了准确地知道公司内部有哪些人去应聘，公司领导特意安排两个心腹装作应聘人员前去打探，并得到了应聘人员的名单。谁知这个秘密不胫而走，应聘人员都知道自己已经上了"黑名单"，认为如果继续留在公司，也不会有好结果，于是都相继辞职而去。

由于人员频繁离职，公司不得不从外面招聘以补足空缺。为了能吸引人才，公司向求职人员许诺住房、高薪等一系列优惠条件，但应聘人员进入公司后，却发现当初的许诺难以兑现，非常不满，不少人干了不久就"另谋高就"了。为了留住人才，公司购买了两栋商品房分给部分骨干员工，同时规定，生产用房不出售，员工离开公司时，需将住房退给公司。这一规定的本意是想利用住房留住人才，但却使大家觉得没有安全感，有可能即使在公司干了很多年，将来有一天被公司解雇时，还是"一无所有"，因此，这一制度并没有达到预期的效果，依然不断有人提出辞职。另外，公司强调住房只分给骨干人员，剩下将近一半的房子宁肯空着也不给那些急需住房的员工住，这极大地打击了其他员工的积极性，使他们感到在公司没有希望，既然没有更好的出路，因此工作起来情绪低落，甚至有消极怠工现象。在工资奖金制度方面，公司也一再调整，工资和奖金的结构变得越来越复杂，但大多数员工的收入水平并没有多大变化。公司本想通过调整，使员工的工作绩效与收入挂钩，从而调动员工的积极性，但频繁的工资调整使大家越来越关注工资奖金收入，而每次的调整又没有明显的改善，于是大家产生了失望情绪。此外，大家发现在几次调整过程中，真正受益的只有领导和个别职能部门的人员，如人事部门。这样一来，原本希望公平的措施却产生了更不公平的效果，员工们怨气颇多，认为公司调整工资奖金，不过是为了使一些人得到好处，完全没有起到调动员工积极性的作用。

公司的关键职能部门，如人事部门的人员普遍素质较低，其主管缺少人力资源管理知识的系统学习，却靠逢迎上级稳居这一职位。他制定的考勤制度只是针对一般员工，与他同级或在他上级的人员享有很大的自由度，如规定一般员工每天上下班必须打卡，迟到1分钟就要扣除全月奖金的30%。这样在公司内部造成一种极不公平的状况，员工普通对此不满，于是想出了一些办法对付这种严格的考勤制度，如找人代替打卡或有意制造加班机会等方法弥补损失。公司员工的岗位安排也存在一定问题。这位人事主管自己虽然学历不高，但却盲目推崇高学历，硕士做本科生的工作，而本科生做高中生就能做好的工作。这样一来，大家普遍觉得自己是大材小用，工作缺乏挑战性和成就感。员工们非常关心企业的经营与发展情况，特别是近期行业不景气，企业连年亏损，大家更是关心企业的下一步发展思路和对策，但公司领导在这方面很少与员工沟通，更没有做鼓动人心的动员工作，使得大家看不到公司的希望。结果导致士气低下，人心涣散。

资料来源：王毅捷. 管理学模拟题库. 上海：上海交通大学出版社，2003.

问题：

1. 阳贡公司员工不满意是因为公司不能满足他们的需要，从本案例中，员工最大的不满足在于（　　）。

    A. 生理需要，安全需要，社交需要

    B. 安全需要，社交需要，尊重需要

    C. 社交需要，尊重需要，自我实现

    D. 生理需要，安全需要，社交需要 ，尊重需要，自我实现

2. 阳贡公司内部非正式群体形式的原因是（　　）。

    A. 上级领导的高压政策形成的逆反心理

    B. 有人发起组织，一哄而起

    C. 共同的利益与感情

    D. 共同的兴趣与爱好

3. 阳贡公司最缺乏的激励方法是（　　）。

    A. 目标激励和强化激励

    B. 强化激励和支持性激励

    C. 支持性激励和领导行为激励

    D. 领导行为激励和强化激励

4. 根据管理方格图理论，阳贡公司领导属于（　　）。

    A. 简单式　　　　B. 任务式　　　　C. 中间式　　　　D. 俱乐部式

5. 按照领导生命周期理论，阳贡公司领导对待职工应采取（　　）。

    A. 高工作，低关系　　　　　　　　B. 高工作，高关系

    C. 高关系，低工作　　　　　　　　D. 低工作，低关系

图书在版编目(CIP)数据

管理学案例与实训 / 杨淑萍主编 . —成都:西南财经大学出版社,
2013.7

ISBN 978 - 7 - 5504 - 1141 - 8

Ⅰ.①管… Ⅱ.①杨… Ⅲ.①管理学—教材 Ⅳ.①C93

中国版本图书馆 CIP 数据核字(2013)第 160381 号

**管理学案例与实训**

主 编:杨淑萍

责任编辑:孙 婧
封面设计:墨创文化
责任印制:封俊川

| | |
|---|---|
| 出版发行 | 西南财经大学出版社(四川省成都市光华村街55号) |
| 网 址 | http://www.bookcj.com |
| 电子邮件 | bookcj@foxmail.com |
| 邮政编码 | 610074 |
| 电 话 | 028 - 87353785 87352368 |
| 照 排 | 四川胜翔数码印务设计有限公司 |
| 印 刷 | 郫县犀浦印刷厂 |
| 成品尺寸 | 185mm × 260mm |
| 印 张 | 13 |
| 字 数 | 290 千字 |
| 版 次 | 2013 年 7 月第 1 版 |
| 印 次 | 2013 年 7 月第 1 次印刷 |
| 印 数 | 1— 2000 册 |
| 书 号 | ISBN 978 - 7 - 5504 - 1141 - 8 |
| 定 价 | 25.00 元 |